中华人民共和国行业标准

# 公路工程地质勘察规范

Code for Highway Engineering Geological Investigation

JTG C20—2011

主编单位：中交第一公路勘察设计研究院有限公司
批准部门：中华人民共和国交通运输部
实施日期：2011 年 12 月 01 日

人民交通出版社

图书在版编目(CIP)数据

公路工程地质勘察规范：JTG C20—2011／中交第一公路勘察设计研究院有限公司主编. —北京：人民交通出版社, 2011.11
ISBN 978-7-114-09507-8

Ⅰ.①公… Ⅱ.①中… Ⅲ.①道路工程–地质勘探–规范–中国 Ⅳ.①U412.22-65

中国版本图书馆CIP数据核字(2011)第235454号

中华人民共和国行业标准
公路工程地质勘察规范
JTG C20—2011
中交第一公路勘察设计研究院有限公司　主编
人民交通出版社出版发行
(100011　北京市朝阳区安定门外外馆斜街3号)
各地新华书店经销
北京市密东印刷有限公司印刷
开本：880×1230　1/16　印张：13　字数：272千
2011年11月　第1版
2022年6月　第12次印刷
定价：65.00元
ISBN 978-7-114-09507-8

# 中华人民共和国交通运输部

# 公　告

2011 年第 74 号

## 关于公布公路工程地质勘察规范的公告

现公布《公路工程地质勘察规范》(JTG C20—2011)，作为公路工程行业标准，自 2011 年 12 月 1 日起施行。原《公路工程地质勘察规范》(JTJ 064—98) 同时废止。

《公路工程地质勘察规范》(JTG C20—2011) 的管理权和解释权归交通运输部，日常解释和管理工作由主编单位中交第一公路勘察设计研究院有限公司负责。

请各有关单位在实践中注意总结经验，及时将发现的问题和修改建议函告中交第一公路勘察设计研究院有限公司(地址:陕西省西安市高新区科技二路 63 号，邮政编码:710075)，以便修订时参考。

特此公告。

中华人民共和国交通运输部  
二〇一一年十月十七日

主题词:公路　规范　公告

交通运输部办公厅　　　　　　　　　　　　　　　2011 年 10 月 18 日印发

# 前 言

《公路工程地质勘察规范》(JTJ 064—98)自颁布实施以来,对统一公路工程地质勘察技术要求,提高公路工程地质勘察技术水平,保证公路工程地质勘察质量起到了重要作用。随着我国公路建设的发展,公路建设规模越来越大,涉及的地质问题越来越复杂,工程设计对基础资料的要求不断提高,在工程地质勘察中出现了一些新的问题。为此,交通运输部(原交通部)以《关于下达2007年度公路工程标准制修订项目计划的通知》(交公路发〔2007〕378号)下达了《公路工程地质勘察规范》的修订任务,由中交第一公路勘察设计研究院有限公司为主编单位,负责该规范的修订。

修订过程中,编制组对全国在建和已建公路工程涉及的地质情况进行了较为全面的调研,参考了工程地质勘察相关的标准规范和科研成果,总结了公路工程地质勘察的实践经验,积极吸纳了成熟可靠的新技术与新方法,广泛征求了业内有关单位和专家的意见。

修订后的规范分9章和11个附录。修订的主要内容包括:

(1)修订了岩土分类;

(2)增加了编制勘察大纲的规定;

(3)增加了岩土参数分析的规定;

(4)修订了工程地质勘察报告编制的内容和要求;

(5)加强了各阶段及各类构筑物的勘察深度要求;

(6)增加了花岗岩残积土、填土、红黏土的勘察内容;

(7)修订了环境介质对混凝土腐蚀的评价标准;

(8)补充了岩质边坡岩体结构类型的划分标准;

(9)增补了圆锥动力触探修正的规定。

请各有关单位在执行过程中,将发现的问题和修改意见函告中交第一公路勘察设计研究院有限公司(地址:陕西省西安市高新技术产业开发区科技二路63号,邮编:710075,联系人:余波,电话:029-88320601,电子信箱:kyzx@ccroad.com.cn),以便下次修订时参考。

主 编 单 位:中交第一公路勘察设计研究院有限公司
参 编 单 位:中交公路规划设计院有限公司
四川省交通厅公路规划勘察设计研究院
陕西省公路勘察设计院
山西省交通规划勘察设计院
安徽省交通规划设计研究院

贵州省交通规划勘察设计研究院
青海省公路科研勘测设计院

**主要起草人**：余　波　崔建恒　刘　晓　张敏静　路　勋　刘运平
　　　　　　　刘卫民　孙永香　陈晓东　王凌云　胡建刚　聂承凯
　　　　　　　田志忠　王吉双　谢明贤　王佳权　房建宏

# 目 录

1 总则 ............................................................. 1
2 术语和符号 ....................................................... 2
3 公路工程地质勘察的技术要求 ....................................... 6
   3.1 一般规定 .................................................... 6
   3.2 岩石的分类 .................................................. 7
   3.3 土的分类 .................................................... 9
   3.4 勘察大纲 ................................................... 12
   3.5 工程地质调绘 ............................................... 13
   3.6 工程地质勘探 ............................................... 14
   3.7 原位测试 ................................................... 16
   3.8 室内试验 ................................................... 17
   3.9 岩土参数的分析和选定 ....................................... 17
   3.10 报告编制 .................................................. 18
4 可行性研究阶段工程地质勘察 ...................................... 20
   4.1 预可勘察 ................................................... 20
   4.2 工可勘察 ................................................... 21
5 初步勘察 ........................................................ 23
   5.1 一般规定 ................................................... 23
   5.2 路线 ....................................................... 23
   5.3 一般路基 ................................................... 24
   5.4 高路堤 ..................................................... 25
   5.5 陡坡路堤 ................................................... 27
   5.6 深路堑 ..................................................... 28
   5.7 支挡工程 ................................................... 29
   5.8 河岸防护工程 ............................................... 30
   5.9 改河(沟、渠)工程 .......................................... 32
   5.10 涵洞 ...................................................... 32
   5.11 桥梁 ...................................................... 34
   5.12 路线交叉 .................................................. 37
   5.13 隧道 ...................................................... 37
   5.14 沿线设施工程 .............................................. 41

| | |
|---|---|
| 5.15 沿线筑路材料料场 | 41 |
| **6 详细勘察** | 43 |
| 6.1 一般规定 | 43 |
| 6.2 路线 | 43 |
| 6.3 一般路基 | 43 |
| 6.4 高路堤 | 44 |
| 6.5 陡坡路堤 | 44 |
| 6.6 深路堑 | 45 |
| 6.7 支挡工程 | 45 |
| 6.8 河岸防护工程 | 45 |
| 6.9 改河(沟、渠)工程 | 46 |
| 6.10 涵洞 | 46 |
| 6.11 桥梁 | 46 |
| 6.12 路线交叉 | 47 |
| 6.13 隧道 | 48 |
| 6.14 沿线设施工程 | 48 |
| 6.15 沿线筑路材料料场 | 48 |
| **7 不良地质** | 49 |
| 7.1 岩溶 | 49 |
| 7.2 滑坡 | 52 |
| 7.3 危岩、崩塌与岩堆 | 55 |
| 7.4 泥石流 | 58 |
| 7.5 积雪 | 61 |
| 7.6 雪崩 | 62 |
| 7.7 风沙 | 64 |
| 7.8 采空区 | 67 |
| 7.9 水库坍岸 | 69 |
| 7.10 强震区 | 71 |
| 7.11 地震液化 | 76 |
| 7.12 涎流冰 | 80 |
| **8 特殊性岩土** | 83 |
| 8.1 黄土 | 83 |
| 8.2 冻土 | 88 |
| 8.3 膨胀性岩土 | 95 |
| 8.4 盐渍土 | 99 |
| 8.5 软土 | 103 |
| 8.6 花岗岩残积土 | 108 |

|  |  | 8.7 | 填土 | 110 |
|---|---|---|---|---|
|  |  | 8.8 | 红黏土 | 113 |

## 9 改建公路工程地质勘察 ... 117

    9.1 一般规定 ... 117
    9.2 路基 ... 117
    9.3 桥梁 ... 118
    9.4 隧道 ... 118
    9.5 路线交叉 ... 118
    9.6 沿线设施工程 ... 119
    9.7 沿线筑路材料料场 ... 119

附录 A 岩体完整性系数 $K_v$、岩体体积节理数 $J_v$ 测试 ... 120
附录 B 公路岩质边坡破坏类型与岩体结构分类 ... 121
附录 C 圆锥动力触探修正 ... 124
附录 D 高初始应力地区岩体在开挖过程中的主要现象 ... 126
附录 E 岩体基本质量影响因素的修正系数 $K_1$、$K_2$、$K_3$ ... 127
附录 F 公路隧道围岩分级 ... 128
附录 G 岩溶地貌类型 ... 129
附录 H 黄土地貌类型 ... 131
附录 I 风沙地貌类型 ... 132
附录 J 土石工程分级 ... 133
附录 K 水和土的腐蚀性评价 ... 134

本规范用词说明 ... 138

附件 《公路工程地质勘察规范》(JTG C20—2011)条文说明 ... 139

    1 总则 ... 141
    2 术语和符号 ... 143
    3 公路工程地质勘察的技术要求 ... 144
    4 可行性研究阶段工程地质勘察 ... 150
    5 初步勘察 ... 153
    6 详细勘察 ... 162
    7 不良地质 ... 164
    8 特殊性岩土 ... 180

# 1 总则

**1.0.1** 为贯彻执行国家有关技术经济政策,做到技术先进、经济合理,确保工程质量,制定本规范。

**1.0.2** 本规范适用于各级新建、改建公路的工程地质勘察。

**1.0.3** 公路工程地质勘察必须根据公路基本建设程序各阶段要求的深度开展工作,结合现场地形地质条件、工程结构设置以及不同勘察手段的特性等,统筹考虑、综合确定勘察方法及勘察工作量。

**1.0.4** 公路工程地质勘察应按工程地质调绘、勘探测试、地质资料综合分析及报告编制的程序开展工作,正确反映工程建设场地的工程地质条件,为公路工程建设提供资料完整、评价正确的工程地质勘察报告。

**1.0.5** 公路工程地质勘察必须重视每一环节的技术质量,建立完善的质量保证体系和质量追溯责任制度。

**1.0.6** 公路工程地质勘察应积极采用成熟可靠的新技术、新方法。

**1.0.7** 公路工程地质勘察除应符合本规范的规定外,尚应符合国家现行有关标准的规定。

# 2 术语和符号

## 2.1 术语

**2.1.1** 工程地质条件 engineering geological condition

与工程建设有关的各种地质条件的综合,包括地形地貌、地层岩性、地质构造、水文地质与不良地质等条件。

**2.1.2** 工程地质勘察 engineering geological investigation

为满足工程设计、施工、特殊性岩土和不良地质处治的需要,采用各种勘察技术、方法,对建筑场地的工程地质条件进行综合调查、研究、分析、评价以及编制工程地质勘察报告的全过程。

**2.1.3** 工程地质调绘 engineering geological mapping

通过现场观察、量测和描述,对工程建设场地的工程地质条件进行调查研究,并将有关的地质要素以图例、符号表示在地形图上的勘察方法。

**2.1.4** 工程地质勘探 engineering geological exploration

为查明工程地质条件而进行的钻探、物探和坑(槽、硐)探等工作的总称。

**2.1.5** 勘探点 exploration point

各类钻孔、简易勘探(洛阳铲、麻花钻)孔、挖(坑、槽、井、硐)探点和工程物探点的统称。

**2.1.6** 原位测试 In-situ test

为研究岩土体的工程特性,在现场原地层中进行的有关岩土体物理力学指标的各种测试方法的总称。

**2.1.7** 动力触探试验(DPT) dynamic penetration test

用一定质量的击锤,以一定的自由落距将一定规格的探头击入土层,根据探头沉入土层一定深度所需的锤击数来判断土层性状和评价其承载力的原位测试方法。动力触探试验可分为圆锥动力触探试验和标准贯入试验两大类。

**2.1.8 工程地质图** engineering geological map
为反映工程场地的工程地质条件,评价、预测工程地质问题而编制的专门性图件。

**2.1.9 综合工程地质图** comprehensive engineering geological map
反映勘察区工程地质条件、公路路线及各类人工构筑物的位置和类型、勘探点布置情况以及工程地质分区的综合性工程地质图件。

**2.1.10 不良地质** unfavorable geological condition
由各种地质作用或人类活动造成的岩溶、滑坡、危岩、崩塌、岩堆、泥石流、积雪、雪崩、风沙、采空区、水库坍岸和地震液化等对工程可能造成危害的地质现象的总称。

**2.1.11 特殊性岩土** special rock and soil
具有特殊的物质成分、结构和工程特性的岩土的统称,包括黄土、冻土、膨胀性岩土、盐渍土、软土、花岗岩残积土、填土和红黏土等。

**2.1.12 结构面** structural plane
岩体内分割岩石的各种地质界面的统称。

**2.1.13 结构体** structural block
岩体内被结构面切割而成的块体或岩块。

**2.1.14 地基容许承载力** foundation allowable bearing capacity
在确保地基不产生剪切破坏而失稳,同时又保证建筑物的沉降量不超过容许值的条件下,地基单位面积上所能承受的最大压力。

**2.1.15 地基承载力基本容许值** foundation bearing capacity basic allowable value
基础短边宽度不大于2.0m,埋置深度不大于3.0m时的地基容许承载力。

**2.1.16 持力层** bearing stratum
直接承受基础荷载的地层。

**2.1.17 抗震设防烈度** seismic fortification intensity
按国家规定的权限批准作为一个地区抗震设防依据的地震烈度。

**2.1.18 水文地质条件** hydrogeological condition

地下水埋藏、分布、补给、排泄、径流以及水质和水量及其形成的地质条件的总称。

**2.1.19 新构造运动　Neotectonic movement**
晚第三纪以来至现代所出现的构造运动。

**2.1.20 全新活动断裂　Holocene epoch active fault**
在一万年内有过地震活动,或近期正在活动,在今后百年内可能继续活动的断裂。

## 2.2 符号

**2.2.1 岩土的物理指标**
$w$——含水率；
$e$——孔隙比；
$I_L$——液性指数；
$I_P$——塑性指数；
$w_P$——塑限；
$w_L$——液限；
$S_r$——饱和度；
$\gamma$——重力密度(重度)；
$\rho$——质量密度(密度)。

**2.2.2 岩土的力学指标**
$c$——黏聚力；
$\varphi$——内摩擦角；
$a$——压缩系数；
$\nu$——泊松比；
$E$——变形模量；
$[f_{a0}]$——地基承载力基本容许值；
$q_{ik}$——桩侧土的摩阻力标准值；
$q_u$——无侧限抗压强度；
$R_c$——岩石单轴饱和抗压强度。

**2.2.3 岩土的测试参数**
$N$——标准贯入试验锤击数；
$N_{63.5}$——重型圆锥动力触探锤击数；
$N_{120}$——超重型圆锥动力触探锤击数；
$p_s$——静力触探比贯入阻力；

$q_c$——双桥静力触探锥尖阻力；
$f_s$——双桥静力触探侧壁摩阻力；
$K_v$——岩体完整性系数。

# 3 公路工程地质勘察的技术要求

## 3.1 一般规定

**3.1.1** 公路工程地质勘察可分为预可行性研究阶段工程地质勘察(简称预可勘察)、工程可行性研究阶段工程地质勘察(简称工可勘察)、初步设计阶段工程地质勘察(简称初步勘察)和施工图设计阶段工程地质勘察(简称详细勘察)四个阶段。

**3.1.2** 公路工程地质勘察勘探点、测试点和观测点的布置应工程目的明确,具有代表性,能判明重要的地质界线和查明工程地质状况,其密度、深度应根据勘察阶段、成图比例、露头情况和工程结构特点等确定。

**3.1.3** 工程地质条件可分为复杂、较复杂和简单三种,其划分应符合下列规定:
1 符合下列条件之一者,为工程地质条件复杂:
1)地形地貌复杂;
2)岩土种类多,性质变化大,基岩面起伏变化剧烈;
3)特殊性岩土和不良地质强烈发育;
4)抗震危险地段;
5)地下水对工程有显著影响,水文地质条件复杂。
2 符合下列条件之一者,为工程地质条件较复杂:
1)地形地貌较复杂;
2)岩土种类较多,性质变化较大,基岩面起伏变化较大;
3)特殊性岩土和不良地质较发育;
4)抗震不利地段;
5)地下水对工程有影响,水文地质条件较复杂。
3 符合下列条件之一者,为工程地质条件简单:
1)地形地貌简单;
2)岩土种类单一,性质变化不大,基岩面平缓;
3)特殊性岩土和不良地质不发育;
4)抗震有利地段;
5)地下水对工程无影响,水文地质条件简单。

**4** 符合上述两个及以上条件者,宜按最不利条件确定工程地质条件复杂程度。

**3.1.4** 对地质条件复杂或有特殊要求的工程,应进行专项研究。

## 3.2 岩石的分类

**3.2.1** 岩石坚硬程度应按表3.2.1划分。

表3.2.1 岩石坚硬程度划分

| 岩石单轴饱和抗压强度 $R_c$(MPa) | >60 | 60~30 | 30~15 | 15~5 | <5 |
|---|---|---|---|---|---|
| 坚硬程度 | 坚硬岩 | 较坚硬岩 | 较软岩 | 软岩 | 极软岩 |

**3.2.2** 岩体完整程度应按表3.2.2划分。

表3.2.2 岩体完整程度划分

| 名称 | 结构面发育程度 | | 主要结构面结合程度 | 主要结构面类型 | 相应结构类型 |
|---|---|---|---|---|---|
| | 组数 | 平均间距(m) | | | |
| 完整 | 1~2 | >1.0 | 好或一般 | 节理、裂隙、层面 | 整体状或巨厚层状结构 |
| 较完整 | 1~2 | >1.0 | 差 | 节理、裂隙、层面 | 块状或厚层状结构 |
| | 2~3 | 1.0~0.4 | 好或一般 | | 块状结构 |
| 较破碎 | 2~3 | 1.0~0.4 | 差 | 节理、裂隙、层面、小断层 | 裂隙块状或中厚层状结构 |
| | >3 | 0.4~0.2 | 好 | | 镶嵌破碎结构 |
| | | | 一般 | | 中、薄层状结构 |
| 破碎 | >3 | 0.4~0.2 | 差 | 各种类型结构面 | 裂隙块状结构 |
| | | <0.2 | 一般或差 | | 碎裂状结构 |
| 极破碎 | 无序 | | 很差 | | 散体状结构 |

注:平均间距指主要结构面(1~2组)间距的平均值,所谓主要结构面是指岩体内相对发育,即张开度较大、充填物较差、成组性较好的结构面。

**3.2.3** 岩体完整程度的定量指标,应采用岩体完整性系数 $K_v$。$K_v$ 应采用实测值,无条件取得实测值时,可用岩体体积节理数 $J_v$ 按表3.2.3确定对应的 $K_v$ 值。

表3.2.3 $J_v$ 与 $K_v$ 对照表

| $J_v$(条/m²) | <3 | 3~10 | 10~20 | 20~35 | >35 |
|---|---|---|---|---|---|
| $K_v$ | >0.75 | 0.75~0.55 | 0.55~0.35 | 0.35~0.15 | <0.15 |

注:岩体体积节理数 $J_v$ 按附录A确定。

**3.2.4** 岩体完整性系数 $K_v$ 与岩体完整程度的对应关系,可按表3.2.4确定。

表 3.2.4 $K_v$ 与按表 3.2.2 确定的岩体完整程度的对应关系

| $K_v$ | >0.75 | 0.75~0.55 | 0.55~0.35 | 0.35~0.15 | <0.15 |
|---|---|---|---|---|---|
| 岩体完整程度 | 完整 | 较完整 | 较破碎 | 破碎 | 极破碎 |

注：岩体完整性系数 $K_v$ 按附录 A 确定。

### 3.2.5 结构面结合程度宜按表 3.2.5 划分。

表 3.2.5 结构面结合程度划分

| 结合程度 | 好 | 一般 | 差 | 很差 |
|---|---|---|---|---|
| 结构面特征 | 张开度小于 1mm，无充填物；<br>张开度 1~3mm，为硅质或铁质胶结；<br>张开度大于 3mm，结构面粗糙，为硅质胶结 | 张开度 1~3mm，为钙质或泥质胶结；<br>张开度大于 3mm，结构面粗糙，为铁质或钙质胶结 | 张开度 1~3mm，结构面平直，为泥质或泥质和钙质胶结；<br>张开度大于 3mm，多为泥质或岩屑充填 | 泥质充填或泥夹岩屑充填，充填物厚度大于起伏差 |

### 3.2.6 岩石风化程度可按表 3.2.6 划分。当波速比 $k_v$、风化系数 $k_f$ 及野外特征与表列不对应时，岩石风化程度宜综合判定。

表 3.2.6 岩石风化程度划分

| 风化程度 | 野 外 特 征 | 风化程度参数指标 | |
|---|---|---|---|
| | | 波速比 $k_v$ | 风化系数 $k_f$ |
| 未风化 | 岩质新鲜，偶见风化痕迹 | 0.9~1.0 | 0.9~1.0 |
| 微风化 | 结构基本未变，仅节理面有渲染或略有变色，有少量风化裂隙 | 0.8~0.9 | 0.8~0.9 |
| 中风化 | 结构部分破坏，沿节理面有次生矿物，风化裂隙发育，岩体被切割成岩块。用镐难挖，岩芯钻方可钻进 | 0.6~0.8 | 0.4~0.8 |
| 强风化 | 结构大部分破坏，矿物成分已显著变化，风化裂隙很发育，岩体破碎，用镐可挖，干钻不易钻进 | 0.4~0.6 | <0.4 |
| 全风化 | 结构基本破坏，但尚可辨认，有残余结构强度，可用镐挖，干钻可钻进 | 0.2~0.4 | — |

注：1. 波速比 $k_v$ 为风化岩石弹性纵波速度与新鲜岩石弹性纵波速度之比。
　　2. 风化系数 $k_f$ 为风化岩石与新鲜岩石的单轴饱和抗压强度之比。

### 3.2.7 岩体节理发育程度应按表 3.2.7 划分。

表 3.2.7 岩体节理发育程度划分

| 节理间距 $d$(mm) | $d>400$ | $200<d\leq400$ | $20<d\leq200$ | $d\leq20$ |
|---|---|---|---|---|
| 节理发育程度 | 不发育 | 发育 | 很发育 | 极发育 |

**3.2.8** 岩层厚度分类应按表3.2.8确定。

表3.2.8 岩层厚度分类

| 单层厚度 $h$(m) | $h>1.0$ | $0.5<h\leq1.0$ | $0.1<h\leq0.5$ | $h\leq0.1$ |
|---|---|---|---|---|
| 岩层厚度分类 | 巨厚层 | 厚层 | 中厚层 | 薄层 |

**3.2.9** 岩石的描述应包括地质年代、岩石名称、颜色、主要矿物、结构、构造和风化程度等。

**3.2.10** 岩体的描述应包括结构面、结构体和岩层厚度，并应符合下列规定：
1 结构面应描述其类型、性质、产状、间距、密度、结合程度和含水状况等。
2 结构体应描述其形状和规模等。

## 3.3 土的分类

**3.3.1** 土可根据其地质成因分为残积土、坡积土、崩积土、冲积土、洪积土、风积土、湖积土、海积土和冰积土等。

**3.3.2** 土可根据其所具有的工程地质特性分为黄土、冻土、膨胀土、盐渍土、软土、红黏土和填土等。

**3.3.3** 土可根据颗粒成分分为碎石土、砂土、粉土和黏性土，其划分应符合以下规定：
1 粒径大于2mm的颗粒质量超过总质量50%的土，应定名为碎石土，并按表3.3.3-1进一步分类。

表3.3.3-1 碎石土分类

| 土的名称 | 颗粒形状 | 颗粒级配 |
|---|---|---|
| 漂石 | 圆形及亚圆形为主 | 粒径大于200mm的颗粒质量超过总质量的50% |
| 块石 | 棱角形为主 | |
| 卵石 | 圆形及亚圆形为主 | 粒径大于20mm的颗粒质量超过总质量的50% |
| 碎石 | 棱角形为主 | |
| 圆砾 | 圆形及亚圆形为主 | 粒径大于2mm的颗粒质量超过总质量的50% |
| 角砾 | 棱角形为主 | |

注：定名时，应根据颗粒级配由大到小以最先符合者确定。

2 粒径大于2mm的颗粒质量不超过总质量的50%，且粒径大于0.075mm的颗粒质量超过总质量50%的土，应定名为砂土，并按表3.3.3-2进一步分类。

表 3.3.3-2　砂 土 分 类

| 土 的 名 称 | 颗 粒 级 配 |
|---|---|
| 砾砂 | 粒径大于2mm的颗粒质量占总质量的25%~50% |
| 粗砂 | 粒径大于0.5mm的颗粒质量超过总质量的50% |
| 中砂 | 粒径大于0.25mm的颗粒质量超过总质量的50% |
| 细砂 | 粒径大于0.075mm的颗粒质量超过总质量的85% |
| 粉砂 | 粒径大于0.075mm的颗粒质量超过总质量的50% |

注:定名时,应根据颗粒级配由大到小以最先符合者确定。

3　塑性指数 $I_P \leqslant 10$,且粒径大于0.075mm的颗粒质量不超过总质量50%的土,应定名为粉土。

4　塑性指数 $I_P > 10$,且粒径大于0.075mm的颗粒质量不超过总质量50%的土,应定名为黏性土,并按表3.3.3-3进一步分类。

表 3.3.3-3　黏性土分类

| 土 的 名 称 | 粉 质 黏 土 | 黏 土 |
|---|---|---|
| 塑性指数 $I_P$ | $10 < I_P \leqslant 17$ | $I_P > 17$ |

注:液限、塑限分别采用76g锥试验确定。

**3.3.4**　碎石土的密实度,宜根据圆锥动力触探锤击数按表3.3.4-1和表3.3.4-2确定。表中 $N_{63.5}$ 和 $N_{120}$ 应按本规范附录C修正。

表 3.3.4-1　碎石土密实度划分(一)

| 重型圆锥动力触探锤击数 $N_{63.5}$ | $N_{63.5} > 20$ | $10 < N_{63.5} \leqslant 20$ | $5 < N_{63.5} \leqslant 10$ | $N_{63.5} \leqslant 5$ |
|---|---|---|---|---|
| 密实度 | 密实 | 中密 | 稍密 | 松散 |

注:本表适用于平均粒径小于或等于50mm,且最大粒径不超过100mm的碎石土。

表 3.3.4-2　碎石土密实度划分(二)

| 超重型圆锥动力触探锤击数 $N_{120}$ | $N_{120} > 11$ | $6 < N_{120} \leqslant 11$ | $3 < N_{120} \leqslant 6$ | $N_{120} \leqslant 3$ |
|---|---|---|---|---|
| 密实度 | 密实 | 中密 | 稍密 | 松散 |

注:本表适用于平均粒径大于50mm,或最大粒径大于100mm的碎石土。

**3.3.5**　碎石土的密实度,可根据其野外特征按表3.3.5鉴别。

表 3.3.5　碎石土密实度野外鉴别

| 密实度 | 骨架颗粒含量和排列 | 可 挖 性 | 可 钻 性 |
|---|---|---|---|
| 密实 | 骨架颗粒质量大于总质量的70%,呈交错排列,连续接触 | 锹镐挖掘困难,用撬棍方能松动,井壁较稳定 | 钻进极困难,冲击钻探时,钻杆、吊锤跳动剧烈,孔壁较稳定 |
| 中密 | 骨架颗粒质量为总质量的60%~70%,呈交错排列,大部分接触 | 锹镐可挖掘,井壁有掉块现象,从井壁取出大颗粒处,能保持颗粒凹面形状 | 钻进较困难,冲击钻探时,钻杆、吊锤跳动不剧烈,孔壁有坍塌现象 |

续上表

| 密实度 | 骨架颗粒含量和排列 | 可挖性 | 可钻性 |
|---|---|---|---|
| 稍密 | 骨架颗粒质量为总质量的55%~60%,排列混乱,大部分不接触 | 锹镐可挖掘,井壁易坍塌,从井壁取出大颗粒后,立即塌落 | 钻进较容易,冲击钻探时,钻杆稍有跳动,孔壁易坍塌 |
| 松散 | 骨架颗粒质量小于总质量的55%,排列十分混乱,绝大部分不接触 | 锹镐可挖掘,井壁极易坍塌 | 钻进很容易,冲击钻探时,钻杆无跳动,孔壁极易坍塌 |

注:密实度应按表中所列各项特征综合确定。

**3.3.6** 砂土的密实度应按表3.3.6划分。

表3.3.6 砂土密实度划分

| 标准贯入试验锤击数实测值 $N$ | $N>30$ | $15<N\leq30$ | $10<N\leq15$ | $N\leq10$ |
|---|---|---|---|---|
| 密实度 | 密实 | 中密 | 稍密 | 松散 |

**3.3.7** 粉土的密实度应按表3.3.7划分。

表3.3.7 粉土密实度划分

| 密实度 | 孔隙比 $e$ | 密实度 | 孔隙比 $e$ |
|---|---|---|---|
| 密实 | $e<0.75$ | 稍密 | $e>0.90$ |
| 中密 | $0.75\leq e\leq 0.90$ | | |

**3.3.8** 黏性土的压缩性应按表3.3.8划分。

表3.3.8 黏性土压缩性划分

| 压缩性 | 压缩系数 $a_{0.1-0.2}$ (MPa$^{-1}$) | 压缩性 | 压缩系数 $a_{0.1-0.2}$ (MPa$^{-1}$) |
|---|---|---|---|
| 低压缩性 | $a_{0.1-0.2}<0.1$ | 高压缩性 | $a_{0.1-0.2}\geq 0.5$ |
| 中压缩性 | $0.1\leq a_{0.1-0.2}<0.5$ | | |

注:表中 $a_{0.1-0.2}$ 为 0.1~0.2MPa 压力范围内的压缩系数。

**3.3.9** 砂土的湿度应按表3.3.9划分。

表3.3.9 砂土的湿度划分

| 湿度 | 饱和度 $S_r$(%) | 湿度 | 饱和度 $S_r$(%) |
|---|---|---|---|
| 稍湿 | $S_r\leq 50$ | 饱和 | $S_r>80$ |
| 潮湿 | $50<S_r\leq 80$ | | |

**3.3.10** 粉土的湿度应按表3.3.10划分。

表 3.3.10　粉土的湿度划分

| 湿　度 | 天然含水率 $w$（%） | 湿　度 | 天然含水率 $w$（%） |
|---|---|---|---|
| 稍湿 | $w < 20$ | 很湿 | $w > 30$ |
| 湿 | $20 \leq w \leq 30$ | | |

**3.3.11**　黏性土的状态应按表 3.3.11 划分。

表 3.3.11　黏性土的状态划分

| 状　态 | 液性指数 $I_L$ | 状　态 | 液性指数 $I_L$ |
|---|---|---|---|
| 坚硬 | $I_L \leq 0$ | 软塑 | $0.75 < I_L \leq 1.0$ |
| 硬塑 | $0 < I_L \leq 0.25$ | 流塑 | $I_L > 1.0$ |
| 可塑 | $0.25 < I_L \leq 0.75$ | | |

**3.3.12**　黏性土可按表 3.3.12 划分。

表 3.3.12　黏性土划分

| 黏性土分类 | 地质年代 |
|---|---|
| 老黏性土 | 第四纪晚更新世（$Q_3$）及以前 |
| 一般黏性土 | 第四纪全新世（$Q_4$）文化期以前 |
| 新近沉积黏性土 | 第四纪全新世（$Q_4$）文化期以来 |

**3.3.13**　土的描述应包括名称、地质年代和成因类型，并应符合下列规定：

1　碎石土应描述颜色、颗粒级配、颗粒形状、碎石成分、风化程度、充填物的类型、充填程度和密实度等。

2　砂土应描述颜色、颗粒级配、颗粒形状、矿物成分、黏粒含量、湿度和密实度等。

3　粉土应描述颜色、湿度、密实度、含有物等。

4　黏性土应描述颜色、状态、含有物等。

5　特殊性土除应描述上述相应土类规定的内容外，尚应描述其特殊成分和特殊性质。

## 3.4　勘察大纲

**3.4.1**　在开展地质勘察之前，应编制项目地质勘察大纲。

**3.4.2**　项目勘察大纲应包括以下内容：

1　项目概况：包括任务依据、建设规模和标准、路线走向、工程结构设置、已做过的地质工作；

    2   地质勘察执行的技术标准；

    3   自然地理和工程地质概况：包括公路沿线的地形地貌、气象水文、地震、地层岩性、地质构造、水文地质条件、不良地质和特殊性岩土的分布与发育情况，以及可能影响线位或工程结构设置的重大或关键性地质问题等；

    4   勘察实施方案：包括勘察内容、勘察方法和精度、勘探点布置原则及主要工作量，以及针对重大或关键性地质问题采取的勘察对策、措施和专题研究等；

    5   组织机构、人员组成、设备配置、计划进度、质量管理、安全和环保措施；

    6   提交的成果资料；

    7   其他需要说明的问题。

**3.4.3**   当现场地质条件、工程结构设置、勘察要求等发生变化时，勘察大纲应根据变化情况进行调整。

## 3.5   工程地质调绘

**3.5.1**   工程地质调绘应与路线及沿线工程结构设置相结合，为路线方案比选、工程场地选址以及勘探、测试工作量的拟定等提供依据。

**3.5.2**   工程地质调绘应充分收集、分析勘察区既有的各种地质资料，结合必要的遥感解译及勘探手段进行。对控制路线方案或影响工程结构设置的地质界线，应采用追索法、穿越法进行工程地质调绘。

**3.5.3**   工程地质调绘应包括以下主要内容：

    1   地形地貌的成因、类型、分布、规模、形态特征等；

    2   地层的成因、年代、层序、厚度、岩性和岩石的风化程度等；

    3   地质构造的类型、产状、规模、分布范围等；

    4   地下水的类型、埋深、赋存、补给、排泄和径流条件，以及水系、井、泉的分布位置、高程和动态特征等；

    5   特殊性岩土的类型、分布范围及工程地质性质等；

    6   不良地质的类型、分布范围、规模、形成条件、发生与发展的规律等；

    7   既有工程的使用情况等。

**3.5.4**   工程地质调绘底图的比例尺不应小于工程地质图成图的比例尺。

**3.5.5**   工程地质调绘采用的地层单位应与公路基本建设程序各阶段的工作内容、深度和成图比例尺相适应，按表3.5.5选用。

表3.5.5 地层单位划分表

| 勘察阶段 | 预可勘察 | 工可勘察 | 初步勘察 | 详细勘察 |
|---|---|---|---|---|
| 地层单位 | 群、组 | 群、组 | 组、岩性段 | 组、岩性段 |

**3.5.6** 工程地质调绘应沿路线及其两侧的带状范围进行,调绘宽度应满足工程方案比选及工程地质分析评价的要求。

**3.5.7** 工程地质调绘点在图上的密度每100mm×100mm不得少于4个。

**3.5.8** 工程地质调绘点应布置在地貌单元的边界、地层接触线、断层、地下水出露点、特殊性岩土及不良地质体的界线、具有代表性的节理和岩层露头及大桥、特大桥、长隧道、特长隧道、高填深挖路段等部位。

**3.5.9** 工程地质图上的地质界线与实际地质界线的误差在图上的距离不应大于3mm。对控制路线位置、工程设计方案、工程结构设置的不良地质和特殊性岩土地段,地质点和地质界线应采用仪器测绘。

**3.5.10** 图上宽度大于2mm的地质现象应予以调绘。对公路工程有影响的滑坡、崩塌、断层、软弱夹层等地质现象,在图上的宽度不足2mm时,宜采用扩大比例尺表示,并标注其实际数据。

**3.5.11** 需判明环境水、土的腐蚀性以及岩土的性质时,应采集样品进行分析。

**3.5.12** 工程地质调绘应提交文字说明、工程地质平面图、综合地层柱状图、工程地质断面图、照片以及相关调查图表等。

## 3.6 工程地质勘探

**3.6.1** 工程地质勘探应在工程地质调绘的基础上进行。采用的勘探方法及勘探工作量应根据现场地形地质条件、工程结构设置、勘探的目的和要求等综合确定。

**3.6.2** 应采用全站仪、GPS等工程测量仪器布设工程地质勘探点,并应符合下列规定:

1 勘探点位置定位误差:陆地不应大于0.1m;水中不宜大于0.5m;当水深流急,固定钻船困难时,不应大于1.0m,并应在套管固定后核测孔位。

2 勘探点地面孔口高程误差:陆地不应大于0.01m;水中不应大于0.1m;钻孔中地层分层误差不宜大于0.1m。受潮汐影响的桥位,孔口高程测量应进行实际孔深换算。

3 勘探完成后,应复测勘探点的平面位置及高程。勘探点的位置应以坐标和里程桩号表示,并做好测量记录。

**3.6.3** 挖探应符合下列规定:

1 探坑(井)、探槽的深度不宜超过地下水位,竖井和平硐的深度、长度和断面尺寸等应根据工程地质勘探的目的和要求确定。

2 探坑(井)、探槽和硐探提供的成果资料应包括文字描述、断面图、展示图和代表性部位的照片等。

**3.6.4** 钻探应符合下列规定:

1 钻机类型、钻探工艺和取样方法应根据现场地形地质条件和勘探的目的确定,并详细记录、认真分析钻探资料和岩芯情况。

2 钻孔深度应根据构筑物的类型、规模以及水文地质和工程地质评价的需要确定。

3 钻探应根据地层条件、取芯和取样要求,严格控制钻进的回次长度,钻进回次长度不得大于岩芯管长度。

4 岩芯采取率在完整的岩层中不宜小于90%,在强风化岩层中不宜小于65%,黏性土层中不宜小于85%,砂类土层中不宜小于65%,破碎岩层、碎石土层不宜小于50%,断层破碎带等重点研究孔段宜提高岩芯采取率,并不得遗漏对工程有重要影响的软弱夹层和滑动面等。

5 岩芯应按采集的先后在现场按从上到下、从左到右顺序排列。每回次钻进采集的岩芯应填写岩芯卡片,标明工点名称、钻孔编号、岩芯采集的深度,岩芯采取率、钻进回次编号和必要的地质描述,并留存全孔岩芯彩色照片。

6 高边坡、特大桥、特长隧道、地质情况复杂的工点以及不良地质路段,宜选择代表性钻孔采集的岩芯装箱保存。

7 钻孔孔径除应满足岩土试验对取样的要求外,尚应结合原位测试、水文地质试验、地应力测量等要求确定。

8 钻探现场记录应按钻进回次及时填写,详细描述地层、地下水、岩芯采取率和钻进过程中的异常情况等。

9 采取的岩石、土、水样应具有代表性,原状样品在运输和保管过程中应采取措施,保持密封、不得扰动。

10 用作长期观测的钻孔应做好维护,对交通、环境、安全有影响的钻孔应按相关规定进行封孔作业。

11 钻探应提供现场原始记录、钻孔柱状图和照片等。

**3.6.5** 物探应符合下列规定:

1 采用物探方法时,应具备下列条件:

1)被探测的地质体与周围介质之间具有明显的物性差异。

2)被探测的地质体具有一定的规模和埋藏深度,具备相应的施工和观测条件。

3) 干扰背景不影响有效信号的观测和识别。
4) 不利的地形、地物不致影响正常的推断、解释。

2 采用的物探方法和技术参数应结合现场地形、地球物理条件和勘探的目的,在方法试验的基础上确定。

3 物探成果的解释应与其他勘探资料相互对比,综合分析,并有钻探加以印证。

4 物探应提供现场原始记录、物探解释图、照片等。

## 3.7 原位测试

**3.7.1** 原位测试方法可根据勘察目的、岩土条件及测试方法的适用性等按表3.7.1选用。

表3.7.1 原位测试常用方法适用范围一览表

| 测试方法 | 适用的岩土类别 | | | | | | | 取得的岩土参数 | | | | |
| --- | --- | --- | --- | --- | --- | --- | --- | --- | --- | --- | --- | --- |
| | 岩石 | 碎石土 | 砂土 | 粉土 | 黏性土 | 软土 | 填土 | 剖面分层 | 物理状态 | 强度参数 | 承载力 | 液化判别 |
| 载荷板试验(PLT) | △ | ○ | ○ | ○ | ○ | ○ | ○ | | | △ | ○ | |
| 现场直剪试验(FDST) | ○ | ○ | ◇ | △ | △ | ◇ | ◇ | | | ○ | | |
| 十字板剪切试验(VST) | | | | △ | △ | ○ | | | | ○ | △ | |
| 标准贯入试验(SPT) | | | ○ | △ | △ | ◇ | ◇ | △ | △ | | △ | ○ |
| 动力触探(DPT) | | ○ | △ | △ | ◇ | ◇ | ◇ | △ | ◇ | | △ | |
| 静力触探(CPT) | | | △ | ○ | ○ | ○ | | ○ | △ | ○ | △ | ○ |
| 旁压试验 | | | ○ | △ | △ | △ | | | | △ | △ | |
| 扁铲侧胀试验 | | | △ | △ | △ | ○ | | △ | △ | △ | △ | |
| 地应力测试 | △ | | | | | | | | | | | |

注:○-很适用;△-适用;◇-较适用。

**3.7.2** 原位测试应结合地区经验在综合分析的基础上提供岩土参数。

**3.7.3** 原位测试应提供现场原始记录、原位测试曲线图表、照片等。

## 3.8 室内试验

**3.8.1** 室内试验应根据工程要求和岩土类型选择岩石试验、土工试验、岩土矿物分析、水质分析等试验项目和试验方法。

**3.8.2** 室内试验应符合现行《公路土工试验规程》(JTG E40)、《公路工程岩石试验规程》(JTG E41)等相关标准的规定。

**3.8.3** 工程地质勘察宜在工地设置试验室,无条件设置工地试验室时,试样不得因长时间存放或长距离运输影响试验数据的真实性。

## 3.9 岩土参数的分析和选定

**3.9.1** 岩土参数应按工程地质单元或层位进行统计,并综合考虑下列因素评价其可靠性和适用性:
1 取样和试验方法及其他因素对试验结果的影响;
2 不同测试方法所得结果的分析比较;
3 测试结果的离散程度及其原因分析;
4 岩土参数的测试方法与计算模型的匹配性。

**3.9.2** 岩土参数应分类汇总,参与统计的数据应分析离散原因,剔除异常数据。

**3.9.3** 岩土参数统计应符合下列要求:
1 岩土参数应按同类地质条件和相同层位进行统计。
2 参加统计的测试数据不应少于6个。
3 平均值 $f_m$、标准差 $\sigma$ 和变异系数 $\delta$ 应按式(3.9.3-1)~式(3.9.3-3)计算:

$$f_m = \frac{\sum_{i=1}^{n} f_i}{n} \quad (3.9.3\text{-}1)$$

$$\sigma = \left[\frac{1}{n-1}(\sum_{i=1}^{n} f_i^2 - nf_m^2)\right]^{\frac{1}{2}} \quad (3.9.3\text{-}2)$$

$$\delta = \frac{\sigma}{f_m} \quad (3.9.3\text{-}3)$$

式中:$f_i$——岩土参数测试值;
$n$——同类地质条件和同层位测试数据的个数。

4 岩土参数的标准值 $f_k$ 应按式(3.9.3-4)、式(3.9.3-5)计算：

$$f_k = \psi \cdot f_m \quad (3.9.3\text{-}4)$$

$$\psi = 1 \pm \left(\frac{1.704}{\sqrt{n}} + \frac{4.678}{n^2}\right)\delta \quad (3.9.3\text{-}5)$$

式中：$\psi$——统计修正系数，正负号按不利组合确定。

**3.9.4** 公路工程地质勘察报告应提供下列岩土参数值：
1 岩土参数的平均值、标准差、变异系数，岩土参数的数据分布范围和数据量等；
2 承载能力极限状态计算所需要的岩土参数标准值。

## 3.10 报告编制

**3.10.1** 工程地质勘察报告的编制应充分利用勘察取得的各项地质资料，在综合分析的基础上进行，所依据的原始资料在使用前均应进行整理、检查、分析，确认无误。

**3.10.2** 工程地质勘察报告应资料完整，内容详实准确、重点突出，有明确的工程针对性，所作的结论应依据充分、建议合理。

**3.10.3** 公路工程地质勘察报告包括总报告和工点报告，总报告和工点报告均应由文字说明和图表部分组成。

**3.10.4** 总报告文字说明应包括下列内容：
1 前言：任务依据、目的与任务、工程概况、执行的技术标准、勘察方法及勘察工作量布置情况、勘察工作过程等；
2 自然地理概况：项目所处的地理位置、气象、水文和交通条件等；
3 工程地质条件：地形地貌、地层岩性、地质构造、岩土的类型、性质和物理力学参数、新构造运动、水文地质条件、地震与地震动参数、不良地质和特殊性岩土的发育情况、建筑材料等；
4 工程地质评价与建议：包括公路沿线水文地质及工程地质条件评价、工程建设场地的稳定性和适宜性评价、不良地质与特殊性岩土及其对公路工程的危害和影响程度评价、环境水或土的腐蚀性评价、岩土物理力学性质及其设计参数评价、工程地质结论与建议等。

**3.10.5** 总报告图表应包括路线综合工程地质平面图、路线综合工程地质纵断面图、不良地质和特殊性岩土一览表等。

**3.10.6** 对于路基、桥梁、涵洞、隧道、路线交叉、料场、沿线设施等独立勘察对象，应编制工点报告。

**3.10.7** 工点报告文字说明应对第 3.10.4 条第 1~3 款的内容进行简要叙述,并针对工点工程地质条件、存在的工程地质问题与建议等进行说明。

**3.10.8** 工点报告图表编制应符合本规范有关章节的规定。

**3.10.9** 工点报告应按工程结构的类型进行归类,综合考虑其建设规模和里程桩号等按序编排、分册装订。

# 4 可行性研究阶段工程地质勘察

## 4.1 预可勘察

**4.1.1** 预可勘察应了解公路建设项目所处区域的工程地质条件及存在的工程地质问题,为编制预可行性研究报告提供工程地质资料。

**4.1.2** 预可勘察应充分收集区域地质、地震、气象、水文、采矿、灾害防治与评估等资料,采用资料分析、遥感工程地质解译、现场踏勘调查等方法,对各路线走廊带或通道的工程地质条件进行研究,完成下列各项工作内容:
 1 了解各路线走廊带或通道的地形地貌、地层岩性、地质构造、水文地质条件、地震动参数、不良地质和特殊性岩土的类型、分布范围、发育规律。
 2 了解当地建筑材料的分布状况和采购运输条件。
 3 评估各路线走廊带或通道的工程地质条件及主要工程地质问题。
 4 编制预可行性研究阶段工程地质勘察报告。

**4.1.3** 遥感解译及踏勘调查应沿拟定的路线及其两侧的带状范围进行,工程地质调查的比例尺为1:50 000~1:100 000,调查宽度应满足路线走廊及通道方案比选的需要。

**4.1.4** 跨江、海独立公路工程建设项目应进行工程地质勘探,并符合下列要求:
 1 应通过资料分析、遥感工程地质解译、现场踏勘调查等明确勘探的重点及问题。
 2 应沿拟定的通道布设纵向物探断面,数量不宜少于2条。当存在可能影响工程方案的区域性活动断裂等重大地质问题时,应根据实际情况增加物探断面的数量。
 3 区域性断裂异常点、桥梁深水基础、水下隧道,应进行钻探,取样和测试应符合第5章的规定。

**4.1.5** 预可勘察报告应提供下列资料:
 1 文字说明:应对拟建工程项目的工程地质条件、存在的工程地质问题及筑路材料的分布状况和运输条件等进行说明,对各路线走廊带或通道的工程地质条件进行评估,对下一阶段的工程地质勘察工作提出意见和建议。
 2 图表资料:1:50 000~1:100 000路线工程地质平面图及附图、附表、照片等;跨江、跨海的桥隧工程,应编制工程地质断面图。

## 4.2 工可勘察

**4.2.1** 工可勘察应初步查明公路沿线的工程地质条件和对公路建设规模有影响的工程地质问题,为编制工程可行性研究报告提供工程地质资料。

**4.2.2** 工可勘察应以资料收集和工程地质调绘为主,辅以必要的勘探手段,对项目建设各工程方案的工程地质条件进行研究,完成下列各项工作内容:
1 了解各路线走廊或通道的地形地貌、地层岩性、地质构造、水文地质条件、地震动参数、不良地质和特殊性岩土的类型、分布及发育规律。
2 初步查明沿线水库、矿区的分布情况及其与路线的关系。
3 初步查明控制路线及工程方案的不良地质和特殊性岩土的类型、性质、分布范围及发育规律。
4 初步查明技术复杂大桥桥位的地层岩性、地质构造、河床及岸坡的稳定性、不良地质和特殊性岩土的类型、性质、分布范围及发育规律。
5 初步查明长隧道及特长隧道隧址的地层岩性、地质构造、水文地质条件、隧道围岩分级、进出口地带斜坡的稳定性、不良地质和特殊性岩土的类型、性质、分布范围及发育规律。
6 对控制路线方案的越岭地段、区域性断裂通过的峡谷、区域性储水构造,初步查明其地层岩性、地质构造、水文地质条件及潜在不良地质的类型、规模、发育条件。
7 初步查明筑路材料的分布、开采、运输条件以及工程用水的水质、水源情况。
8 评价各路线走廊或通道的工程地质条件,分析存在的工程地质问题。
9 编制工程可行性研究阶段工程地质勘察报告。

**4.2.3** 工程地质调绘应符合下列规定:
1 应对区域地质、水文地质以及当地采矿资料等进行复核,区域地层界线、断层线、不良地质和特殊性岩土发育地带、地下水排泄区等应进行实地踏勘,并做好复核记录。
2 工程地质调绘的比例尺为1:10 000~1:50 000,范围应包括各路线走廊或通道所处的带状区域。

**4.2.4** 遇有下列情况,当通过资料收集、工程地质调绘不能初步查明其工程地质条件时,应进行工程地质勘探:
1 控制路线及工程方案的不良地质和特殊性岩土路段;
2 特大桥、特长隧道、地质条件复杂的大桥及长隧道等控制性工程;
3 控制路线方案的越岭路段、区域性断裂通过的峡谷、区域性储水构造;
4 跨江、海独立公路工程建设项目。

**4.2.5** 工可勘察报告应提供下列资料：

1 文字说明：应对公路沿线的地形地貌、地层岩性、地质构造、水文地质条件、新构造运动、地震动参数等基本地质条件进行说明；对不良地质和特殊性岩土应阐明其类型、性质、分布范围、发育规律及其对公路工程的影响和避开的可能性；路线通过区域性储水构造或地下水排泄区，应对路线方案有重大影响的水文地质及工程地质问题进行充分论证、评价；特大桥及大桥、特长隧道及长隧道等控制性工程，应结合工程方案的论证、比选，对工程地质条件进行说明、评价，提供工程方案论证、比选所需的岩土参数。

2 图表资料：1∶10 000～1∶50 000路线工程地质平面图；1∶10 000～1∶50 000路线工程地质纵断面图；1∶2 000～1∶10 000重要工点工程地质平面图；1∶2 000～1∶10 000重要工点工程地质断面图；附图、附表和照片等。

# 5 初步勘察

## 5.1 一般规定

**5.1.1** 初步勘察应基本查明公路沿线及各类构筑物建设场地的工程地质条件,为工程方案比选及初步设计文件编制提供工程地质资料。

**5.1.2** 初步勘察应与路线和各类构筑物的方案设计相结合,根据现场地形地质条件,采用遥感解译、工程地质调绘、钻探、物探、原位测试等手段相结合的综合勘察方法,对路线及各类构筑物工程建设场地的工程地质条件进行勘察。

**5.1.3** 初步勘察应对工程项目建设可能诱发的地质灾害和环境工程地质问题进行分析、预测,评估其对公路工程和环境的影响。

## 5.2 路线

**5.2.1** 路线初勘应以工程地质调绘为主,勘探测试为辅,基本查明下列内容:
1 地形地貌、地层岩性、地质构造、水文地质条件;
2 不良地质和特殊性岩土的成因、类型、性质和分布范围;
3 区域性断裂、活动性断层、区域性储水构造、水库及河流等地表水体、可供开采和利用的矿体的发育情况;
4 斜坡或挖方路段的地质结构,有无控制边坡稳定的外倾结构面,工程项目实施有无诱发或加剧不良地质的可能性;
5 陡坡路堤、高填路段的地质结构,有无影响基底稳定的软弱地层;
6 大桥及特大桥、长隧道及特长隧道等控制性工程通过地段的工程地质条件和主要工程地质问题。

**5.2.2** 工程地质调绘应符合下列规定:
1 二级及以上公路,应进行路线工程地质调绘。三级及以下公路,当工程地质条件简单时,可仅作路线工程地质调查;当工程地质条件复杂或较复杂时,宜进行路线工程地质调绘。

2 路线工程地质调绘的比例尺为1:2 000~1:10 000,视地质条件的复杂程度选用。
3 路线工程地质调绘应沿路线及其两侧的带状范围进行,调绘宽度沿路线左右两侧的距离各不宜小于200m。
4 对有比较价值的工程方案应进行同深度工程地质调绘。

**5.2.3** 工程地质勘探、测试应符合下列规定:
1 隐伏于覆盖层下的地层接触线、断层、软土等对填图质量或工程设置有影响的地质界线、地质体,应辅以钻探、挖探、物探等予以探明。
2 特殊性岩土应选取代表性试样测试其工程地质性质。

**5.2.4** 路线初勘应提供下列资料:
1 文字说明:应对各路线方案的水文地质及工程地质条件进行说明,并进行分析、评价,结合工程方案的论证、比选提出工程地质意见和建议。
2 图表资料:1:2 000~1:10 000路线工程地质平面图;1:2 000~1:10 000路线工程地质纵断面图;勘探、测试资料;附图、附表和工程照片等。

## 5.3 一般路基

**5.3.1** 一般路基初勘应根据现场地形地质条件,结合路线填挖设计,划分工程地质区段,分段基本查明下列内容:
1 地形地貌的成因、类型、分布、形态特征和地表植被情况;
2 地层岩性、地质构造、岩石的风化程度、边坡的岩体类型和结构类型;
3 层理、节理、断裂、软弱夹层等结构面的产状、规模、倾向路基的情况;
4 覆盖层的厚度、土质类型、密实度、含水状态和物理力学性质;
5 不良地质和特殊性岩土的分布范围、性质;
6 地下水和地表水发育情况及腐蚀性。

**5.3.2** 一般路基工程地质调绘可与路线工程地质调绘一并进行;工程地质条件较复杂或复杂,填挖变化较大的路段,应进行补充工程地质调绘,工程地质调绘的比例尺宜为1:2 000。

**5.3.3** 工程地质勘探、测试应符合下列规定:
1 勘探测试点的数量:工程地质条件简单时,每公里不得少于2个,做代表性勘探;工程地质条件较复杂或复杂时,应增加勘探测试点数量。
2 勘探深度不小于2.0m,可选择挖探、螺纹钻进行勘探。当深部地质情况需进一步探明时,可采用静力触探、钻探、物探等进行综合勘探。
3 勘探应分层取样。粉土、黏性土应取原状样,取样间距1.0m;砂土、碎石土取扰动样,取样间距1.0m,可通过野外鉴定或原位测试判明其密实度。

4 地下水发育时,应量测地下水的初见水位和稳定水位。
5 室内测试项目可按表5.3.3选用。

表5.3.3 一般路基室内测试项目表

| 测试项目 | | 粉土、黏性土 | 砂 土 | 碎 石 土 |
|---|---|---|---|---|
| 颗粒分析 | | (+) | + | + |
| 天然含水率$w(\%)$ | | + | (+) | (+) |
| 密度$\rho(g/cm^3)$ | | (+) | (+) | (+) |
| 塑限$w_P(\%)$ | | + | | |
| 液限$w_L(\%)$ | | + | | |
| 压缩系数$a(MPa^{-1})$ | | (+) | | |
| 剪切试验 | 黏聚力$c(kPa)$ | (+) | (+) | (+) |
| | 内摩擦角$\varphi(°)$ | | | |

注:"+"-必做项目;"(+)"-选做项目。

6 特殊性岩土应选取代表性试样测试其工程地质性质。

**5.3.4** 一般路基初勘应提供下列资料:

1 一般路基可列表分段说明工程地质条件。当列表不能说明工程地质条件时,应编写文字说明和图表。

2 文字说明:应分段说明填、挖路段的工程地质条件。基底有软弱层发育的填方路段,应评价路堤产生过量沉降、不均匀沉降及剪切滑移的可能性。挖方路段有外倾结构面时,应评价边坡产生滑动的可能性。

3 图表资料:1∶2 000工程地质平面图;1∶2 000工程地质纵断面图;1∶100～1∶400工程地质横断面图;1∶50～1∶200挖探(钻探)柱状图;岩土物理力学指标汇总表;水质分析资料;物探解释成果资料;附图、附表和照片等。

## 5.4 高路堤

**5.4.1** 填土高度大于20m,或填土高度虽未达到20m但基底有软弱地层发育,填筑的路堤有可能失稳、产生过量沉降及不均匀沉降时,应按高路堤进行勘察。

**5.4.2** 高路堤勘察应基本查明下列内容:

1 高填路段的地貌类型、地形的起伏变化情况及横向坡度;
2 地基的土层结构、厚度、状态、密实度及软弱地层的发育情况;
3 基岩的埋深和起伏变化情况;
4 岩层产状、岩石的风化程度和岩体的节理发育程度;
5 地基岩土的物理力学性质和地基承载力;

6 地表水的类型、埋深、分布和水质;
7 基底的稳定性。

**5.4.3** 应沿拟定的线位及其两侧的带状范围进行1:2 000工程地质调绘,调绘宽度不宜小于两倍路基宽度。

**5.4.4** 工程地质勘探、测试应符合下列规定:

1 应根据现场地形地质条件选择代表性位置布置横向勘探断面,每段高路堤的横向勘探断面数量不得少于1条。

2 每条勘探横断面上的钻孔数量不得少于1个。勘探深度宜至持力层或岩面以下3m,并满足沉降稳定计算要求。

3 粉土、黏性土应取原状样,在0～10m的深度范围内,取样间距宜为1.0m;10m以下,取样间距宜为1.5m,变层应立即取样。砂土、碎石土可取扰动样,取样间距宜为2.0m,变层应立即取样。层厚大于5m的同一土层,可在上、中、下取样,取样后应立即做动力触探试验。

4 有地下水发育时,应量测地下水的初见水位和稳定水位,采集水样做水质分析。

5 室内测试项可按表5.4.4选用。

表5.4.4 高路堤室内测试项目表

| 测试项目 | 岩土类别 | 粉土、黏性土 | 砂土 | 碎石土 |
|---|---|---|---|---|
| 颗粒分析 | | (+) | + | + |
| 天然含水率 $w(\%)$ | | + | (+) | (+) |
| 密度 $\rho(g/cm^3)$ | | + | (+) | (+) |
| 塑限 $w_P(\%)$ | | + | | |
| 液限 $w_L(\%)$ | | + | | |
| 压缩系数 $a(MPa^{-1})$ | | + | | |
| 剪切试验 | 黏聚力 $c(kPa)$ | + | (+) | (+) |
| | 内摩擦角 $\varphi(°)$ | + | (+) | (+) |

注:"+"-必做项目;"(+)"-选做项目。

6 勘探断面上的地形、岩石露头、地下水出露点、勘探测试点等应实测。

**5.4.5** 高路堤初勘应提供下列资料:

1 文字说明:应对高填路段的工程地质条件进行说明,对工程建设场地的适宜性进行评价,分析、评估高路堤产生过量沉降、不均匀沉降及地基失效导致路堤产生滑动的可能性。

2 图表资料:1:2 000工程地质平面图;1:2 000工程地质纵断面图;1:100～1:400工程地质横断面图;1:50～1:200挖探(钻探)柱状图;岩土物理力学指标汇总表;水质分析资料;物探解释成果资料;附图、附表和照片等。

## 5.5 陡坡路堤

**5.5.1** 地面横坡坡率陡于1:2.5,或坡率虽未陡于1:2.5但路堤有可能沿斜坡产生横向滑移时,应按陡坡路堤进行勘察。

**5.5.2** 陡坡路堤勘察应基本查明下列内容:
1. 陡坡路段的地形地貌、地面横向坡度及变化情况;
2. 覆盖层的厚度、土质类型、地层结构、密实程度和胶结状况;
3. 覆盖层下伏基岩面的横向坡度和起伏形态;
4. 陡坡路段的地质构造、层理、节理、软弱夹层等结构面的产状;
5. 岩石的风化程度和边坡岩体的结构类型;
6. 岩、土的物理力学性质及其抗剪强度参数;
7. 地表水和地下水发育情况;
8. 陡坡路堤沿基底滑动面或潜在滑动面产生滑动的可能性。

**5.5.3** 陡坡路段应沿拟定的线位及其两侧的带状范围进行1:2 000工程地质调绘,调绘宽度不宜小于两倍路基宽度。

**5.5.4** 工程地质勘探、测试应符合下列规定:
1. 每段陡坡路堤的横向勘探断面数量不宜少于1条,做代表性勘探,工程地质条件复杂时,应增加勘探断面的数量。
2. 每条勘探横断面上的勘探点数量不宜少于2个,宜采用挖探、物探、钻探等进行综合勘探。勘探深度应至持力层或稳定的基岩面以下3m。
3. 勘探应采取岩土试样,取样、测试要求应符合第5.4.4条的规定。
4. 有地下水发育时,应量测地下水的初见水位和稳定水位,采取水样做水质分析。
5. 室内测试项目可按表5.5.4选用。

**表5.5.4 陡坡路堤室内测试项目表**

| 测试项目 | 岩土类别 | 粉土、黏性土 | 砂 土 | 碎 石 土 |
|---|---|---|---|---|
| 颗粒分析 | | (+) | + | + |
| 天然含水率$w(\%)$ | | + | (+) | (+) |
| 密度$\rho(g/cm^3)$ | | + | (+) | (+) |
| 塑限$w_P(\%)$ | | + | | |
| 液限$w_L(\%)$ | | + | | |
| 剪切试验 | 黏聚力$c(kPa)$ | + | (+) | (+) |
| | 内摩擦角$\varphi(°)$ | | | |

注:"+"-必做项目;"(+)"-选做项目。

6 勘探断面上的地形、岩石露头、地下水出露点、勘探测试点等应实测。

**5.5.5** 陡坡路堤初勘应提供下列资料：

1 文字说明：应对陡坡路段的工程地质条件进行说明，对工程建设场地的适宜性进行评价，分析、评估陡坡路堤沿斜坡产生滑动的可能性。

2 图表资料：1:2 000工程地质平面图；1:2 000工程地质纵断面图；1:100～1:400工程地质横断面图；1:50～1:200挖探（钻探）柱状图；岩土物理力学指标汇总表；水质分析资料；物探解释成果资料；附图、附表和照片等。

## 5.6 深路堑

**5.6.1** 土质边坡垂直挖方高度超过20m，岩质边坡垂直挖方高度超过30m，或挖方边坡需特殊设计时，应按深路堑进行勘察。

**5.6.2** 深路堑初勘应基本查明以下内容：

1 挖方路段的地貌类型、地形起伏变化情况及横向坡度、斜坡的自然稳定状况；
2 斜坡上覆盖层厚度、土质类型、地层结构、含水状态、胶结程度和密实度；
3 覆盖层与基岩接触面的形态特征及起伏变化情况；
4 基岩的岩性及其组合情况、岩石的风化程度和边坡岩体的结构类型；
5 层理、节理、断层、软弱夹层等结构面的产状、规模及其倾向路基的情况；
6 岩、土的物理力学性质，控制边坡稳定的结构面的抗剪强度；
7 地下水的出露位置、流量、动态特征及对边坡稳定的影响；
8 地表水的类型、分布、径流及对边坡稳定性的影响；
9 深路堑边坡的稳定性。

**5.6.3** 深挖路段应进行1:2 000工程地质调绘，并应符合下列规定：

1 工程地质调绘应沿拟定的线位及其两侧的带状范围进行，调绘宽度不宜小于边坡高度的3倍。对地质构造复杂、岩体破碎、风化严重、有外倾结构面或堆积层发育、上方汇水区域较大以及地下水发育的边坡，应扩大调绘范围。

2 有岩石露头时，岩质边坡路段应进行节理统计，调查边坡岩体类型和结构类型。

**5.6.4** 工程地质勘探、测试应符合下列规定：

1 应根据现场地形地质条件选择代表性位置布置横向勘探断面，每段深路堑横向勘探断面的数量不得少于1条。

2 每条勘探横断面上的勘探点数量不宜少于2个，宜采用挖探、钻探、物探等进行综合勘探。控制性钻孔深度应至设计高程以下稳定地层中不小于3m。地下水发育路段，应根据排水工程需要确定。

3 岩体宜采取代表性岩样,做密度和单轴饱和抗压强度试验。土层应分层采取土样,其测试项目可按表5.6.4选用。

表5.6.4 深路堑室内测试项目表

| 测试项目 | 岩土类别 | 粉土、黏性土 | 砂 土 | 碎 石 土 |
|---|---|---|---|---|
| 颗粒分析 | | (+) | + | + |
| 天然含水率 $w(\%)$ | | + | (+) | (+) |
| 密度 $\rho(g/cm^3)$ | | + | (+) | (+) |
| 塑限 $w_P(\%)$ | | + | | |
| 液限 $w_L(\%)$ | | + | | |
| 剪切试验 | 黏聚力 $c(kPa)$ | + | (+) | (+) |
| | 内摩擦角 $\varphi(°)$ | + | (+) | (+) |

注:"+"-必做项目;"(+)"-选做项目。

4 露头不良地段,可采用声波测井确定岩体的完整性。
5 有地下水发育时,应量测地下水的初见水位和稳定水位,取样做水质分析。
6 勘探断面上的地形、岩石露头、地下水出露点、勘探测试点等应实测。
7 基岩出露良好,地质条件清楚,可通过调绘查明深路堑工程地质条件。

**5.6.5** 深路堑初勘应提供下列资料:
1 文字说明:应对深挖路段的工程地质条件进行说明,对工程建设场地的适宜性进行评价,分析深路堑边坡的稳定性。
2 图表资料:1:2 000工程地质平面图;1:2 000工程地质纵断面图;1:100～1:400工程地质横断面图;1:50～1:200挖探(钻探)柱状图;岩土物理力学指标汇总表;水质分析资料;物探解释成果资料;附图、附表和照片等。

## 5.7 支挡工程

**5.7.1** 支挡工程初勘应基本查明下列内容:
1 支挡路段的地形地貌特征、斜坡坡度和自然稳定状况;
2 支挡路段层理、节理、断层、软弱夹层等结构面的产状、规模和发育情况;
3 支挡工程地基的地层结构、岩土类型及其物理力学性质;
4 地下水的类型、分布及其对边坡稳定的影响;
5 不良地质和特殊性岩土的发育情况;
6 支挡工程地基的承载力和锚固条件。

**5.7.2** 支挡路段应进行1:2 000工程地质调绘,调绘范围宜包括支挡工程和可能产生变形失稳的岩土体以外不小于50m的区域。

**5.7.3** 工程地质勘探、测试应符合下列规定：

1 应根据支挡地段的地形地质条件、支挡工程的类型、规模等确定勘探测试点的数量和位置。

2 支挡工程的承重部位，应采用挖探、钻探进行勘探，勘探点的数量不得少于1个，地质条件变化大时，宜结合物探进行综合勘探，勘探深度应达持力层以下的稳定地层中不小于3m。

3 对支挡路段的边坡进行稳定性分析计算时，应选择代表性位置布置横向勘探断面，每条勘探断面上探坑、钻孔的数量不应少于2个，勘探深度应穿过滑动面至其下的稳定地层中不小于1m。

4 挖探、钻探应分层采取岩土试样，测试项目可按表5.7.3选用。

表5.7.3 支挡工程室内测试项目表

| 测试项目 | 岩土类别 | 粉土、黏性土 | 砂 土 | 碎 石 土 |
|---|---|---|---|---|
| 颗粒分析 | | ( + ) | + | + |
| 天然含水率 $w$ (%) | | + | ( + ) | ( + ) |
| 密度 $\rho$ (g/cm³) | | + | ( + ) | ( + ) |
| 塑限 $w_P$ (%) | | + | | |
| 液限 $w_L$ (%) | | + | | |
| 压缩系数 $a$ (MPa$^{-1}$) | | + | | |
| 剪切试验 | 黏聚力 $c$ (kPa) | + | ( + ) | ( + ) |
| | 内摩擦角 $\varphi$ (°) | + | ( + ) | ( + ) |

注："+"-必做项目；"( + )"-选做项目。

5 有地下水发育时，应量测地下水的初见水位和稳定水位，取样做水质分析。

6 勘探断面上的地形、岩石露头、地下水出露点、勘探测试点等应实测。

**5.7.4** 支挡工程初勘应提供下列资料：

1 支挡工程可列表说明工点工程地质条件。当列表不能说明工程地质条件时，应编写文字说明和图表。

2 文字说明：应对支挡路段的工程地质条件进行说明，对边坡、基底的稳定性进行分析、评价。

3 图表资料：1:2 000工程地质平面图；1:2 000工程地质纵断面图；1:100～1:400工程地质横断面图；1:50～1:200挖探（钻探）柱状图；岩土物理力学指标汇总表、水质分析资料；物探解释成果资料；附图、附表和照片等。

## 5.8 河岸防护工程

**5.8.1** 河岸防护工程初勘应基本查明下列内容：

1 河岸防护路段及其上下游的地形地貌、地质特征；
2 岸坡的稳定情况及不良地质的类型、发展变化规律；
3 河岸防护路段的水力特征、洪（枯）水位高程、河流的冲淤变化规律；
4 防护工程及导流工程设置部位的地层结构、岩土类型、土的粒径组成；
5 地基岩土的物理力学性质和承载力；
6 既有河岸防护工程的设计与使用情况。

**5.8.2** 河岸防护地段应进行1∶2 000工程地质调绘，调绘范围应包括防护路段两岸及上下游相邻区域。

**5.8.3** 工程地质勘探、测试应符合下列规定：

1 应根据河岸防护路段的地质条件、水文状况、岸坡稳定情况及河岸防护工程的类型等确定勘探测试点的数量和位置。

2 冲刷防护工程、导流工程可采用挖探、钻探等进行综合勘探，勘探深度应至最大冲刷线或基础持力层以下的稳定地层中不小于3m。

3 河床或构筑物设置部位的探坑（井）和钻孔，应分层采取岩土试样，室内测试项目可按表5.8.3选用。

表5.8.3 河岸防护工程室内测试项目表

| 测试项目 | 岩土类别 | 粉土、黏性土 | 砂 土 | 碎 石 土 |
|---|---|---|---|---|
| 颗粒分析 | | + | + | + |
| 天然含水率 $w(\%)$ | | + | (+) | (+) |
| 密度 $\rho(g/cm^3)$ | | + | (+) | (+) |
| 塑限 $w_P(\%)$ | | + | | |
| 液限 $w_L(\%)$ | | + | | |
| 剪切试验 | 黏聚力 $c(kPa)$ | (+) | (+) | (+) |
| | 内摩擦角 $\varphi(°)$ | | | |

注："+"-必做项目；"（+）"-选做项目。

4 必要时，采取水样做水质分析，评价环境水的腐蚀性。
5 勘探断面上的地形、岩层露头、洪水位痕迹、钻孔等应实测。

**5.8.4** 河岸防护工程初勘应提供下列资料：

1 河岸防护工程可列表说明工点工程地质条件。当列表不能说明时，应编写文字说明和图表。

2 文字说明：应对河岸防护路段的工程地质条件进行说明，近河、沿河岸坡存在滑移、坍塌的可能时，应评价岸坡的稳定性。

3 图表资料：1∶2 000工程地质平面图；1∶2 000工程地质纵断面图；1∶100～1∶400

工程地质横断面图;1:50~1:200挖探(钻探)柱状图;岩土物理力学指标汇总表;水质分析资料;物探解释成果资料;附图、附表和照片等。

## 5.9 改河(沟、渠)工程

**5.9.1** 改河(沟、渠)工程初勘应基本查明以下内容:
1 改河(沟渠)地段及其上下游的地形地貌、地质构造及斜坡稳定情况;
2 新开河道(沟渠)地段的地层结构、土质类型、粒径组成;
3 特殊性岩土和不良地质的发育情况;
4 地基岩土的物理力学性质和地基承载力;
5 新开河道(沟、渠)地段岸坡的稳定性。

**5.9.2** 改河(沟、渠)工程应进行1:2 000工程地质调绘,调绘范围应包括改河(沟、渠)工程及其上下游相邻区域。

**5.9.3** 工程地质勘探、测试应符合下列规定:
1 应根据改河(沟、渠)工程的规模、现场地形地质条件等确定勘探测试点的数量和位置。
2 工程地质勘探可采用挖探、钻探、物探等方法,勘探深度应至最大冲刷线或防护工程基底以下的稳定地层中不小于3m。
3 探坑(井)、钻孔应分层采取岩土试样,室内测试项目可按表5.8.3选用。
4 地下水发育时,应量测地下水的初见水位和稳定水位,取水样做水质分析。
5 勘探断面上的地形、岩层露头、探坑(井)、钻孔等应实测。

**5.9.4** 改河(沟、渠)工程初勘应提供下列资料:
1 改河(沟、渠)工程可列表说明工点工程地质条件。当列表不能说明工程地质条件时,应编写文字说明和图表。
2 文字说明:应对改河(沟、渠)路段的工程地质条件进行说明,评价改河(沟、渠)地段的适宜性,改河(沟、渠)工程的岸坡存在失稳的可能时,应评价岸坡的稳定性。
3 图表资料:1:2 000工程地质平面图;1:2 000工程地质纵断面图;1:100~1:400工程地质横断面图;1:50~1:200挖探(钻探)柱状图;岩土物理力学指标汇总表;水质分析资料;物探解释成果资料;附图、附表和照片等。

## 5.10 涵洞

**5.10.1** 涵洞初勘应基本查明以下内容:
1 地形地貌、地层岩性和地质构造特征;

2 覆盖层的成因、土质类型、厚度、地层结构；

3 基岩的岩性、埋深、风化程度及节理发育程度；

4 地基岩土的物理力学性质及承载力；

5 地下水的类型、埋深及其动态变化情况和环境水的腐蚀性；

6 特殊性岩土和不良地质的发育情况。

**5.10.2** 工程地质条件简单时，涵洞工程地质调绘可与路线工程地质调绘一并进行；工程地质条件复杂或较复杂时，应进行1∶2 000工程地质调绘。工程地质调绘的范围应包括涵洞及其两侧各不小于20m的区域。当有泥石流等不良地质发育时，应根据实际情况确定调绘范围。

**5.10.3** 工程地质勘探、测试应符合下列规定：

1 应根据现场地形地质条件、路基填筑高度等确定勘探测试点的数量和位置。地质条件相同的工点可做代表性勘探。

2 勘探测试可采用挖探、钻探、静力触探等方法。

3 覆盖层的勘探深度可按表5.10.3-1确定。有软弱下卧层发育时，勘探深度应穿过软弱下卧层至硬层内不小于1.0m；地基持力层为全风化层时，勘探深度应至全风化层内不小于3m。

表5.10.3-1 涵洞勘探深度表

| 岩土类别 | 碎石土 | 砂土 | 粉土、黏性土 |
|---|---|---|---|
| 勘探深度(m) | 2~6 | 3~8 | 4~10 |

4 探坑(井)、钻孔应分层采取岩土试样，室内测试项目可按表5.10.3-2选用。

表5.10.3-2 涵洞工程室内测试项目表

| 测试项目 | | 岩土类别 | 粉土、黏性土 | 砂土 | 碎石土 |
|---|---|---|---|---|---|
| 颗粒分析 | | | + | + | + |
| 天然含水率 $w$(%) | | | + | (+) | (+) |
| 密度 $\rho$(g/cm$^3$) | | | (+) | (+) | (+) |
| 塑限 $w_P$(%) | | | + | | |
| 液限 $w_L$(%) | | | + | | |
| 压缩系数 $a$(MPa$^{-1}$) | | | (+) | | |
| 剪切试验 | 黏聚力 $c$(kPa) | | (+) | | |
| | 内摩擦角 $\varphi$(°) | | | | |

注："+"-必做项目；"(+)"-选做项目。

5 地下水发育时，应量测地下水的初见水位和稳定水位，取水样做水质分析。

6 勘探断面上的地形、岩层露头、勘探测试点等应实测。

**5.10.4** 涵洞初勘应提供下列资料：

1 涵洞初勘可列表说明工点工程地质条件。当列表不能说明时，应编写文字说明和图表。

2 文字说明：应对工点的工程地质条件进行说明；基底存在软弱层时，应评价地基产生过量沉降和不均匀沉降的可能性；有泥石流等不良地质发育时，应对不良地质的类型、规模、发育规律等进行说明，评价其对工程的影响。

3 图表资料：1:2 000工程地质平面图；1:2 000工程地质纵断面图；1:100~1:400工程地质横断面图；1:50~1:200挖探（钻探）柱状图；岩土物理力学指标汇总表；水质分析资料；物探解释成果资料；附图、附表、照片等。

## 5.11 桥梁

**5.11.1** 桥梁初勘应根据现场地形地质条件，结合拟定的桥型、桥跨、基础形式和桥梁的建设规模等确定勘察方案，基本查明下列内容：

1 地貌的成因、类型、形态特征、河流及沟谷岸坡的稳定状况和地震动参数；
2 褶皱的类型、规模、形态特征、产状及其与桥位的关系；
3 断裂的类型、分布、规模、产状、活动性、破碎带宽度、物质组成及胶结程度；
4 覆盖层的厚度、土质类型、分布范围、地层结构、密实度和含水状态；
5 基岩的埋深、起伏形态，地层及其岩性组合，岩石的风化程度及节理发育程度；
6 地基岩土的物理力学性质及承载力；
7 特殊性岩土和不良地质的类型、分布及性质；
8 地下水的类型、分布、水质和环境水的腐蚀性；
9 水下地形的起伏形态、冲刷和淤积情况以及河床的稳定性；
10 深基坑开挖对周围环境可能产生的不利影响；
11 桥梁通过气田、煤层、采空区时，有害气体对工程建设的影响。

**5.11.2** 根据地质条件选择桥位应符合下列原则：

1 桥位应选择在河道顺直、岸坡稳定、地质构造简单、基底地质条件良好的地段。

2 桥位应避开区域性断裂及活动性断裂。无法避开时，应垂直断裂构造线走向，以最短的距离通过。

3 桥位应避开岩溶、滑坡、泥石流等不良地质及软土、膨胀性岩土等特殊性岩土发育的地带。

**5.11.3** 工程地质调绘应符合下列规定：

1 跨江、海大桥及特大桥应进行1:10 000区域工程地质调绘，调绘的范围应包括桥轴线、引线及两侧各不小于1 000m的带状区域。存在可能影响桥位或工程方案比选的隐伏活动性断裂及岩溶、泥石流等不良地质时，应根据实际情况确定调绘范围，并辅以必要的物探等手段探明。

2 工程地质条件较复杂或复杂的桥位应进行1∶2 000工程地质调绘,调绘的宽度沿路线两侧各不宜小于100m。当桥位附近存在岩溶、泥石流、滑坡、危岩、崩塌等可能危及桥梁安全的不良地质时,应根据实际情况确定调绘范围。

3 工程地质条件简单的桥位,可对路线工程地质调绘资料进行复核,不进行专项1∶2 000工程地质调绘。

**5.11.4** 工程地质勘探、测试应符合下列规定:

1 桥梁初勘应以钻探、原位测试为主,遇有下列情况时,应结合物探、挖探等进行综合勘探:

1)桥位有隐伏的断裂、岩溶、土洞、采空区、沼气层等不良地质发育;

2)基岩面或桩端持力层起伏变化较大,用钻探资料难以判明;

3)水下地形的起伏与变化情况需探明;

4)控制斜坡稳定的卸荷裂隙、软弱夹层等结构面用钻探难以探明。

2 勘探测试点的布置应符合下列规定:

1)勘探测试点应结合桥梁的墩台位置和地貌地质单元沿桥梁轴线或在其两侧交错布置,数量和深度应控制地层、断裂等重要的地质界线和说明桥位工程地质条件。

2)特大桥、大桥和中桥的钻孔数量可按表5.11.4-1确定。小桥的钻孔数量每座不宜少于1个;深水、大跨桥梁基础及锚碇基础,其钻孔数量应根据实际地质情况及基础工程方案确定。

表 5.11.4-1 桥位钻孔数量表

| 桥 梁 类 型 | 工程地质条件简单 | 工程地质条件较复杂或复杂 |
| --- | --- | --- |
| 中 桥 | 2～3 | 3～4 |
| 大 桥 | 3～5 | 5～7 |
| 特大桥 | ≥5 | ≥7 |

3)基础施工有可能诱发滑坡等地质灾害的边坡,应结合桥梁墩台布置和边坡稳定性分析进行勘探。

4)当桥位基岩裸露,岩体完整,岩质新鲜,无不良地质发育时,可通过工程地质调绘基本查明工程地质条件。

3 勘探深度应符合下列规定:

1)基础置于覆盖层内时,勘探深度应至持力层或桩端以下不小于3m;在此深度内遇有软弱地层发育时,应穿过软弱地层至坚硬土层内不小于1.0m。

2)覆盖层较薄,下伏基岩风化层不厚时,对于较坚硬岩或坚硬岩,钻孔钻入微风化基岩内不宜少于3m;极软岩、软岩或较软岩,钻入未风化基岩内不宜少于5m。

3)覆盖层较薄,下伏基岩风化层较厚时,对于较坚硬岩或坚硬岩,钻孔钻入中风化基岩内不宜少于3m;极软岩、软岩或较软岩,钻入微风化基岩内不宜少于5m。

4)地层变化复杂的桥位,应布置加深控制性钻孔,探明桥位地质情况。

5)深水、大跨桥梁基础和锚碇基础勘探,钻孔深度应按设计要求专门研究后确定。

4 钻探应采取岩、土、水试样,并符合下列规定:

1)在粉土、黏性土地层中,每1.0~1.5m应取原状样1个;土层厚度大于或等于5.0m时,可每2.0m取原状样1个;遇土层变化时,应立即取样。

2)在砂土和碎石土地层中,应分层采取扰动样,取样间距一般为1.0~3.0m;遇土层变化时,应立即取样。取样后应立即做动力触探试验。

3)在基岩地层中,应根据岩石的风化等级,分层采取代表性岩样。

4)当需要进行冲刷计算时,应在河床一定深度内取样做颗粒分析试验。

5)遇有地下水时,应进行水位观测和记录,量测初见水位和稳定水位,并采取水样做水质分析。

5 应根据地基岩土类型、性质和桥梁的基础形式选择岩土试验项目和原位测试方法,并符合下列规定:

1)砂土应做标准贯入试验,碎石土应做重型动力触探试验。

2)有成熟经验的地区,可采用静力触探、旁压试验、扁铲侧胀试验等方法评价地基岩土的工程地质性质。

3)室内测试项目可按表5.11.4-2选用。

表5.11.4-2 桥梁工程室内测试项目表

| 测试项目 | 岩土类型与基础类型 | 粉土、黏性土 | | 砂土、碎石土 | | 岩 石 | |
|---|---|---|---|---|---|---|---|
| | | 桩基 | 扩大基础 | 桩基 | 扩大基础 | 桩基 | 扩大基础 |
| 颗粒分析 | | + | + | + | + | | |
| 天然含水率 $w$(%) | | + | + | (+) | (+) | | |
| 密度 $\rho$(g/cm³) | | + | + | (+) | (+) | | |
| 塑限 $w_p$(%) | | + | + | | | | |
| 液限 $w_L$(%) | | + | + | | | | |
| 有机质含量(%) | | (+) | (+) | (+) | (+) | | |
| 酸碱度 pH | | (+) | (+) | (+) | (+) | | |
| 压缩系数 $a$(MPa$^{-1}$) | | (+) | + | | | | |
| 渗透系数 $k$(cm/s) | | | (+) | (+) | (+) | | |
| 剪切试验 | 黏聚力 $c$(kPa) | (+) | + | (+) | (+) | | |
| | 内摩擦角 $\varphi$(°) | | | | | | |
| 抗压强度 $R$(MPa) | | | | | | + | + |

注:1."+"-必做项目;"(+)"-选做项目。
  2.黏土质岩做天然湿度单轴抗压强度试验,其他岩石做单轴饱和抗压强度试验。

4)钻探取芯、取样困难的钻孔,可采用孔内电视、物探综合测井等方法探明孔内地质情况。

5)遇有害气体时,应取样测试。

6)悬索桥、斜拉桥的锚碇基础,地下水发育时,应进行抽水试验。

6 勘探断面上的地形、地质调绘点、原位测试点、钻孔等应实测。

**5.11.5** 桥梁初勘应提供下列资料：

1 地质条件简单的小桥可列表说明其工程地质条件；特大桥、大桥、中桥、地质条件较复杂和复杂的小桥应按工点编写文字说明和图表。

2 文字说明：应对桥位的工程地质条件进行说明，对工程建设场地的适宜性进行评价；受水库水位变化及潮汐和河流冲刷影响的桥位，应分析岸坡、河床的稳定性；含煤地层、采空区、气田等地区的桥位，应分析、评估有害气体对工程建设的影响；应分析、评价锚碇基础施工对环境的影响。

3 图表资料：1:10 000桥位区域工程地质平面图；1:2 000桥位工程地质平面图；1:2 000桥位工程地质断面图；1:50~1:200钻孔柱状图；原位测试图表；岩、土测试资料；物探资料；有害气体测试资料；水质分析资料；附图、附表和照片等。

## 5.12 路线交叉

**5.12.1** 路线交叉工程的路基初勘应符合第5.3~5.9节的规定；路线交叉工程的桥梁初勘应符合第5.11节的规定。

## 5.13 隧道

**5.13.1** 隧道初勘应根据现场地形地质条件，结合隧道的建设规模、标准和方案比选，确定勘察的范围、内容和重点，并应基本查明以下内容：

1 地形地貌、地层岩性、水文地质条件、地震动参数；
2 褶皱的类型、规模、形态特征；
3 断裂的类型、规模、产状、破碎带宽度、物质组成、胶结程度、活动性；
4 隧道围岩岩体的完整性、风化程度、围岩等级；
5 隧道进出口地带的地质结构、自然稳定状况、隧道施工诱发滑坡等地质灾害的可能性；
6 隧道浅埋段覆盖层的厚度、岩体的风化程度、含水状态及稳定性；
7 水库、河流、煤层、采空区、气田、含盐地层、膨胀性地层、有害矿体及富含放射性物质的地层的发育情况；
8 不良地质和特殊性岩土的类型、分布、性质；
9 深埋隧道及构造应力集中地段的地温、围岩产生岩爆或大变形的可能性；
10 岩溶、断裂、地表水体发育地段产生突水、突泥及塌方冒顶的可能性；
11 傍山隧道存在偏压的可能性及其危害；
12 洞门基底的地质条件、地基岩土的物理力学性质和承载力；
13 地下水的类型、分布、水质、涌水量；
14 平行导洞、斜井、竖井等辅助坑道的工程地质条件。

**5.13.2** 当两个或两个以上的隧道工程方案需进行同深度比选时,应进行同深度勘察。

**5.13.3** 根据地质条件选择隧道的位置应符合下列规定:

1 隧道应选择在地层稳定、构造简单、地下水不发育、进出口条件有利的位置,隧道轴线宜与岩层、区域构造线的走向垂直。

2 隧道应避免沿褶皱轴部,平行于区域性大断裂,以及在断裂交汇部位通过。

3 隧道应避开高应力区,无法避开时洞轴线宜平行最大主应力方向。

4 隧道应避免通过岩溶发育区、地下水富集区和地层松软地带。

5 隧道洞口应避开滑坡、崩塌、岩堆、危岩、泥石流等不良地质,以及排水困难的沟谷低洼地带。

6 傍山隧道,洞轴线宜向山体一侧内移,避开外侧构造复杂、岩体卸荷开裂、风化严重,以及堆积层和不良地质地段。

**5.13.4** 工程地质及水文地质调绘应符合下列规定:

1 工程地质调绘应沿拟定的隧道轴线及其两侧各不小于200m的带状区域进行,调绘比例尺为1:2 000。

2 当两个及以上特长隧道、长隧道方案进行比选时,应进行隧址区域工程地质调绘,调绘比例尺为1:10 000～1:50 000。

3 特长隧道及长隧道应结合隧道涌水量分析评价进行专项区域水文地质调绘,调绘比例尺为1:10 000～1:50 000。

4 工程地质调绘及水文地质调绘采用的地层单位宜结合水文地质及工程地质评价的需要划分至岩性段。

5 有岩石露头时,应进行节理调查统计。节理调查统计点应靠近洞轴线,在隧道洞身及进出口地段选择代表性位置布设,同一围岩分段的节理调查统计点数量不宜少于2个。

**5.13.5** 工程地质勘探应符合下列规定:

1 隧道勘探应以钻探为主,结合必要的物探、挖探等手段进行综合勘探。钻孔宜沿隧道中心线,并在洞壁外侧不小于5m的下列位置布置:

1)地层分界线、断层、物探异常点、储水构造或地下水发育地段;

2)高应力区围岩可能产生岩爆或大变形的地段;

3)膨胀性岩土、岩盐等特殊性岩土分布地段;

4)岩溶、采空区、隧道浅埋段及可能产生突泥、突水部位;

5)煤系地层、含放射性物质的地层;

6)覆盖层发育或地质条件复杂的隧道进出口。

2 勘探深度应至路线设计高程以下不小于5m。遇采空区、岩溶、地下暗河等不良地质时,勘探深度应至稳定底板以下不小于8m。

3 洞身段钻孔,在设计高程以上 3～5 倍的洞径范围内应采取岩、土试样,同一地层中,岩、土试样的数量不宜少于 6 组;进出口段钻孔,应分层采取岩、土试样。

4 遇有地下水时,应进行水位观测和记录,量测初见水位和稳定水位,判明含水层位置、厚度和地下水的类型、流量等。

5 在钻探过程中,遇到有害气体、放射性矿床时,应做好详细记录,探明其位置、厚度,采集试样进行测试分析。

6 对岩性单一、露头清楚、地质构造简单的短隧道,可通过调绘查明隧址工程地质条件。

**5.13.6** 工程地质及水文地质测试应符合下列规定:

1 地下水发育时,应进行抽(注)水试验,分层获取各含水层水文地质参数并评价其富水性和涌水量。水文地质条件复杂时,应进行地下水动态观测。

2 在孔底或路线设计高程以上 3～5 倍的洞径范围内应进行孔内波速测试,采取岩石试样做岩块波速测试,获取围岩岩体的完整性指标。

3 当岩芯采集困难或采用钻探难以判明孔内的地质情况时,宜在方法试验的基础上选择物探方法,进行孔内综合物探测井。

4 深埋隧道及高应力区隧道应进行地应力测试。隧道的地应力测试应结合地貌地质单元选择在代表性钻孔中进行,地应力测试宜采用水压致裂法。

5 有害气体、放射性矿体等应按相关规定进行测试、分析。

6 高寒地区应进行地温测试,提供隧道洞门和排水设计所需的地温资料。

7 室内测试项目可按表 5.13.6 选用。

表 5.13.6 隧道工程室内测试项目表

| 测试项目 | 地层 | 土 体 | 岩 体 |
|---|---|---|---|
| 颗粒分析 | | (+) | |
| 天然含水率 $w(\%)$ | | + | |
| 密度 $\rho(g/cm^3)$ | | + | + |
| 塑限 $w_P(\%)$ | | + | |
| 液限 $w_L(\%)$ | | + | |
| 压缩系数 $a(MPa^{-1})$ | | (+) | |
| 剪切试验 黏聚力 $c(kPa)$ | | (+) | (+) |
| 剪切试验 内摩擦角 $\varphi(°)$ | | | |
| 自由膨胀率 $F_s(\%)$ | | (+) | (+) |
| 孔内波速 $v_P(km/s)$ | | | + |
| 岩石单轴饱和抗压强度 $R_c(MPa)$ | | | + |
| 矿物成分分析 | | (+) | (+) |

注:"+"-必做项目;"(+)"-选做项目。

8 采取地表水和地下水样,做水质分析,评价水的腐蚀性。

**5.13.7** 隧道围岩基本质量指标 BQ 应按式(5.13.7)计算。

$$BQ = 90 + 3R_c + 250K_v \tag{5.13.7}$$

式中：$R_c$——岩石单轴饱和抗压强度(MPa)；
　　　$K_v$——岩体完整性系数。

1 当 $R_c > 90K_v + 30$ 时,应取 $R_c = 90K_v + 30$ 和 $K_v$ 代入计算 BQ 值。
2 当 $K_v > 0.04R_c + 0.4$ 时,应取 $K_v = 0.04R_c + 0.4$ 和 $R_c$ 代入计算 BQ 值。
3 $R_c$ 应采用实测值。当无条件取得实测值时,可采用实测的岩石点荷载强度指数 $I_{s(50)}$ 的换算值,并按下式换算:

$$R_c = 22.82 I_{s(50)}^{0.75}$$

**5.13.8** 遇下列情况之一,应对岩体基本质量指标 BQ 进行修正。

1 有地下水;
2 围岩稳定性受软弱结构面影响,且由一组起控制作用;
3 存在附录 D 所列高初始应力现象。

围岩基本质量指标修正值[BQ]可按式(5.13.8)计算。

$$[BQ] = BQ - 100(K_1 + K_2 + K_3) \tag{5.13.8}$$

式中：[BQ]——围岩基本质量指标修正值；
　　　BQ——围岩基本质量指标；
　　　$K_1$——地下水修正系数；
　　　$K_2$——主要软弱结构面产状影响修正系数；
　　　$K_3$——初始应力状态影响修正系数。

$K_1$、$K_2$、$K_3$ 值可分别按附录 E 中表 E-1、表 E-2、表 E-3 确定。无表中所列情况时,修正系数取零。[BQ]出现负值时,应按特殊情况处理。

**5.13.9** 隧道围岩分级应按附录 F 确定。

**5.13.10** 隧道的地下水涌水量应根据隧址水文地质条件选择水文地质比拟法、水均衡法、地下水动力学方法等进行综合分析评价。

**5.13.11** 隧道初勘应提供下列资料：

1 地质条件简单的短隧道可列表说明其工程地质条件,特长隧道、长隧道、中隧道和地质条件复杂的短隧道应按工点编制文字说明和图表资料。
2 文字说明:应对隧道工程建设场地的水文地质及工程地质条件进行说明,分段评价隧道的围岩等级;分析隧道进出口地段边坡的稳定性及形成滑坡等地质灾害的可能性;分析高应力区岩石产生岩爆和软质岩产生围岩大变形的可能性;对傍山隧道产生偏压的可能性进行评估;分析隧道通过储水构造、断裂带、岩溶等不良地质地段时产生突水、突泥、塌方的可能性;隧道通过煤层、气田、含盐地层、膨胀性地层、有害矿体、富含放射性物质的地层时,分析有害气体(物质)对工程建设的影响;对隧道的地下水涌水量进行分析计算;评估隧道工程建设对当地环境可能造成的不良影响及隧道工程建设场地的适宜性。

3 图表资料:1:10 000隧址区域水文地质平面图;1:10 000隧址区域工程地质平面图;1:2 000隧道工程地质平面图;1:2 000隧道工程地质纵断面图;1:100~1:2 000隧道洞口工程地质平面图;1:100~1:200隧道洞口工程地质断面图;1:50~1:200钻孔柱状图;物探、测井资料;原位测试、地应力测量资料;水文地质测试资料;岩、土、水测试资料;有害气体、放射性矿体、地温测试资料;附图、附表和照片。

## 5.14 沿线设施工程

**5.14.1** 公路服务区、收费站等沿线设施的初勘应符合现行《岩土工程勘察规范》(GB 50021)的规定。

## 5.15 沿线筑路材料料场

**5.15.1** 沿线筑路材料初勘应充分利用既有资料,通过调查、勘探、试验,基本查明筑路材料的类别、产地、质量、数量和开采运输条件。

**5.15.2** 材料蕴藏量可在1:2 000的地形图上采用半仪器法量测。材料有用层的厚度应通过对露头的调查、测量和勘探确定。

**5.15.3** 材料蕴藏量勘探断面宜垂直岩层走向和地貌单元界线布设,每条勘探断面不宜少于3个探坑(井、孔),勘探断面间距不宜大于200m,探坑(井、孔)的深度应大于有用层厚度或计划开采深度。

**5.15.4** 材料蕴藏量可采用算术平均法、平行断面法、三角形法或多角形法等方法计算。

**5.15.5** 各类料场应选取代表性样品进行试验,评价材料的工程性质。材料成品率估算应在调查、勘探、试验的基础上进行。

**5.15.6** 材料取样地点应在料场内均匀分布,且能反映有用层沿勘探剖面的变化情况,每一料场不宜少于3处。

**5.15.7** 桥涵工程材料试验应包含下列项目:

1 石料和粗集料:抗压强度、抗冻性、坚固性、有害物质含量、筛分、针片状颗粒含量、含泥量、压碎值等试验;

2 细集料:颗粒分析、含泥量、有机质含量、云母含量、有害物质含量、压碎值等试验。

**5.15.8** 路基工程材料试验应包含下列项目:

1 粗粒土:颗粒分析、含水率、密度、击实等试验;

2 细粒土:颗粒分析、含水率、液限、塑限、密度、击实、承载比、有机质含量、易溶盐含量等试验;

3 特殊性岩土尚应根据其特殊性进行专项试验。

**5.15.9** 路面工程材料试验应包含下列项目:

1 粗集料:颗粒分析、压碎值、针片状颗粒含量、含泥量、磨耗度、吸水率、磨光值、坚固性、冲击值、软弱颗粒含量、有机物含量等试验。

2 细集料:颗粒分析、表观密度、含泥量、砂当量、有机质含量、坚固性、三氧化硫含量等试验。

**5.15.10** 工程用水的水质,可目测鉴定。必要时,应取水样做水质分析,判明其对混凝土的腐蚀性。

**5.15.11** 工程用水水源的可开采量,应通过调查、勘探、测试或水文地质试验确定。以水库、堰塘、溪沟、泉水等作水源时,应了解水量的季节性变化及其与灌溉或其他用水的关系。

**5.15.12** 料场开采条件应基本查明下列内容:

1 料场工作面的范围和地形、有用层和覆盖层的厚度、废方堆放地点;

2 宜开采的季节、开采措施和采用机械开采的可能性;

3 料场地下水位的埋深、水位的变化情况及地下水的渗透性;

4 石料场岩层的岩性、产状、节理裂隙发育情况及软弱夹层;

5 土料场的覆盖层和有用层的含水率随季节变化的情况,以及开采的难易程度;

6 料场设置对环境可能产生的不良影响及开采过程中存在的地质问题。

**5.15.13** 沿线筑路材料初勘应调查材料运输里程、运输方式和现有交通状况。

**5.15.14** 沿线筑路材料初勘应提供下列资料:

1 文字说明:应按材料类别对其质量、数量、开采方法和运输条件进行评价,提出建议采用的料场。

2 图表资料:沿线筑路材料料场表,沿线筑路材料供应示意图,大型料场平面图、勘探剖面图,储量计算表,材料试验汇总表,附图、附表和照片等。

# 6 详细勘察

## 6.1 一般规定

**6.1.1** 详细勘察应查明公路沿线及各类构筑物建设场地的工程地质条件,为施工图设计提供工程地质资料。

**6.1.2** 详细勘察应充分利用初勘取得的各项地质资料,采用以钻探、测试为主,调绘、物探、简易勘探等手段为辅的综合勘察方法,对路线及各类构筑物建设场地的工程地质条件进行勘察。

## 6.2 路线

**6.2.1** 路线详勘应查明公路沿线的工程地质条件,为确定路线和构筑物的位置提供地质资料。

**6.2.2** 路线详勘应查明第 5.2.1 条的有关内容。

**6.2.3** 路线详勘应对初勘资料进行复核。当路线偏离初步设计线位较远或地质条件需进一步查明时,应进行补充工程地质调绘,补充工程地质调绘的比例尺为 1∶2 000。

**6.2.4** 勘探、测试应符合第 5.2.3 条的规定。

**6.2.5** 路线详勘应提供下列资料:
1 文字说明:应对路线上的水文地质及工程地质条件进行说明,并对其进行分析、评价。
2 图表资料:1∶2 000～1∶10 000 路线工程地质平面图;1∶2 000～1∶10 000 路线工程地质纵断面图;勘探、测试资料;附图、附表和工程照片等。

## 6.3 一般路基

**6.3.1** 一般路基详勘应在确定的路线上查明各填方、挖方路段的工程地质条件,其内容应符合第5.3.1条的规定。

**6.3.2** 应对初勘调绘资料进行复核。当路线偏离初步设计线位或地质条件需进一步查明时,应进行补充工程地质调绘,补充工程地质调绘的比例尺为1:2 000。

**6.3.3** 勘探测试点宜沿确定的路线中线布置,每段填、挖路基勘探测试点的数量不宜少于1个,做代表性勘探;地质条件变化大时,应增加勘探测试点数量。勘探深度、取样、测试等应符合第5.3.3条的规定。

**6.3.4** 资料要求应符合第5.3.4条的规定。

## 6.4 高路堤

**6.4.1** 高路堤详勘应在确定的路线上查明高路堤路段的工程地质条件,其内容应符合第5.4.2条的规定。

**6.4.2** 工程地质调绘应对初勘调绘资料进行复核。当路线偏离初步设计线位或地质条件需进一步查明时,应进行补充工程地质调绘,工程地质调绘的比例尺为1:2 000。

**6.4.3** 每段高路堤横向勘探断面的数量不得少于1条,做代表性勘探,每条勘探断面上的钻孔或探坑(井)数量不得少于1个,必要时,与静力触探等原位测试手段结合进行综合勘探。地质条件复杂时,应增加勘探断面数量。勘探深度、取样、测试等应符合第5.4.4条的规定。

**6.4.4** 资料要求应符合第5.4.5条的规定。

## 6.5 陡坡路堤

**6.5.1** 陡坡路堤详勘应在确定的路线上查明陡坡路段的工程地质条件,其内容应符合第5.5.2条的规定。

**6.5.2** 陡坡路堤详勘工程地质调绘应对初勘调绘资料进行复核。当路线偏离初步设计线位或地质条件需进一步查明时,应进行补充工程地质调绘,补充工程地质调绘的比例尺为1:2 000。

**6.5.3** 勘探、取样、测试应符合第5.5.4条的规定。

**6.5.4** 资料要求应符合第5.5.5条的规定。

## 6.6 深路堑

**6.6.1** 深路堑详勘应在确定的路线上查明深挖路段的工程地质条件,其内容应符合第5.6.2条的规定。

**6.6.2** 工程地质调绘应对初勘调绘资料进行复核。当路线偏离初步设计线位或地质条件需进一步查明时,应进行补充工程地质调绘,补充工程地质调绘的比例尺为1∶2 000。

**6.6.3** 每段深路堑横向勘探断面的数量不得少于1条,做代表性勘探,地质条件变化复杂时,应增加勘探断面数量。每条勘探断面上的钻孔或探坑(井)数量不宜少于2个。勘探、取样、测试等应符合第5.6.4条的规定。

**6.6.4** 资料要求应符合第5.6.5条的规定。

## 6.7 支挡工程

**6.7.1** 支挡工程详勘应在确定的构筑物位置上查明支挡路段工程地质条件,其内容应符合第5.7.1条的规定。

**6.7.2** 工程地质调绘应对初勘调绘资料进行复核。当路线偏离初步设计线位或地质条件需进一步查明时,应进行补充工程地质调绘,补充工程地质调绘的比例尺为1∶2 000。

**6.7.3** 勘探、取样、测试应符合第5.7.3条的规定。

**6.7.4** 资料要求应符合第5.7.4条的规定。

## 6.8 河岸防护工程

**6.8.1** 河岸防护工程详勘应在确定的河岸防护工程位置上查明河岸防护地段的水文状况和工程地质条件,其内容应符合第5.8.1条的规定。

**6.8.2** 工程地质调绘应对初勘调绘资料进行复核。当路线偏离初步设计线位或地质条件需进一步查明时,应进行补充工程地质调绘,补充工程地质调绘的比例尺为1∶2 000。

**6.8.3** 勘探、取样、测试应符合第5.8.3条的规定。

**6.8.4** 资料要求应符合第5.8.4条的规定。

## 6.9 改河(沟、渠)工程

**6.9.1** 改河(沟、渠)工程详勘应查明改河(沟、渠)地段的工程地质条件,其内容应符合第5.9.1条的规定。

**6.9.2** 工程地质调绘应对初勘调绘资料进行复核。当路线偏离初步设计线位或地质条件需进一步查明时,应进行补充工程地质调绘,补充工程地质调绘的比例尺为1:2 000。

**6.9.3** 勘探、取样、测试等应符合第5.9.3条的规定。

**6.9.4** 资料要求应符合第5.9.4条的规定。

## 6.10 涵洞

**6.10.1** 涵洞详勘应在确定的涵洞位置上进行,查明涵洞场地的工程地质条件,其内容应符合第5.10.1条的规定。

**6.10.2** 工程地质调绘应对初勘调绘资料进行复核。当路线偏离初步设计线位或需进一步查明地质条件时,应进行补充工程地质调绘,补充工程地质调绘的比例尺为1:2 000。

**6.10.3** 每座涵洞勘探测试点的数量不宜少于1个。地质条件复杂,涵洞长度较长时,宜沿涵洞轴线布置勘探断面,每条勘探断面上的勘探测试点数量不宜少于2个。勘探、取样、测试应符合第5.10.3条的规定。

**6.10.4** 资料要求应符合第5.10.4条的规定。

## 6.11 桥梁

**6.11.1** 桥梁详勘应根据现场地形地质条件和桥型、桥跨、基础形式制订勘察方案,查明桥位工程地质条件,其内容应符合第5.11.1条的规定。

**6.11.2** 应对初勘工程地质调绘资料进行复核。当桥位偏离初步设计桥位或地质条件需进一步查明时,应进行补充工程地质调绘,补充工程地质调绘的比例尺为1:2 000。

**6.11.3** 工程地质勘探应符合下列要求:

1 桥梁墩、台的勘探钻孔应根据地质条件按图 6.11.3 在基础的周边或中心布置。当有特殊性岩土、不良地质或基础设计施工需进一步探明地质情况时,可在轮廓线外围布孔,或与原位测试、物探结合进行综合勘探。

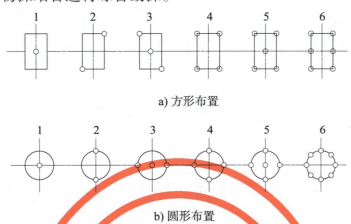

图 6.11.3 勘探钻孔布置图

2 工程地质条件简单的桥位,每个墩(台)宜布置 1 个钻孔;工程地质条件较复杂的桥位,每个墩台的钻孔数量不得少于 1 个。遇有断裂带、软弱夹层等不良地质或工程地质条件复杂时,应结合现场地质条件及基础工程设计要求确定每个墩台的钻孔数量。

3 沉井基础或采用钢围堰施工的基础,当基岩面起伏变化较大或遇涌砂、大漂石、树干、老桥基等情况时,应在基础周围加密钻孔,确定基岩顶面、沉井或钢围堰埋置深度。

4 悬索桥及斜拉桥的桥塔、锚碇基础、高墩基础,其勘探钻孔宜按图 6.11.3 中的 4、5、6 布置,或按设计要求研究后布置。

5 桥梁墩台位于沟谷岸坡或陡坡地段时,宜采用井下电视、硐探等探明控制斜坡稳定的结构面。

6 钻孔深度应根据基础类型和地基的地质条件确定,并符合下列要求:

1)天然地基或浅基础:钻孔钻入持力层以下的深度不得小于 3m。

2)桩基、沉井、锚碇基础:钻孔钻入持力层以下的深度不得小于 5m。持力层下有软弱地层分布时,钻孔深度应加深。

**6.11.4** 取样、测试应符合第 5.11.4 条的规定。

**6.11.5** 资料要求应符合第 5.11.5 条的规定。深水、大跨桥梁尚应编制墩、台部位 1:200 工程地质断面图。

## 6.12 路线交叉

**6.12.1** 路线交叉的路基详勘应符合第 6.3~6.9 节的规定;路线交叉的桥梁详勘应符合第 6.11 节的规定。

## 6.13 隧道

**6.13.1** 隧道详勘应根据现场地形地质条件和隧道类型、规模制订勘察方案,查明隧址的水文地质及工程地质条件,其内容应符合第5.13.1条的规定。

**6.13.2** 隧道详勘应对初勘工程地质调绘资料进行核实。当隧道偏离初步设计位置或地质条件需进一步查明时,应进行补充工程地质调绘,补充工程地质调绘的比例尺为1:2 000。

**6.13.3** 勘探测试点应在初步勘察的基础上,根据现场地形地质条件,及水文地质、工程地质评价的要求进行加密。勘探、取样、测试应符合第5.13.5、5.13.6条的规定。

**6.13.4** 隧道围岩分级应按第5.13.7~5.13.9条确定,地下水涌水量分析评价应符合第5.13.10条的规定。

**6.13.5** 资料要求应符合第5.13.11条的规定。

## 6.14 沿线设施工程

**6.14.1** 公路服务区、收费站等沿线设施的详勘应符合现行《岩土工程勘察规范》(GB 50021)的规定。

## 6.15 沿线筑路材料料场

**6.15.1** 沿线筑路材料料场详勘应对初勘资料进行核实,必要时,应补充勘探。

**6.15.2** 新增料场应按第5.15节的规定进行勘察。

# 7 不良地质

## 7.1 岩溶

**7.1.1** 路线通过可溶岩地区,存在对公路工程的安全有影响或潜在影响的岩溶地质灾害时,应进行岩溶工程地质勘察。

**7.1.2** 岩溶工程地质勘察应查明下列内容:
1. 岩溶地貌的成因、类型、规模、形态特征、分布范围;
2. 岩溶发育与地层岩性、地质构造、水文地质条件及新构造运动的关系;
3. 覆盖层的成因、类型、分布、厚度、土质名称、地层结构;
4. 基岩的岩性、地质年代、地层层序、分布范围、埋深和岩面起伏变化情况;
5. 褶皱、断裂、节理的类型、规模、性质、分布范围和产状;
6. 土洞、岩溶洞隙、暗河的分布范围、规模及其稳定性;
7. 地下水的类型、分布、富水程度、埋藏条件、水位变化及运动规律;
8. 地下水与地表水的水力联系,地表水的消水位置和洪水痕迹的分布高程;
9. 土洞、岩溶水害、岩溶塌陷的成因、分布和发育规律;
10. 当地治理岩溶、土洞和地面塌陷的工程经验。

**7.1.3** 根据埋藏条件,岩溶可按表7.1.3进行分类。

表7.1.3 岩溶按埋藏条件分类

| 类 型 | 主 要 特 征 |
| --- | --- |
| 裸露型 | 可溶性岩层大部分出露地表,低洼地带分布有厚度一般不超过10m的第四纪覆盖层,地表岩溶景观显露,地表水与地下水连通密切 |
| 浅覆盖型 | 可溶性岩层大部分被第四系土层覆盖,厚度一般不超过30m,少部分岩溶景观显露地表,地表水与地下水连通较密切 |
| 深覆盖型 | 可溶性岩层基本被第四系土层覆盖,厚度一般超过30m,几乎没有岩溶景观显露地表,地表水与地下水连通不密切 |
| 埋藏型 | 可溶性岩层被非可溶性岩层(如泥岩、砂岩、页岩等)覆盖,没有岩溶景观显露地表,地表水与地下水连通不密切 |

**7.1.4** 根据形成的地质年代,岩溶可按表 7.1.4 进行分类。

表 7.1.4 岩溶按地质年代分类

| 类 型 | 主 要 特 征 |
|---|---|
| 古岩溶型 | 岩溶形成于新生代以前,溶蚀凹槽和溶洞中常见填充有新生代以前沉积的岩石 |
| 近代岩溶型 | 岩溶形成于新生代之后,溶蚀凹槽和洞隙呈空洞状或填充第三系、第四系沉积物 |

**7.1.5** 岩溶区根据地质条件选线应符合下列规定:

1 路线应避开岩溶强烈发育地带,选择在岩溶发育微弱、洞穴层数少、顶板稳固、受岩溶水影响小或非岩溶化地带通过。

2 路线应避免沿断裂带、可溶岩与非可溶岩的接触带、有利于岩溶发育的褶皱轴部布线,避开断裂的交汇处、岩溶水富集区及岩溶水排泄区。

3 路线通过孤峰平原区,应选择覆盖层较厚、地下水埋藏较深的地段通过,避开多元土层结构、地表水位与地下水位变化幅度较大、地下水埋藏较浅及抽取地下水后可能形成下降漏斗的地段。

4 路线通过峰林谷地、峰丛洼地及溶丘洼地地区,路线设计高程应高于岩溶水的最高洪水位,避开断裂通过的垭口。

5 路线通过河谷区,路线宜在岩溶发育较弱的一岸布设,避开谷坡上的岩溶负地形和无水溶洞群,避免路线设计高程处于岩溶发育强烈的水平径流带内。

6 越岭线应避开岩溶负地形和岩溶水排泄区。

7 路线应避开土洞、地面塌陷发育的不良地质地段。

**7.1.6** 工程地质调绘应符合下列规定:

1 岩溶地区工程地质调绘应与路线及沿线构筑物的设置结合,查明第 7.1.2 条的有关内容。

2 地层接触线、可溶岩与非可溶岩界线、断层、土洞、岩溶塌陷、落水洞、暗河、井及泉等地下水露头、岩溶水的消水位置和洪水痕迹、覆盖层发育的代表性路段等应布置调绘点。

3 覆盖层发育地带,与路线设置关系密切的隐伏岩溶、土洞等宜辅以物探、挖探等进行调绘。

**7.1.7** 工程地质勘探应符合下列规定:

1 岩溶工程地质勘探应在工程地质调绘的基础上进行,采用钻探、物探等进行综合勘探。勘探测试点的数量和位置应根据现场地形地质条件、岩溶发育程度、构筑物的类型及规模等综合确定。

2 岩溶地区勘探深度应符合下列规定:

1)填方和挖方路基:勘探深度应至基底以下完整地层内不小于 10m。在该深度内遇岩溶洞穴时,应在洞穴底板稳定基岩内再钻进 3~5m。

2）构筑物的浅基础:勘探深度应至基底以下完整基岩中不小于10m。

3）桩基础:勘探深度应至桩端以下完整基岩中5～10m。在该深度内遇岩溶洞穴时,应在洞穴底板稳定基岩内再钻进3～5m。

4）隧道:勘探深度应至基底以下完整基岩中5～8m。在该深度内遇岩溶洞穴时,应在洞穴底板稳定基岩内再钻进3～5m。

3 应分层采集岩土试样,记录钻具自然下落或自然减压,以及漏水、水色突变、冲洗液发生异常变化的位置及起止深度,并测定岩芯的岩溶率。

4 岩溶发育地段,宜在方法试验的基础上选择地质雷达、高密度电法、孔间CT等物探方法与钻探结合进行综合勘探。

5 岩溶复杂路段,应在施工阶段进行必要的补充勘察或开展施工阶段地质工作。

**7.1.8** 工程地质测试应符合下列规定：

1 暗河发育路段,宜做连通试验,对暗河发育情况进行调查。

2 必要时,采取代表性岩土试样测试其矿物成分和化学成分。

3 地表水和地下水除常规试验项目外,尚应测试其游离$CO_2$和侵蚀性$CO_2$含量。

**7.1.9** 初步勘察应符合下列规定：

1 初步勘察应沿路线及其两侧各宽不小于200m的带状范围进行路线工程地质调绘,路线工程地质调绘的比例尺为1:2 000;岩溶发育,水文地质条件复杂的特长、长隧道应进行专项区域水文地质调绘,水文地质调绘的比例尺为1:10 000～1:50 000,其范围应根据水文地质评价的需要确定。

2 勘探测试除应符合第5章的规定外,尚应符合下列规定：

1）路基勘探:应在工程地质调绘的基础上对岩溶发育情况进行分段,结合各岩溶路段地质条件开展必要的综合物探,并通过钻孔对代表性物探异常进行验证。一般地区,勘探钻孔平均间距不宜大于200m;岩溶复杂地段,应根据现场情况增加勘探钻孔。

2）涵洞勘探:岩溶复杂地段,应布置物探断面,必要时结合勘探钻孔进行综合勘探。

3）桥梁勘探:应结合桥位岩溶发育情况,沿桥轴线及墩台位置布置物探断面,主墩、主塔、高墩、桥台部位应布置钻孔。

4）隧道勘探:应结合物探手段进行综合勘探,可溶岩与非可溶岩地层接触带、含水层、物探异常带、断层破碎带等岩溶发育部位应布置勘探钻孔。

3 岩溶初勘应按第5章的规定提供下列资料：

1）文字说明:应对路线及构筑物场地工程地质条件进行说明,对第7.1.2条岩溶勘察要求查明的内容进行说明,分析评价工程建设场地的适宜性,提出工程地质建议。

2）图表资料:应对岩溶的形态、分布范围等进行图示和说明。对公路工程有影响的大型岩溶洞穴、暗河应根据实测资料编制调查成果图,比例尺为1:100～1:400,图示测图导线、测图断面的位置、岩溶洞穴的平面和断面位置、形态及充填情况,并对地层、地质构造、地下水、节理裂隙的发育情况、顶板岩体的完整性和坍塌、稳定情况等进行说明。

**7.1.10** 详细勘察应符合下列规定：

1 岩溶区工程地质调绘应对初勘工程地质调绘资料进行复核。当线位偏离初步设计线位或地质条件需进一步查明时，应进行补充工程地质调绘，补充工程地质调绘的比例尺为1:2 000。对影响构筑物稳定的暗河、溶洞、竖井等应实地调绘。

2 详细勘察应充分利用初勘资料，在确定的线位和构筑物位置上进行，除应符合第6章及第7.1.9条的规定外，尚应符合下列规定：

1）路基勘探：应在工程地质调绘的基础上开展综合物探，圈定异常范围，结合钻孔进行综合勘探。

2）涵洞勘探：宜采用物探、钻探进行综合勘探。

3）桥梁勘探：每个墩台勘探钻孔的数量不应少于2个。必要时，应与物探结合进行综合勘探，岩溶发育复杂的桥位，应在桩位确定后逐桩进行钻探。

4）隧道勘探：应结合隧址岩溶发育情况对勘探点进行加密。

3 岩溶勘察应按第6章及第7.1.9条的规定提供资料。

## 7.2 滑坡

**7.2.1** 在公路路线及其附近存在对公路工程及其附属设施的安全有影响的滑坡或滑坡的可能时，应进行滑坡工程地质勘察。

**7.2.2** 滑坡工程地质勘察应查明下列内容：

1 地形地貌、地层岩性、地质构造、水文地质条件、地震动参数及当地气象资料；

2 滑坡的成因、类型、规模、分布范围、发育规律及诱发因素；

3 滑坡周界、滑坡裂缝、滑坡擦痕、滑坡台阶、滑坡壁、滑坡鼓丘、滑坡洼地等滑坡要素的分布位置和发育情况；

4 滑动面（带）的分布位置、层数、厚度、形态特征、物质组成、含水状态及其物理力学性质；

5 滑坡体的物质组成及其分级、分块和分层情况；

6 滑床的形态特征、物质组成、物理力学性质和地质结构；

7 沟系、洼地、陡坎等微地貌特征和植被情况；

8 地下水的类型、分布、埋藏条件、成因、水质、水量；

9 滑坡的稳定性；

10 当地滑坡的勘察、设计资料和治理经验。

**7.2.3** 根据滑坡体的体积，滑坡可按表7.2.3进行分类。

表7.2.3 滑坡按滑坡体的体积分类

| 滑坡类型 | 小型滑坡 | 中型滑坡 | 大型滑坡 | 巨型滑坡 |
| --- | --- | --- | --- | --- |
| 滑坡体体积 $V(m^3)$ | $V \leqslant 4 \times 10^4$ | $4 \times 10^4 < V \leqslant 3 \times 10^5$ | $3 \times 10^5 < V \leqslant 1 \times 10^6$ | $V > 1 \times 10^6$ |

**7.2.4** 根据滑动方式,滑坡可按表7.2.4进行分类。

表7.2.4 滑坡按滑动方式分类

| 滑坡类型 | 滑 动 方 式 |
|---|---|
| 推移式滑坡 | 中上部滑体挤压推动前缘段产生滑动形成的滑坡 |
| 牵引式滑坡 | 前缘段发生滑动后牵引后部滑体形成的滑坡 |

**7.2.5** 根据滑动面的埋藏深度,滑坡可按表7.2.5进行分类。

表7.2.5 滑坡按滑动面埋深分类

| 滑坡类型 | 浅层滑坡 | 中层滑坡 | 深层滑坡 |
|---|---|---|---|
| 滑动面埋深 $H$(m) | $H \leq 6$ | $6 < H \leq 20$ | $H > 20$ |

**7.2.6** 根据滑坡体的物质组成,滑坡可分为堆积层滑坡、基岩滑坡、黄土滑坡、破碎岩体滑坡和膨胀土滑坡等类型。

**7.2.7** 滑坡发育地段根据地质条件选线应符合下列原则:

1 路线应避开规模大、性质复杂、稳定性差、处治困难的滑坡及滑坡群地段。

2 当滑坡的规模较小,整治方案技术可行、经济合理时,路线应选择在有利于滑坡稳定的安全部位通过。

3 路线通过滑坡地段时,不得开挖坡脚,且不应在滑坡体的上方以填方形式通过。

**7.2.8** 工程地质调绘应符合下列规定:

1 滑坡工程地质调绘应与路线及构筑物的设置相结合,查明第7.2.2条的有关内容。

2 岩层露头,滑坡边界、滑坡裂缝、滑坡台阶、滑坡壁、滑坡鼓丘,地下水露头,地层接触线等部位应布置调绘点。

3 滑坡剪出口、裂缝等露头不良时,宜辅以挖探等进行调绘。

**7.2.9** 工程地质勘探应符合下列规定:

1 滑坡工程地质勘探宜采用物探、挖探、钻探等进行综合勘探。勘探测试点的数量和位置应在工程地质调绘的基础上,根据滑坡的类型、规模、复杂程度,结合路线及整治工程设计确定。

2 滑坡勘探点(断面)的布置应符合下列要求:

1) 勘探点(线)应沿滑坡的主滑方向布置。当滑坡的规模大,性质复杂时,勘探点(断面)应结合滑坡的级块划分、滑坡稳定性分析以及整治工程设计等进行布置。

2) 滑坡的勘探深度应至滑坡体以下的稳定地层内不小于3m。设置支挡工程部位,勘探点的深度应满足支挡工程设计的要求。

3) 滑坡工程地质钻探应根据滑坡体及滑动面(带)的物质组成选择干钻、无泵反循环或双层岩芯管钻探等方法。

4) 钻探应严格控制钻进回次。至预估的滑动面(带)以上5m或发现滑动面(带)迹象时,必须进行干钻,回次进尺不得大于0.3m,并及时检查岩芯,确定滑动面位置。

5) 应在滑坡体及滑床地层中,分层采取岩、土、水试样;滑动面(带)应采取原状样。

6) 物探断面宜与钻探断面一致。采用的物探方法应在方法试验的基础上确定。

**7.2.10** 工程地质测试应符合下列规定:

1 滑坡室内测试项目可按表7.2.10选用。砂土、碎石土可只做颗粒分析。岩石应结合支挡工程设计选择代表性岩样做抗压强度试验和剪切试验。

表7.2.10 滑坡室内测试项目表

| 测试项目 | | 滑坡体 | 滑动面 | 支挡工程 |
|---|---|---|---|---|
| 颗粒分析 | | (+) | (+) | (+) |
| 天然含水率 $w(\%)$ | | + | + | + |
| 密度 $\rho(g/cm^3)$ | | + | + | + |
| 塑限 $w_P(\%)$ | | + | + | + |
| 液限 $w_L(\%)$ | | + | + | + |
| 压缩系数 $a(MPa^{-1})$ | | | | (+) |
| 剪切试验 | 黏聚力 $c(kPa)$ | (+) | + | + |
| | 内摩擦角 $\varphi(°)$ | (+) | + | + |

注:1. 表列测试项目适用于粉土、黏性土。
2. "+"-必做项目;"(+)"-选做项目。

2 滑动面(带)的抗剪强度试验应结合滑动条件、岩土性质选择滑面重合剪、重塑土多次剪试验等。有条件时,宜进行原位大面积剪切试验。

3 钻探过程中遇地下水时,应量测初见水位、稳定水位,确定含水层厚度。地下水发育时,应做抽水试验。

4 宜采集水样做水质分析,评价环境水的腐蚀性。

**7.2.11** 应利用调绘、勘探、测试等手段取得的各项资料,对滑坡的稳定性进行定性和定量分析。定量分析宜采用极限平衡条分法、有限元强度折减法。

**7.2.12** 用于滑坡推力计算的抗剪强度指标应结合抗剪强度试验、力学指标反算、既有工程经验等综合分析确定。

**7.2.13** 初步勘察应符合下列规定:

1 滑坡工程地质调绘的比例尺为1:2 000,调绘的范围应包括滑坡及对滑坡有影响的区域。滑坡边界、滑坡台阶等滑坡要素应实测。

2 勘探测试除应符合第5章及第7.2.9、7.2.10条的规定外,尚应符合下列规定:

1）每条勘探断面上的勘探点[钻孔或探坑（井）]数量不得少于2个。
2）宜与物探结合进行综合勘探。
3）稳定性难以判明的滑坡,应进行位移、变形观测。

3 滑坡初勘应提供下列资料：

1）对规模小、地质条件简单,不需要处治的滑坡,可列表说明其工程地质条件。

2）对规模大、性质复杂的滑坡,应按工点编制工程地质勘察报告。

（1）文字说明：应对第7.2.2条滑坡勘察要求查明的内容进行说明,分析滑坡的稳定性,提出工程地质建议。

（2）图表资料：应对滑坡分布的范围、分级与分块情况、滑坡要素、地下水等进行图示和说明。提供1:500~1:2 000滑坡工程地质平面图；1:200~1:500滑坡工程地质断面图；1:50~1:200滑坡工程地质钻孔柱状图；1:50~1:200滑坡探坑（井、槽）展示图；土工试验资料；物探曲线图表；水文地质测试资料；滑坡动态观测资料及照片等。

**7.2.14** 详细勘察应符合下列要求：

1 滑坡详细勘察应对初勘工程地质调绘资料进行复核。地质条件需进一步查明时,应结合滑坡处治工程设计进行1:500~1:2 000补充工程地质调绘。

2 勘探测试除应符合第6章及第7.2.13条的规定外,尚应符合下列规定：

1）滑坡详勘应充分利用初勘资料,在补充工程地质调绘的基础上,结合滑坡的分级、分块、分层和排水工程设计,确定勘探测试点的数量和位置。

2）抗滑支挡工程、河岸防护工程宜沿工程设置部位的轴线方向布置勘探断面,探明基底和锚固部位地质条件。

3）滑坡勘探断面上的地形、滑坡边界、滑坡裂缝、地下水出露点等应实测。

3 滑坡详细勘察应按第7.2.13条的规定提供资料。

## 7.3 危岩、崩塌与岩堆

**7.3.1** 路线通过斜坡地带,斜坡陡峭,构成斜坡的岩土体节理裂隙发育,呈张开状,坡脚有崩积物堆积或存在崩塌的可能时,应进行危岩、崩塌与岩堆工程地质勘察。

**7.3.2** 危岩、崩塌与岩堆工程地质勘察应查明下列内容：

1 地形地貌的类型及形态特征,气象、水文及地震动参数资料；

2 地层岩性、软质岩与硬质岩的分布情况、岩石的风化程度；

3 地质构造特征,节理、层理、断裂等结构面的产状、规模、结合程度,边坡岩体的结构类型和完整性；

4 地表水和地下水类型、分布、成因、水质、水量；

5 危岩的分布、规模及稳定性；

6 崩塌的类型、规模、分布范围及崩塌、落石情况；

7 岩堆的类型、分布范围、物质组成及稳定性。

**7.3.3** 根据崩塌的规模,崩塌可按表 7.3.3 进行分类。

表 7.3.3 崩塌按规模分类

| 类 型 | 小型崩塌 | 中型崩塌 | 大型崩塌 |
|---|---|---|---|
| 崩塌体体积 $V(m^3)$ | $V \leqslant 500$ | $500 < V \leqslant 5\,000$ | $V > 5\,000$ |

**7.3.4** 根据崩塌产生的机理,崩塌可按表 7.3.4 进行分类。

表 7.3.4 崩塌按形成机理分类

| 类 型 | 倾倒式崩塌 | 滑移式崩塌 | 膨胀式崩塌 | 拉裂式崩塌 | 错断式崩塌 |
|---|---|---|---|---|---|
| 形成机理 | 倾倒 | 滑移 | 膨胀、下沉 | 拉裂 | 错断 |

**7.3.5** 根据发生崩塌的地层,崩塌可分为岩石崩塌、黄土崩塌和黏性土崩塌等。

**7.3.6** 危岩、崩塌与岩堆地段根据地质条件选线应符合下列规定:

1 路线应避开斜坡高陡,节理裂隙切割严重,危岩、崩塌发育地段。
2 路线应避开结构松散、稳定性差、补给源丰富、正处于发展阶段的大型岩堆。
3 当崩塌的规模小,危岩、落石的边界条件或个体清楚,防治方案技术、经济可行时,路线可选择在有利部位通过。
4 路线通过规模小、趋于稳定或停止发展的古岩堆时,应结合岩堆的地质结构,采取适当的工程措施后通过。

**7.3.7** 工程地质调绘应符合下列规定:

1 危岩、崩塌与岩堆路段的工程地质调绘应收集地震、气象、水文资料,并与路线及构筑物的设置相结合,查明第 7.3.2 条的有关内容。
2 地层界线、断层、节理、层理、张裂隙、地下水出露点等部位应布置调绘点。
3 宜辅以挖探等对被覆盖的张裂隙、层理等进行调绘。

**7.3.8** 工程地质勘探测试应符合下列规定:

1 勘探宜采用挖探、钻探、物探等进行综合勘探。勘探测试点的数量和位置应根据地形地质条件及危岩、崩塌与岩堆的发育特点确定。
2 控制危岩、崩塌的结构面,应结合危岩、崩塌的稳定性分析,采用挖探、钻探、硐探等进行综合勘探。
3 岩堆勘探深度应至稳定地层中不小于 3m,且应大于最大块石直径的 1.5 倍。
4 钻探应分层采取土样,取样后应立即做动力触探试验。
5 钻探过程中遇地下水时,应量测地下水的初见水位和稳定水位。

6 崩塌、岩堆室内测试项目可按表7.3.8选用。

表7.3.8 崩塌、岩堆测试项目表

| 测试项目 | | 地层 | 粉土、黏性土 | 砂土、碎石土 | 岩 石 |
|---|---|---|---|---|---|
| 颗粒分析 | | | + | + | |
| 天然含水率 $w$(%) | | | (+) | (+) | |
| 密度 $\rho$(g/cm³) | | | (+) | (+) | |
| 塑限 $w_p$(%) | | | + | | |
| 液限 $w_L$(%) | | | + | | |
| 天然休止角 $\varphi$(°) | | | | (+) | |
| 剪切试验 | 黏聚力 $c$(kPa) | | (+) | | |
| | 内摩擦角 $\varphi$(°) | | (+) | | |
| 抗压强度 $R$(MPa) | | | | | (+) |

注:"+"-必做项目;"(+)"-选做项目。

7 宜做现场落石试验,了解落石的滚落途径、跳越高度、影响范围。

**7.3.9** 初步勘察应符合下列规定:

1 初步勘察应结合路线及构筑物的工程方案比选进行1:2 000工程地质调绘,调绘范围应包括不良地质体及对工程有影响的区域。

2 勘探、测试除应符合第5章及第7.3.8条的规定外,尚应符合下列规定:

1)岩堆路段,宜做横断面勘探,每条勘探断面上勘探点的数量不宜少于2个。

2)下列位置存在危岩或崩塌的可能时,对控制岩体稳定的层理、断层、泥化夹层、层间错动带等软弱结构面,应结合危岩、崩塌稳定性分析,采用挖探、钻探、硐探等探明:

(1)隧道进出口地带的高陡边坡;

(2)桥梁跨越的陡坡地带;

(3)路基上方的高陡斜坡。

3 危岩、崩塌与岩堆初勘应提供下列资料:

1)文字说明:应对第7.3.2条危岩、崩塌与岩堆勘察要求查明的内容进行说明,分析危岩、岩堆的稳定性,提出工程地质建议。

2)图表资料:应对危岩、崩塌与岩堆的分布范围、软质岩与硬质岩的分布情况、张拉裂隙的产状、岩堆的地层结构等进行图示和说明。提供1:500~1:2 000工程地质平面图;1:200~1:500工程地质断面图;1:50~1:200工程地质钻孔柱状图;1:50~1:200探坑(井、槽)展示图;土工试验资料;物探曲线图表及照片等。

**7.3.10** 详细勘察应符合下列规定:

1 详细勘察应对初勘调绘资料进行复核。地质条件需进一步查明时,应进行补充调绘,调绘的比例尺为1:500~1:2 000。

**2** 详细勘察应充分利用初勘资料,除应符合第 6 章及第 7.3.9 条的规定外,尚应符合下列规定:

1) 应结合危岩、崩塌稳定性分析,增加必要的勘探测试点,查明危岩、崩塌地质条件。
2) 在确定的线位上,进一步查明岩堆的地质结构及稳定性。

**3** 危岩、崩塌与岩堆详勘应按第 7.2.9 条的规定提供资料。

## 7.4 泥石流

**7.4.1** 路线通过沟谷,当沟口或沟谷中存在大量无分选的堆积物,且在沟谷两侧或源头坡面有较厚的松散堆积层,并存在崩塌、滑坡等不良地质现象时,应进行泥石流工程地质勘察。

**7.4.2** 泥石流工程地质勘察应查明以下内容:

1. 地形地貌、地层岩性、地质构造、水文地质条件、地震、气象和水文条件;
2. 泥石流的类型、分布、规模、成因、发生的时间及频率;
3. 泥石流沟谷的横断面形态、沟槽宽度、纵坡和汇水面积;
4. 泥石流形成区、流通区不良地质的发育情况及固体的物质来源与储量;
5. 泥石流的冲淤情况、流动痕迹,沟谷转弯及沟道狭窄处最高泥痕的位置;
6. 泥石流堆积物的分布范围、物质成分、数量和粒径组成;
7. 泥石流堆积扇的扇面坡度、漫流和沟槽发育情况以及植被情况;
8. 当地泥石流防治经验与工程类型。

**7.4.3** 根据泥石流的固体物质组成,泥石流可按表 7.4.3 进行分类。

表 7.4.3 泥石流按固体物质组成分类

| 类 型 | 流体中固体物质成分 |
|---|---|
| 泥流 | 固体物质以黏粒、粉粒为主,含有少量砂砾、碎石 |
| 泥石流 | 固体物质由黏粒、粉粒、砂粒、碎石、块石、漂石等组成 |
| 水石流 | 固体物质以碎石、块石为主,含少量黏粒、粉粒 |

**7.4.4** 根据泥石流发生的频率,泥石流可按表 7.4.4 进行分类。

表 7.4.4 泥石流按发生频率分类

| 类 型 | 特 征 |
|---|---|
| 高频率泥石流 | 多位于地壳强烈上升区,岩层破碎,风化强烈,山体稳定性差。泥石流基本上每年发生,泥石流暴发雨强≤4mm/10min。固体物质主要来源于沟谷内的滑坡、崩塌。沟床和扇形地上泥石流堆积物新鲜,几乎无植被发育 |
| 低频率泥石流 | 分布于各类山地,山体稳定性较好,无大型活动性崩塌、滑坡。泥石流暴发周期一般在 10 年以上。固体物质主要来源于沟床内的松散堆积物。泥石流暴发雨强 >4mm/10min。规模一般较大。沟床和扇形地上巨石遍布,植被较好 |

**7.4.5** 根据泥石流的规模,泥石流可按表7.4.5进行分类。

**表 7.4.5 泥石流按规模分类**

| 类 型 | 固体物质储量 $V_V$(m³/km²) | 固体物质一次最大冲出量 $V_c$(m³) |
|---|---|---|
| 小型 | $V_V \leq 5 \times 10^4$ | $V_c \leq 1 \times 10^4$ |
| 中型 | $5 \times 10^4 < V_V \leq 1 \times 10^5$ | $1 \times 10^4 < V_c \leq 5 \times 10^4$ |
| 大型 | $1 \times 10^5 < V_V \leq 1 \times 10^6$ | $5 \times 10^4 < V_c \leq 1 \times 10^5$ |
| 特大型 | $V_V > 1 \times 10^6$ | $V_c > 1 \times 10^5$ |

**7.4.6** 根据泥石流的流域形态特征,泥石流可按表7.4.6进行分类。

**表 7.4.6 泥石流按流域形态特征分类**

| 类型 | 流域面积 $S$(km²) | 主沟长度 $L$(km) | 形态特征 | 沟床纵坡 | 不良地质 | 沟口堆积物 |
|---|---|---|---|---|---|---|
| 沟谷型 | $S>1$ | $L>2$ | 沟谷形态明显,支沟发育 | 一般在15°以下,有跌坎 | 沟内常发育崩塌、滑坡 | 呈扇形或带状,颗粒略有磨圆 |
| 山坡型 | $S \leq 1$ | $L \leq 2$ | 沟谷短、浅、陡,一般无支沟 | 与山坡坡度基本一致 | 常产生坡面侵蚀和崩塌 | 呈锥形,颗粒较粗大,棱角明显 |

**7.4.7** 根据泥石流的流体性质,泥石流可按表7.4.7进行分类。

**表 7.4.7 泥石流按流体性质分类**

| 主要特征 | 泥石流类型 | 稀 性 | | | 黏 性 | |
|---|---|---|---|---|---|---|
| | | 泥流 | 水石流 | 泥石流 | 泥流 | 泥石流 |
| 流体特征 | 流体密度(t/m³) | 1.3~1.5 | 1.3~1.6 | 1.3~1.8 | 1.5~1.9 | 1.8~2.3 |
| | 运动特征 | 由稀性浆体与砂砾石块组成,浆体起搬运介质作用,流体中的石块等粗碎屑物质的运动速度小于浆体运动速度,石块沉底被推移滚动前进,有明显垂直交换,呈连续紊动流,无阵流现象 | | | 由黏性浆体与砂砾组成,石块等粗碎屑物质被束缚于黏稠的浆体中,无垂直交换,近似层流,整体等速度前进,运动过程发生断流,有明显阵流现象 | |
| | 沉积特征 | 流体停积后水与固体物质很快离析,沉积过程有分选性,堆积物细颗粒含量少,空隙大,结构松散。常呈垄岗或扇状的松散石质堆积体分布,表面碎块石密集,坎坷不平 | | | 流体停积后保持运动时的结构特征,堆积过程无分选性,堆积物细颗粒含量多,大小混杂,空隙小,结构较致密。常呈扇状或舌状的泥石质堆积体分布,表面起伏不平,但较平坦 | |
| | 冲淤特征 | 比一般洪水破坏力大,有冲,有淤,以冲刷危害为主 | | | 比稀性泥石流破坏力大,大冲、大淤,以淤积危害为主 | |

**7.4.8** 泥石流地区根据地质条件选线应符合下列规定：

1 路线应避开处于发育旺盛期的特大型、大型泥石流、泥石流群和大面积分布的山坡型泥石流地段。

2 路线通过泥石流沟时，应避开沟谷纵坡由陡变缓和沟谷急弯部位，避免压缩沟谷断面，并应依据设计年限内泥石流的淤积高度留足净空，在有利位置以桥梁通过。

3 路线通过泥石流堆积区，应避开淤积严重的堆积扇区，远离泥石流堵河范围内的河段。无法避开时，不得在泥石流扇上挖沟设桥或做路堑，并应依据堆积作用的强烈程度确定路线设计高程。

**7.4.9** 工程地质调绘应符合下列规定：

1 泥石流工程地质调绘应收集地震、气象、水文资料，调查第7.4.2条的内容。大型、特大型泥石流及泥石流群宜结合遥感工程地质解译进行调绘。

2 工程地质调绘的范围应包括泥石流的形成区、流通区、堆积区及其稳定地段。

3 岩石露头，跌水，卡口，泥石流冲刷、流动痕迹，滑坡、坍塌等不良地质体，泥石流沟谷及沟谷内堆积物，泥石流堆积扇等部位应布置调绘点。

**7.4.10** 工程地质勘探测试应符合下列规定：

1 宜采用物探、挖探、钻探等进行综合勘探。勘探点的数量和位置应根据地形地质条件，泥石流堆积物的组成、厚度及构筑物的类型、规模等确定。

2 泥石流堆积物勘探深度应至基底以下稳定地层中不小于3m，且不得小于最大块石直径的1.5倍。

3 泥石流流体密度、固体颗粒密度、颗粒分析试验宜在现场进行，堆积物的土样应在有代表性的位置采取。

4 钻探遇地下水时，应量测地下水的初见水位和稳定水位。宜取样做水质分析，判明环境水的腐蚀性。

**7.4.11** 初步勘察应符合下列规定：

1 初步勘察工程地质调绘比例尺为1:2 000～1:10 000。

2 勘探、测试除应符合第5章及第7.4.10条的规定外，尚应符合下列规定：

1）泥石流排导工程：勘探点宜沿排导工程的延伸方向布置，探坑（井）或钻孔深度应至冲刷线以下不小于5m。

2）泥石流拦渣坝：宜沿沟槽横断面方向布置勘探断面，基底及沟槽两侧边坡宜布置勘探点，探坑（井）或钻孔深度应至基底以下稳定地层中不小于3m。

3 初勘应按第5章的规定提供下列资料：

1）文字说明：应对路线及构筑物场地工程地质条件进行说明，对第7.4.2条泥石流勘察要求查明的内容进行说明，分析评价工程建设场地的适宜性，提出工程地质建议。

2）图表资料：应对泥石流的分布范围、物质组成等进行图示和说明。提供1:2 000～1:10 000泥石流工程地质平面图；1:200～1:400泥石流工程地质横断面图；1:100～1:400泥石流沟床工程地质纵断面图；泥石流试验资料及照片等。

**7.4.12** 详细勘察应符合下列规定：

1 应对初勘工程地质调绘资料进行复核。地质条件需进一步查明时，应进行补充工程地质调绘，调绘的比例尺为1:2 000。

2 详细勘察应充分利用初勘资料，结合路线及构筑物的施工图设计布置勘探测试点，查明地质条件，并符合第6章及第7.4.11条的规定。

3 按第6章及第7.4.11条的规定提供资料。

## 7.5 积雪

**7.5.1** 在寒冷地区，路线通过积雪地带，当积雪对公路基础设施的正常运行可能产生危害时，应进行积雪工程地质勘察。

**7.5.2** 积雪工程地质勘察应查明以下内容：

1 积雪路段的地形地貌、气流活动规律、植被生长情况；
2 风吹雪的成因及当地气象资料；
3 影响和控制路线及路基设计的积雪类型、分布范围、厚度和形成的原因；
4 积雪路段所处的地貌部位、地形特征和坡向；
5 当地防治积雪的工程措施和经验。

**7.5.3** 积雪的类型可按表7.5.3进行划分。

表7.5.3 积雪类型划分

| 类 型 | 描 述 |
| --- | --- |
| 自然降雪 | 在风力较弱或无风的条件下，降雪在地面堆积形成的松散雪层 |
| 风吹雪 | 在风力较强的情况下，降雪在风携带下运行及堆积的过程称为风吹雪 |

**7.5.4** 积雪地带根据地质条件选线应符合下列规定：

1 路线应避免在积雪危害严重的山坡坡脚地段通过。无法避开时，应以最短距离通过。

2 积雪地带路线不应以浅路堑、长段挖方、低路堤形式通过。

3 路线走向应与风雪流的主导风向平行。

**7.5.5** 初步勘察应符合下列规定：

1 积雪路段初步勘察宜结合遥感工程地质解译进行工程地质调绘，调绘比例尺为 1:2 000~1:10 000，调绘范围应包括拟定的路线中线及其两侧各宽 100~300m 的带状区域。垭口、河谷、阶地、迎风或背风的斜坡等积雪地带应布置调绘点。

2 工程地质勘探测试应符合第 5 章的规定。

3 初步勘察应按第 5 章的规定提供下列资料：

1）文字说明：应对第 7.5.2 条要求查明的内容进行说明，结合积雪的类型、分布、厚度、形成条件及发育规律等就其对公路工程的影响作出评价，研究改善路基附近地形条件的方式，预测竣工后迎风积雪、背风积雪、弯道绕流积雪、路堤积雪等积雪类型，结合当地防治积雪经验，对工程的方案设计提出工程地质意见与建议。

2）图表资料：应对积雪的类型、分布范围、厚度等进行图示和说明。提供 1:2 000~1:10 000 积雪分布图；与积雪有关的气象资料；附图、附表和照片等。

**7.5.6** 详细勘察应符合下列规定：

1 应在确定的线位上对初勘工程地质调绘资料进行复核，重点调查下列内容：
1）路线走向与冬季主导风向的交角；
2）积雪深度、风吹雪来源及移雪量、积雪原因；
3）对比积雪融化前后地形地貌、植被情况。

2 详细勘察应按第 6 章及第 7.5.6 条的规定提供资料。

## 7.6 雪崩

**7.6.1** 在季节性或永久性积雪山区，路线通过雪崩地带，或当坡面积雪达到一定厚度有可能发生雪崩时，应进行雪崩工程地质勘察。

**7.6.2** 雪崩地区工程地质勘察应查明下列内容：

1 雪崩的分布、类型、规模、频率、时间、雪源、雪崩量及形成规律；
2 集雪区的地貌形态、面积、高差、储雪条件、积雪厚度和冬季储雪量；
3 雪崩运动区的地貌形态、坡度、基岩岩性、地质构造、坡面植被情况；
4 雪崩分布的坡向、运动形式、发生规律、最大雪崩量和雪崩裂点位置；
5 雪崩堆积区的形态、面积、位置、雪崩堆积的特征；
6 冬季各月的平均气温、最高气温、最低气温、雪崩消融时间；
7 历年的风向、风力，冬季主导风向、风速；
8 各月降水量、降雪量、积雪深度、最大雪深、积雪起止日期及连续积雪天数、最大降水强度和降雪强度；
9 当地防治雪崩的方法和经验。

**7.6.3** 根据途经的地貌类型，雪崩可按表 7.6.3 进行分类。

表7.6.3 雪崩按途经的地貌类型分类

| 类 型 | 特 点 |
|---|---|
| 坡面雪崩 | 雪崩沿坡面发生,没有固定的运动路线,运动速度不大,冲击力较小,崩塌量不大,但影响路段长度较长 |
| 沟槽雪崩 | 雪崩沿固定的沟槽运动,运动速度快,冲击力大,破坏力强,崩塌量大,堆积于道路上的积雪不易清除 |
| 跳跃雪崩 | 雪崩在运动途中遇陡坎、悬崖、急弯发生跳跃,腾空而起再以自由落体崩落而下,其运动速度快,容易激起气浪,破坏力很强 |

**7.6.4** 根据含水状况,雪崩可按表7.6.4进行分类。

表7.6.4 雪崩按含水状况分类

| 类 型 | 特 点 |
|---|---|
| 干雪崩 | 发生于冬季,雪层干燥、无水,当雪层厚度超过其极限厚度时,发生雪崩。其规模和破坏力与雪崩发生地带的地面坡度、坡长及积雪厚度有关 |
| 湿雪崩 | 发生于春季融雪初期,雪层含有水分,紧贴地面运动,能卷起草皮和土,雪呈深色,密度较大,运动速度较小 |
| 雪流 | 雪层中饱和融雪水,在坡度较大时,可发生雪流。其运动特点与结构性泥石流相似 |

**7.6.5** 雪崩路段根据工程地质条件选线应符合下列规定:

1 路线应避开严重雪崩路段。
2 沿溪线应全面比较两岸雪崩及其他不良地质的发育情况,对阴坡与阳坡、向风坡与背风坡、陡坡与缓坡等通过方案进行经济技术比选,确定路线走向。
3 路线应从雪崩堆积区的外侧通过。
4 越岭线展线段不得多次经过同一雪崩沟槽,弯道应设在无雪崩危害的区域。

**7.6.6** 雪崩路段勘察应以工程地质调绘为主,结合遥感工程地质解译,调查第7.6.2条的内容。

**7.6.7** 初步勘察应符合下列规定:

1 工程地质调绘比例尺为1:2 000～1:10 000,调绘范围应包括集雪区、运动区、堆积区以及各路线方案的比选区域。
2 分水岭、雪崩陡崖、坡面裂点、集雪区的地貌类型及其形态特征、储雪条件及储雪量、运动区的坡面形态及坡度、雪崩的运动路线、雪崩堆积区的分布和影响范围等应进行重点解译和调查。
3 工程地质勘探测试应符合第5章的规定。
4 雪崩初勘应基本查明第7.6.2条的有关内容,按第5章的规定提供下列资料:

1)文字说明:应对第7.6.2条的内容进行说明,并结合雪崩形成的地形、地貌、气象条件和雪崩的类型、分布、规模及发育规律等就其对公路工程的影响作出评价,对工程的方案设计提出工程地质建议。

2)图表资料:应对雪崩的类型、分布、规模等进行图示和说明。提供1:2 000～1:10 000雪崩分布图;与雪崩有关的气象资料;附图、附表和照片等。

**7.6.8** 详细勘察应符合下列规定:

1 工程地质调绘应分别在积雪期和融雪期沿确定的线位及其两侧的带状范围对初勘调绘资料进行复核、补充。

2 宜设立观测站进行长期观测。

3 详细勘察应按第6章及第7.6.7条的规定提供资料。

## 7.7 风沙

**7.7.1** 路线通过沙漠、戈壁或有大片沙层与沙丘分布,沿线构筑物容易遭受风蚀或沙埋等危害的地带,应进行风沙工程地质勘察。

**7.7.2** 风沙地区工程地质勘察应查明以下内容:

1 风沙地区气温、风向及风速(均值、极值、频率)、降水情况;

2 风沙地貌的成因、类型、规模、形态特征、排列方向、间距、分布范围;

3 沙源、沙丘的移动方向和速率、风沙流活动程度;

4 地表物质组成、颗粒级配、表层结皮情况、干沙层厚度、土壤盐渍化程度;

5 风积沙的覆盖层厚度及性质、下覆地貌形态、地层岩性和地质构造;

6 植物种类、覆盖度及其生态特征,及耐旱、耐盐碱植物的分布及其固沙作用;

7 地下水的类型、埋深、赋存形式、补给来源、水质、富水性和动态变化情况;

8 当地沙害防治工程经验。

**7.7.3** 风沙危害程度应按表7.7.3进行分类。

表7.7.3 风沙危害程度分类

| 危害程度 | 基 本 特 征 |
|---|---|
| 严重 | 路线通过大面积(>10km²)的高大、密集流动沙丘、风沙流活动频繁,附近有大面积稀疏、低矮流动沙丘,沙丘年向前移动值大于10m |
| | 路线通过大面积严重沙漠化土地 |
| | 风力强大(常年有10级以上大风),沙源丰富(包括明沙与暗沙)的山口及单位长度内年输沙量大于10m³/m的戈壁风沙流地带 |

续上表

| 危害程度 | 基 本 特 征 |
|---|---|
| 中等 | 路线通过大面积半固定沙丘和部分流动沙丘为主的地区,沙丘年向前移动5~10m |
| | 路线通过沙层疏松深厚的沙地及中度沙漠化土地,风蚀作用显著 |
| | 单位长度内年输沙量为5~10m³/m的戈壁风沙流地带 |
| 轻微 | 路线通过半固定沙丘地区,植被遭到破坏,大风时有风沙流活动 |
| | 路线通过轻度沙漠化土地,附近有零星的流动沙丘 |
| | 单位长度内年输沙量小于5m³/m的戈壁风沙流地带 |

**7.7.4** 风沙地区根据地质条件选线应符合下列要求:

1 路线应避开风沙危害严重地段。无法避开时,应将路线布置在风沙危害轻微的沙漠边缘,固定、半固定沙丘,丘间低地,山前潜水溢出带、古河床及湖盆等地带。

2 路线应顺应自然地形,远离沙丘背风坡,避免长段挖方。路基断面不应采用零断面、深长路堑或半填半挖断面,路堤高度不宜小于1.0m。

3 路线走向宜与主风向平行,不宜设置曲线。

4 服务区、收费站应选择在靠近水源,有造林条件,风沙轻微地段,避开风沙活动强烈的隘口和大风地区。

5 在戈壁地区,路线应选择在地表为砾质覆盖,无流沙的地带。

**7.7.5** 工程地质调绘应符合下列要求:

1 工程地质调绘宜结合遥感工程地质解译,调查第7.7.2条的内容。

2 沙垄、沙丘、风蚀洼地、风蚀残丘、岩石和地下水的露头等应布置调绘点。

3 宜采集代表性土样,对其物质成分、有机质含量和含盐量等进行测试。

**7.7.6** 工程地质勘探测试应符合下列要求:

1 应采用挖探、钻探、物探、标准贯入试验等进行综合勘探。勘探测试点的数量和位置应根据现场地质条件、风沙危害方式及严重程度、构筑物的类型和规模等确定。

2 风沙地区钻探应符合下列要求:

1)在松散沙层中,宜采用泥浆护壁钻进。泥浆中宜加入一定剂量的Na-CMC、PHP、PVA和$Na_2SiO_3 \cdot nH_2O$等处理剂,组成复配泥浆。宜采用活套接头单管泥浆循环钻进或无泵反循环钻进。

2)在戈壁砾(碎)石层中钻进,宜采用冲击钻头钻进,采用管钻取芯。遇砾(碎)石岩质坚硬时,宜采用硬质合金钻进或钢砾钻进。

3)当风积沙层较薄时,可采用挖探。试坑深度大于2m时,应采取支护措施。

4)测定沙层含水率时,应在沙丘及丘间地带分别采取代表样品。在0~1.0m的深度范围内,每20cm取样一次;在1.0~3.0m的深度范围内,每40cm取样一次;深度大于3.0m时,每1.0~1.5m取样一次。

5）钻探遇地下水时,应量测地下水的初见水位和稳定水位,取样做水质分析。

3 风沙室内测试项目可按表7.7.6选用。

表7.7.6 风沙室内测试项目表

| 测试项目 \ 地层 | 粉土、黏性土 | 砂 土 | 碎 石 土 |
|---|---|---|---|
| 颗粒分析 | + | + | + |
| 天然含水率 $w(\%)$ | + | (+) | |
| 密度 $\rho(g/cm^3)$ | + | (+) | (+) |
| 可溶盐含量(%) | + | + | (+) |
| 毛细水上升高度(mm) | + | + | |
| 天然休止角 $\varphi(°)$ | + | + | + |
| 矿物成分 | (+) | (+) | (+) |

注:"+"-必做项目;"(+)"-选做项目。

4 对气象要素、风沙流的运动特征、风蚀强度、沙丘移动规律、植物栽培和工程固沙效果,宜设置观测试验站,进行观测研究。

**7.7.7** 初步勘察应符合下列规定:

1 初步勘察应进行1:2 000~1:10 000工程地质调绘。

2 勘探、测试除应符合第5章及第7.7.6条的规定外,尚应符合下列规定:

1)勘探点宜沿拟定的路线中线布置,其平均间距不宜大于1 000m。勘探深度应能基本查明风积沙厚度、地层结构和地下水发育情况。

2)控制和影响工程方案的沙丘、风蚀洼地应布置勘探断面。流动沙丘、风蚀洼地,勘探断面在路线两侧的长度不宜小于300m;固定、半固定沙丘,勘探断面在路线两侧的长度不宜小于200m。应在沙丘、丘间地及风蚀洼地采取代表性砂样进行试验。

3)应在水文地质调绘的基础上,结合服务区设置和工程用水进行水源地勘探,选择泉、湿地、古河床以及植被茂盛地带和断层破碎带附近布置物探断面和勘探钻孔。

4)地下水发育路段,应做抽水试验,取样做水质分析。

5)固沙造林路段应测定沙土的含盐量、pH值以及氮、磷、钾、有机质含量等。

**7.7.8** 风沙地区初步勘察应按第5章的规定提供下列资料:

1 文字说明:应对路线及构筑物工程建设场地的工程地质条件进行说明,对第7.7.2条风沙勘察要求查明的内容进行说明,分析评价工程建设场地的适宜性,提出工程地质建议。

2 图表资料:应对风沙地貌分布、类型、地层结构及岩土性质、风沙活动特征、路线与风向的关系等进行图示和说明。提供1:2 000~1:10 000工程地质平面图;1:200~1:2 000工程地质断面图;1:50~1:200钻孔[探坑(井)]柱状图;土工试验汇总表;原位测试曲线、图表;动力风向图、起沙风矢量图等;水文地质测试资料及照片等。

**7.7.9** 详细勘察应符合下列规定：

**1** 详细勘察应对初勘工程地质调绘资料进行复核。当线位偏离初测线位或地质条件需进一步查明时，应进行补充工程地质调绘，调绘的比例尺为1:2 000。

**2** 详细勘察应充分利用初勘资料，在确定的线位及构筑物位置上进行，除应符合第6章及第7.7.8条的规定外，尚应符合下列规定：

1）勘探点应沿确定的路线中线布置，平均间距不应大于500m。

2）流动沙丘、风蚀洼地、戈壁风沙流地段，应布置勘探横断面。勘探断面的数量和位置应根据风沙危害程度确定。

3）应采用挖探、钻探、原位测试等进行综合勘探。

4）应按不同风沙地段采取沙样，测定颗粒组成、矿物成分、磨圆度，分析风沙的物质来源。

**3** 详细勘察应按第6章及第7.7.8条的规定提供资料。

## 7.8 采空区

**7.8.1** 路线通过正在开采或已废弃的各类矿区时，应进行采空区工程地质勘察。

**7.8.2** 采空区工程地质勘察应查明下列内容：
1 地层岩性、地质构造、水文地质条件、地震动参数；
2 采空区的开采历史，开采规划、现状、方法、范围和开采深度；
3 采空区的井巷分布、断面尺寸及相应的地表位置；
4 采空区的顶板厚度、地层及其岩性组合、顶板管理方法及稳定性；
5 地下水的类型、分布、水位及其变化幅度，地下水开采对采空区稳定性的影响；
6 有害气体的类型、分布特征和危害程度；
7 地表沉陷、裂缝、塌陷的位置、形状、规模、发生时间；
8 采空区与路线及构筑物的位置关系、地面变形可能影响的范围和避开的可能性。

**7.8.3** 根据开采时间，采空区可分为老采空区、现代采空区和未来采空区。

**7.8.4** 根据开采规模，采空区可分为大面积采空区和小型采空区。小型采空区根据开采目的可进一步分为小煤窑采空区、采砂洞等。

**7.8.5** 采空区根据地质条件选线应符合下列规定：
1 路线应避开大型采空区。
2 路线应避开变形延续时间长，井巷或坑、洞分布复杂的小型采空区。
3 路线通过埋藏较浅的小型采空区时，应降低路线的设计高程，采用明挖回填的方法对采空区处理后通过。

**7.8.6** 工程地质调绘应符合下列规定：

1 采空区工程地质调绘应与路线及沿线构筑物的设置相结合，充分收集地震、地质、采矿资料，查明第7.8.2条的有关内容，调绘的范围应包括采空区及其相邻的稳定地段。

2 岩石露头、地层界线、断层、地面塌陷、地表裂缝、采空井巷、地表变形建筑物、滑坡等部位应布置调绘点。

3 隐伏的地层界线、断层应辅以物探、挖探等进行调绘。

**7.8.7** 工程地质勘探测试应符合下列要求：

1 勘探测试点的数量和位置应根据地形地质条件、采空区的类型和规模、地表变形状况以及构筑物的类型、规模等确定。

2 当采空区的开采资料齐全，能说明采空区的位置、埋深、变形特征及其发展趋势和稳定条件时，宜布置物探、钻探进行验证。

3 对开采巷道或坑洞分布复杂，无法进入坑洞内进行调查的采空区，应根据地面塌陷变形情况，开展综合物探，结合挖探、钻探进行综合勘探。

4 勘探深度应至采空巷道底板以下稳定地层内不小于5m。有多层采空巷道（或矿层）时，应至最下一层采空巷道底板的稳定地层内不小于3m。

5 应分层采集岩土试样，并记录钻具自然下落情况及起止深度、孔内掉块、钻具跳动、进尺加快等情况。

6 宜采用地震勘探、地质雷达、高密度电法、孔间CT等与钻探结合进行综合勘探，物探测线宜垂直采空巷道的轴线方向布置。对开采资料匮乏或无规划开采的小型采空区，勘探线宜按网格状布置。

7 钻探遇地下水时，应量测地下水的初见水位和稳定水位，采取地下水做水质分析。地下水发育时，宜做抽水试验。

8 应结合采空区处治工程设计，对瓦斯等有害气体进行测试。

9 采空区的变形特征难以判明时，应进行地面变形观测和建筑物变形观测。

**7.8.8** 初步勘察应符合下列规定：

1 采空区初步勘察应进行1:2 000工程地质调绘，沿路线中线两侧的调绘宽度各不宜小于200m。

2 勘探测试除应符合第5章及第7.8.7条的有关规定外，尚应符合下列规定：

1）路基勘探：应在工程地质调绘的基础上，结合现场条件开展综合物探。对采空区代表性物探异常，应采用探坑（井）、钻孔进行验证。

2）涵洞勘探：应以物探为主，辅以挖探、钻探。

3）桥梁勘探：地形条件适宜时，应沿桥位布置物探断面，结合钻探进行综合勘探。主墩、主塔、高墩、桥台部位应布置钻孔。

4）隧道勘探：应采用物探、钻探进行综合勘探，含煤地层、可溶岩与非可溶岩地层接触部位等应布置勘探钻孔。

3 采空区初步勘察应按第 5 章的规定提供下列资料：

1）文字说明：应对路线及构筑物场地的工程地质条件进行说明，对第 7.8.2 条采空区勘察要求查明的内容进行说明，分析评价工程建设场地的适宜性，提出工程地质建议。

2）图表资料：应对采空区的分布范围、采空巷道的位置、采空巷道的充填情况、地面塌陷和变形、煤系地层和地下水的分布情况等进行图示和说明。提供 1:2 000 工程地质平面图；1:500~1:2 000 工程地质断面图面图；1:50~1:200 工程地质钻孔柱状图；1:50~1:200 探坑（井）展示图；土工试验汇总表；物探曲线、图表；水文地质测试资料；地表和建筑物变形观测资料、照片等。

**7.8.9** 详细勘察应符合下列规定：

1 采空区工程地质调绘应对初勘调绘资料进行复核。当线位偏离初测线位或地质条件需进一步查明时，应进行补充工程地质调绘，调绘的比例尺为 1:2 000。

2 详细勘察应充分利用初勘资料，在确定的路线和构筑物位置上进行，除应符合第 6 章及第 7.8.8 条的规定外，尚应符合下列规定：

1）路基勘探：应结合路段地质条件、地面变形情况、物探异常等布置探坑（井）、钻孔，探明采空区分布情况及可能影响路基稳定的范围。

2）涵洞勘探：应以挖探、钻孔为主，辅以物探。

3）桥梁勘探：应根据工程地质条件复杂情况布置钻孔。

4）隧道勘探：应以钻探为主，辅以物探。

3 采空区详细勘察应按第 6 章及第 7.8.8 条的规定提供资料。

## 7.9 水库坍岸

**7.9.1** 路线跨越水库支沟、支流或沿水库岸坡边缘布线，库岸可能发生坍塌、滑动时，应进行水库坍岸工程地质勘察。

**7.9.2** 水库坍岸工程地质勘察应查明下列内容：

1 地貌的成因、类型、形态特征及岸坡自然稳定状况；

2 地层岩性、软质岩与硬质岩的成层特点、岩石的风化程度；

3 覆盖层的类型、土质、密实程度、抗冲刷能力和崩解性；

4 层理、节理、断裂的产状、规模、性质及其与库岸的关系；

5 库水位的变化幅度、各种水位的持续时间、波浪作用及其对岸坡稳定的影响；

6 库岸坍塌的时间、分布范围、规模、物质成分、坍塌的方式及过程；

7 支沟的发育情况及岸坡遭受切割的程度，岸线的形态、高度、坡度；

8 地表水、地下水对岸坡稳定性的影响；

9 坍岸或已发生开裂变形地段的分布范围；

10 已建水库库岸和相似地质条件河、湖、库岸的自然稳定坡率；

11 岸坡的稳定性。

**7.9.3** 水库坍岸区根据地质条件选线应符合下列规定：
1 路线应避开水库坍岸地段。无法避开时，应以最短距离通过。
2 路线应避开滑坡、崩塌等不良地质体，避开软硬相间岩层构成的顺向坡或浸水后不稳定的库岸地带。
3 路线设计应避免高路堤和深路堑。有溃坝可能时，位于水库下游的路线应布设在溃坝影响范围之外。

**7.9.4** 工程地质调绘应符合下列规定：
1 水库坍岸地段工程地质调绘应与路线及构筑物设置相结合，查明第7.9.2条的内容。
2 地层界线、岩石露头、断层、节理、拉张裂缝、冲沟、滑坡、地下水出露点，库岸产生变形、开裂、坍塌的位置等应布置调绘点。

**7.9.5** 工程地质勘探测试应符合下列规定：
1 勘探测试点的数量和位置应根据地质条件、水库坍岸特点、构筑物的类型及规模等综合确定。
2 水库坍岸勘探深度应至水库岸坡稳定地层中不小于5m。
3 应分层采取岩土试样进行测试，测试项目可按表7.9.5选用。

表7.9.5 水库坍岸测试项目表

| 测试项目 | | 地层 粉土、黏性土 | 砂土、碎石土 | 岩 石 |
|---|---|---|---|---|
| 颗粒分析 | | + | + | |
| 天然含水率 $w(\%)$ | | + | (+) | (+) |
| 密度 $\rho(g/cm^3)$ | | (+) | (+) | (+) |
| 塑限 $w_P(\%)$ | | + | | |
| 液限 $w_L(\%)$ | | + | | |
| 天然休止角 $\varphi(°)$ | | (+) | + | |
| 剪切试验 | 黏聚力 $c(kPa)$ | + | + | + |
| | 内摩擦角 $\varphi(°)$ | + | + | + |
| 岩石抗压强度 $R(MPa)$ | | | | (+) |
| 岩石崩解试验 | | | | (+) |

注："+"-必做项目；"(+)"-选做项目。

4 钻探遇地下水时，应量测初见水位和稳定水位。宜取样做水质分析。

**7.9.6** 初步勘察应符合下列规定：
1 水库坍岸初步勘察应进行1:2 000工程地质调绘，调绘的范围应包括坍岸及对库岸、公路工程稳定有影响的区域。

2 勘探测试除应符合第 5 章及第 7.9.5 条的规定外，尚应符合下列规定：

1）应垂直库岸布置勘探断面，长度应包括库岸及可能产生坍塌变形的范围。

2）露头清楚时，可通过工程地质调绘查明库岸地质条件。

3 水库坍岸初步勘察应按第 5 章的规定提供下列资料：

1）文字说明：应对工点工程地质条件进行说明，对第 7.9.2 条水库坍岸勘察要求查明的内容进行说明，分析库岸斜坡的稳定性，对工程建设场地的适宜性进行评价，提出工程地质建议。

2）图表资料：应对水库库岸变形、坍岸的分布范围、库岸地质结构、水库枯季和洪峰期水位、控制库岸稳定的结构面发育情况及分布范围等进行图示和说明。

**7.9.7** 详细勘察应符合下列规定：

1 详细勘察应对初勘工程地质调绘资料进行复核。当线位偏离初测线位或地质条件需进一步查明时，应进行补充工程地质调绘，调绘的比例尺为 1:2 000。

2 详细勘察应充分利用初勘资料，在确定的路线和构筑物位置上进行，查明库岸地质条件，坍岸的范围、发育规律及对公路工程的影响，除应符合第 6 章及第 7.9.6 条的规定外，尚应符合下列规定：

1）对路线及构筑物稳定有影响的水库坍岸路段，应布置勘探断面和探坑（井）、钻孔等，查明库岸地质条件及其稳定性。

2）控制岸坡稳定的结构面，宜结合稳定性分析采用硐探等探明。

3 水库坍岸详细勘察应按第 6 章及第 7.9.6 条的规定提供资料。

## 7.10 强震区

**7.10.1** 路线通过地震动峰值加速度为 $0.1g \sim 0.4g$ 地区时，应进行强震区工程地质勘察；地震动峰值加速度大于 $0.4g$ 时，应作专门研究；地震动峰值加速度为 $0.05g$ 的地区，对抗震设防有特殊要求的工程可按本节的有关规定进行工程地质勘察。

**7.10.2** 强震区工程地质勘察应查明下列内容：

1 地貌的成因、类型、形态特征；

2 地层岩性、地质构造、地震动参数和历史震害情况；

3 工程场地覆盖层厚度、场地土的类型及工程场地类别；

4 断裂的类型、分布、规模、活动性；

5 不良地质及特殊性岩土的类型、分布范围和性质；

6 高陡边坡、临河工程及不良地质地段，在地震时产生次生灾害的可能性；

7 工程场地的抗震有利地段、不利地段、危险地段和一般地段；

8 当地的工程抗震措施及经验。

**7.10.3** 抗震设防烈度与地震动峰值加速度值的对应关系应符合表7.10.3的规定。

表7.10.3 抗震设防烈度与地震动峰值加速度值对应表

| 抗震设防烈度(度) | 6 | 7 | 8 | 9 |
|---|---|---|---|---|
| 地震动峰值加速度值 | 0.05$g$ | 0.1(0.15)$g$ | 0.2(0.3)$g$ | 0.4$g$ |

**7.10.4** 强震区工程场地可按表7.10.4进行分类。

表7.10.4 工程场地分类

| 类 别 | 工程地质条件 |
|---|---|
| 有利地段 | 稳定基岩,坚硬土,地形开阔、平坦、密实、均匀的中硬土等地段 |
| 不利地段 | 软弱土、可液化土,条状突出的山嘴,高耸孤立的山丘,非岩质陡坡,河岸和边坡的边缘,平面分布上成因、岩性、状态明显不均匀的土层等地段 |
| 危险地段 | 地震时可能发生滑坡、崩塌、地陷、地表错断、泥石流等的地段 |

注:表中只列出了有利、不利和危险地段的划分,其他地段可视为可进行建设的一般场地。

**7.10.5** 活动断裂可按表7.10.5进行分类。

表7.10.5 活动断裂分类

| 类 型 | 地 质 特 征 |
|---|---|
| 全新世活动断裂 | 在全新地质时期(一万年)内有过地震活动或近期正在活动,在今后一百年可能继续活动的断裂 |
| 非全新世活动断裂 | 一万年以前活动过,一万年以来没有发生过活动的断裂 |
| 发震断裂 | 全新活动断裂中、近期(近500年)发生过地震震级$M \geq 5$级的断裂;或今后100年内,可能发生地震震级$M \geq 5$级的断裂 |

**7.10.6** 根据剪切波速,场地土的类型可按表7.10.6进行分类。

表7.10.6 场地土的分类和剪切波速范围

| 土 的 类 型 | 岩土名称和性状 | 岩土剪切波速$v_s$(m/s) |
|---|---|---|
| 岩石 | 坚硬、较硬且完整的岩石 | $v_s > 800$ |
| 坚硬土或软质岩石 | 破碎和较破碎的岩石或软和较软的岩石,密实的碎石土 | $800 \geq v_s > 500$ |
| 中硬土 | 中密、稍密的碎石土,密实、中密的砾、粗、中砂,$[f_{a0}] > 150$kPa的黏性土和粉土,坚硬黄土 | $500 \geq v_s > 250$ |
| 中软土 | 稍密的砾、粗、中砂,除松散外的细、粉砂,$[f_{a0}] \leq 150$kPa的黏性土和粉土,$[f_{a0}] > 130$kPa的填土,可塑新黄土 | $250 \geq v_s > 150$ |
| 软弱土 | 淤泥和淤泥质土,松散的砂,新近沉积的黏性土和粉土,$[f_{a0}] \leq 130$kPa的填土,流塑黄土 | $v_s \leq 150$ |

注:$[f_{a0}]$为载荷试验等方法得到的地基承载力基本容许值。

**7.10.7** 强震区根据地质条件选线应符合下列规定:

**1** 路线应避开活动断裂及其交汇地带,避开近期活动断层。无法避开时,应采用路基形式以最短距离通过。

**2** 路线应避开软土和可液化土发育的地段。无法避开时,路线应避免平行河流布设,且应选择在硬壳层、上覆非液化土层较厚的位置以低路堤通过。

**3** 对于难以避开的不稳定悬崖陡壁,应将路线内移至稳定地层,采用隧道通过。土质松软或岩体破碎的不良地质路段,不宜设置深长路堑。

**4** 路线应避开滑坡、崩塌、泥石流、地裂缝及易产生塌陷的地下采空区等不良地质地段。

**5** 路线应避开抗震不利地段和危险地段。

**7.10.8** 工程地质调绘应符合下列规定:

**1** 强震区工程地质调绘应充分收集和研究勘察区地质、地震资料,并与路线及构筑物的设置结合,查明第 7.10.2 条的内容。

**2** 地层界线、断层、覆盖层发育的斜坡、易产生崩塌的陡坡地段、滑坡等不良地质体、河漫滩、冲积平原、河流阶地等应布置调绘点。

**3** 隐伏断裂、古河道等应辅以挖探、物探等进行调绘。

**7.10.9** 工程地质勘探测试应符合下列规定:

**1** 应采用钻探、物探、动力触探、静力触探等进行综合勘探。勘探测试点的数量和位置应根据地形地质条件、地震动参数、构筑物的类型和规模等确定。

**2** 勘探深度应符合下列规定:

1)软土发育的场地,路基的勘探深度不得小于持力层深度;桩基础钻孔钻入持力层以下的深度不得小于 5m。

2)有可液化土的场地,路基的勘探深度应穿过可液化土层至稳定层内不小于 1m;桩基础钻孔钻入持力层以下的深度不得小于 5m。

3)岩溶地质复杂、采空区、断裂发育等地段,应布设控制性钻孔探明不良地质发育情况。

4)可能产生崩塌、滑坡等次生地质灾害的不良地质体,钻孔深度应至稳定地层内不小于 3m。

**3** 应根据桥梁工程抗震设计要求,实测土层剪切波速,划分场地土类别。

**4** 技术复杂大桥等重点工程应结合抗震设计要求做地震动反应谱周期测试。

**5** 钻探应分层采取岩土试样。碎石土、砂土应做动力触探试验,评价其密实度。

**6** 测试项目可按表 7.10.9 选用。

表 7.10.9 强震区测试项目表

| 测试项目 \ 地层 | 粉土、黏性土 | 砂土、碎石土 | 岩 石 |
|---|---|---|---|
| 颗粒分析 | + | + | |
| 天然含水率 $w$(%) | + | (+) | (+) |
| 密度 $\rho$(g/cm³) | (+) | (+) | (+) |

续上表

| 测试项目 \ 地层 | 粉土、黏性土 | 砂土、碎石土 | 岩　石 |
|---|---|---|---|
| 塑限 $w_P$(%) | + | | |
| 液限 $w_L$(%) | + | | |
| 岩石抗压强度 $R$(MPa) | | | (+) |

注:"+"-必做项目;"(+)"-选做项目。

7 钻探遇地下水时,应量测地下水的初见水位和稳定水位,取样做水质分析。

**7.10.10** 工程场地覆盖层厚度的确定应符合下列规定:

1 一般情况下,应按地面至剪切波速大于500m/s且其下卧各层岩土的剪切波速均不小于500m/s的土层顶面的距离确定。

2 当地面5m以下存在剪切波速大于其上部各土层剪切波速2.5倍的土层,且该层及其下卧各层岩土的剪切波速均不小于400m/s时,可按地面至该土层顶面的距离确定。

3 剪切波速大于500m/s的孤石、透镜体,应视同周围土层。

4 土层中的火山岩硬夹层,应视为刚体,其厚度应从覆盖土层中扣除。

**7.10.11** 土层的等效剪切波速应按式(7.10.11-1)和式(7.10.11-2)计算:

$$v_{se} = d_0 / t \tag{7.10.11-1}$$

$$t = \sum_{i=1}^{n}(d_i / v_{si}) \tag{7.10.11-2}$$

式中:$v_{se}$——土层等效剪切波速(m/s);

$d_0$——计算深度(m),取覆盖层厚度和20m二者的较小值;

$t$——剪切波在地面至计算深度之间的传播时间(s);

$d_i$——计算深度范围内第 $i$ 层土的厚度(m);

$v_{si}$——计算深度范围内第 $i$ 层土的剪切波速(m/s);

$n$——计算深度范围内土层的层数。

**7.10.12** 工程场地类别应按表7.10.12进行划分。

表7.10.12 工程场地类别划分

| 岩石的剪切波速或土的等效剪切波速 (m/s) | 场 地 类 别 | | | | |
|---|---|---|---|---|---|
| | $I_0$ | $I_1$ | II | III | IV |
| $v_s > 800$ | 0 | | | | |
| $800 \geq v_s > 500$ | | 0 | | | |
| $500 \geq v_{se} > 250$ | | | <5 | ≥5 | |
| $250 \geq v_{se} > 150$ | | | <3 | 3~50 | >50 |
| $v_{se} \leq 150$ | | | <3 | 3~15 | >15~80 | >80 |

注:1. 表中数据为场地覆盖层厚度(m)。

2. $v_s$-岩石剪切波速;$v_{se}$-土层等效剪切波速。

**7.10.13** 工程场地内存在发震断裂时,应评价断裂对工程的影响。

1 符合下列条件之一时,可忽略发震断裂错动对构筑物的影响:

1)抗震设防烈度小于8度;

2)非全新世活动断裂;

3)抗震设防烈度为8度和9度时,隐伏断裂的土层覆盖厚度分别大于60m和90m。

2 不符合上述条件时,应避开主断裂带,并根据构筑物类型确定避让距离。

**7.10.14** 初步勘察应符合下列规定:

1 强震区工程地质调绘应与路线及构筑物的工程方案设计相结合,沿拟定的路线进行1:2 000～1:10 000工程地质调绘,调绘的范围沿路线中线及其两侧各宽不宜小于200m。

2 强震区勘探测试除应符合第5章及第7.10.9条的规定外,尚应符合下列规定:

1)软土、可液化土路段,应采用钻探、物探、静力触探等进行综合勘探。

2)岩溶塌陷、采空区、区域性断层发育路段,应采用物探、钻探等进行综合勘探。

3)可能产生滑坡、崩塌等地震次生灾害的不良地质路段,应采用物探、钻探等进行综合勘探。

4)应测试岩土层剪切波速,划分场地土的类型及工程场地类别,提供桥梁抗震设计参数。

3 强震区初步勘察应按第5章的规定提供下列资料:

1)文字说明:应对路线及构筑物场地工程地质条件进行说明,对第7.10.2条强震区勘察要求查明的内容进行说明,分析评价工程建设场地的适宜性,划分抗震有利地段、抗震不利地段、抗震危险地段和一般地段,提出工程地质建议。

2)图表资料:应对工程场地类别,场地土的类型及其分布范围,抗震有利地段、抗震不利地段、抗震危险地段、一般地段以及断裂、软土、可液化土等不良地质体的发育情况进行图示和说明。提供1:2 000～1:10 000强震区工程地质平面图;1:2 000强震区工程地质断面图;1:50～1:200钻孔柱状图;土工试验资料、原位测试资料;场地土剪切波测试资料和照片等。

**7.10.15** 详细勘察应符合下列规定:

1 强震区详细勘察应对初勘工程地质调绘资料进行复核。当线位偏离初测线位或地质条件需进一步查明时,应进行补充工程地质调绘,调绘的比例尺为1:2 000。

2 详细勘察应充分利用初勘资料,在确定的路线及构筑物位置上进行,除应符合第6章及第7.10.14条的规定外,尚应符合下列规定:

1)软土、可液化土、断层、岩溶、采空区发育路段,应结合构筑物勘察,查明其分布范围、性质及对工程的影响。

2)可能产生崩塌、滑坡等不良地质路段,宜采用物探、钻探进行综合勘探。

3)应结合工程结构抗震设计,测试场地岩土剪切波速,评价场地土的类型及工程场地类别,划分抗震有利地段、抗震不利地段、抗震危险地段和一般地段等。

3 强震区勘察应按第6章及第7.10.14条的规定提供资料。

## 7.11 地震液化

**7.11.1** 地震动峰值加速度大于或等于$0.1g$的地区,地面以下20m的深度范围内有饱和砂土、粉土时,应进行地震液化工程地质勘察。

**7.11.2** 地震液化工程地质勘察应查明下列内容:
1 地形地貌、地震动参数和历史震害资料;
2 地层的成因、地质年代、土层结构;
3 土质名称、粒径组成、密实程度和状态;
4 饱和砂土、粉土的分布范围、厚度、埋深、液化的可能性和液化等级;
5 地下水的类型、分布、埋深、水位及变化趋势;
6 当地工程的抗震措施及经验。

**7.11.3** 可液化土分布路段根据地质条件选线应符合下列规定:
1 路线应避开可液化土层分布广、厚度大、液化严重地段。
2 路线通过可液化土地段,当可液化土的厚度较小时,应选择在上覆非液化土层厚度较大的部位通过。
3 桥位应选择在无可液化土分布或河岸稳定的地段。在可液化土地带通过时,路线应与河流正交,并适当增加桥长。

**7.11.4** 工程地质调绘应符合下列规定:
1 工程地质调绘应与路线及构筑物的设置相结合,辅以必要的遥感工程地质解译,查明第7.11.2条的有关内容。
2 地貌单元的边界、地层界线、河漫滩、河流阶地、古河道、地下水露头、喷水冒砂和液化沉陷等震害遗迹应布置调绘点。
3 古河道、古湖塘、沟谷低洼地带等可能有可液化土发育的地段,宜辅以必要的勘探手段进行工程地质调绘。

**7.11.5** 工程地质勘探测试应符合下列规定:
1 应采用钻探、静力触探、标准贯入试验等进行综合勘探。勘探测试点的数量和位置应根据地形地质条件、可液化土的分布范围和厚度、构筑物的类型及规模等综合确定。
2 勘探深度应符合下列规定:
1)对厚层饱和砂土和饱和粉土,勘探深度应至路线设计高程或构筑物基底以下20m。
2)饱和砂土、饱和粉土的层厚较薄时,应穿过饱和砂土、饱和粉土至下伏非液化土层。

　　3）桩基础钻孔钻入持力层以下稳定地层的深度不应小于5m。

　　3　在钻孔中应分层采取土样。砂土、粉土竖向取样间距为1.0~1.5m,取样后应立即做标准贯入试验。

　　4　砂土、粉土测试项目可按表7.11.5选用。

表7.11.5　室内测试项目表

| 测试项目 \ 地层 | 砂　土 | 粉　土 |
|---|---|---|
| 颗粒分析 | ＋ | ＋ |
| 天然含水率 $w(\%)$ | ＋ | ＋ |
| 密度 $\rho(g/cm^3)$ |  | （＋） |
| 塑限 $w_P(\%)$ |  | （＋） |
| 液限 $w_L(\%)$ |  | （＋） |
| 黏粒含量百分率 $\rho_c(\%)$ | ＋ | ＋ |

注：1. "＋"-必做项目；"（＋）"-选做项目。
　　2. 黏粒含量百分率 $\rho_c$ 应采用六偏磷酸钠作分散剂测定。

　　5　钻探过程中遇地下水时,应量测地下水的初见水位和稳定水位。

**7.11.6**　地面以下20m深度范围内存在饱和砂土和饱和粉土时,应进行液化判别。

**7.11.7**　饱和砂土或饱和粉土,当符合下列条件之一时,可初步判别为不液化或不考虑液化的影响：

　　1　地质年代为第四纪晚更新世（$Q_3$）及其以前时,可判为不液化。

　　2　当抗震设防烈度为7度、8度、9度,粉土的黏粒（粒径小于0.005mm的颗粒）含量百分率分别不小于10%、13%和16%时,可判为不液化。

　　3　基础埋置深度不超过2m的天然地基,当上覆非液化土层厚度和地下水位深度符合下列条件之一时,可不考虑液化影响：

$$d_u > d_0 + d_b - 2 \quad (7.11.7\text{-}1)$$
$$d_w > d_0 + d_b - 3 \quad (7.11.7\text{-}2)$$
$$d_u + d_w > 1.5d_0 + 2d_b - 4.5 \quad (7.11.7\text{-}3)$$

式中：$d_w$——地下水位深度（m）,宜按设计基准期内年平均最高水位采用,也可按近期内年最高水位采用；

　　　$d_u$——上覆盖非液化土层厚度（m）,计算时宜将淤泥和淤泥质土层扣除；

　　　$d_b$——基础埋置深度（m）,不超过2m时,应采用2m；

　　　$d_0$——液化土特征深度（m）,可按表7.11.7采用。

表 7.11.7 液化土特征深度

| 饱和土类别 | 7 度 | 8 度 | 9 度 |
|---|---|---|---|
| 粉土 | 6 | 7 | 8 |
| 砂土 | 7 | 8 | 9 |

注：当区域的地下水位处于变动状态时，应按不利的情况考虑。

**7.11.8** 经初步判别认为有可能液化的土层，可采用标准贯入试验判别法进一步判定土层是否液化。当土层实测的修正标准贯入锤击数 $N_1$ 小于按式（7.11.8-2）计算的修正液化临界标准贯入锤击数 $N_{cr}$ 时，应判为液化，否则应判为不液化。

$$N_1 = C_n N \qquad (7.11.8\text{-}1)$$

$$N_{cr} = \left[11.8\left(1+13.06\frac{\sigma_0}{\sigma_e}K_h C_v\right)^{1/2} - 8.09\right]\xi \qquad (7.11.8\text{-}2)$$

式中：$N$——实测的标准贯入锤击数；

$C_n$——标准贯入锤击数的修正系数，按表 7.11.8-1 采用；

$\sigma_0$——标准贯入点处土的总上覆压力（kPa）；

$$\sigma_0 = \gamma_u d_w + \gamma_d (d_s - d_w)$$

$\sigma_e$——标准贯入点处土的有效覆盖压力（kPa）；

$$\sigma_e = \gamma_u d_w + (\gamma_d - 10)(d_s - d_w)$$

$\gamma_u$——地下水位以上土的重度，砂土 $\gamma_u = 18.0 \text{kN/m}^3$，粉土 $\gamma_u = 18.5 \text{kN/m}^3$；

$\gamma_d$——地下水位以下土的重度，砂土 $\gamma_u = 20.0 \text{kN/m}^3$，粉土 $\gamma_u = 20.5 \text{kN/m}^3$；

$d_s$——标准贯入点深度（m）；

$d_w$——地下水位深度（m）；

$K_h$——水平地震系数，应按表 7.11.8-2 采用；

$C_v$——地震剪应力随深度的折减系数，应按表 7.11.8-3 采用；

$\xi$——黏粒含量修正系数，$\xi = 1 - 0.17\rho_c^{1/2}$；

$\rho_c$——黏粒含量百分率（%）。

表 7.11.8-1 标准贯入锤击数的修正系数 $C_n$

| $\sigma_0$(kPa) | 0 | 20 | 40 | 60 | 80 | 100 | 120 | 140 | 160 | 180 |
|---|---|---|---|---|---|---|---|---|---|---|
| $C_n$ | 2 | 1.70 | 1.46 | 1.29 | 1.16 | 1.05 | 0.97 | 0.89 | 0.83 | 0.78 |
| $\sigma_0$(kPa) | 200 | 220 | 240 | 260 | 280 | 300 | 350 | 400 | 450 | 500 |
| $C_n$ | 0.72 | 0.69 | 0.65 | 0.60 | 0.58 | 0.55 | 0.49 | 0.44 | 0.42 | 0.40 |

表 7.11.8-2 水平地震系数 $K_h$

| 抗震设防烈度（度） | 7 | 8 | 9 |
|---|---|---|---|
| 水平地震系数 | 0.1 | 0.2 | 0.4 |

表 7.11.8-3　地震剪应力随深度的折减系数 $C_v$

| $d_s$(m) | 1 | 2 | 3 | 4 | 5 | 6 | 7 | 8 | 9 | 10 |
|---|---|---|---|---|---|---|---|---|---|---|
| $C_v$ | 0.994 | 0.991 | 0.986 | 0.976 | 0.965 | 0.958 | 0.945 | 0.935 | 0.920 | 0.902 |
| $d_s$(m) | 11 | 12 | 13 | 14 | 15 | 16 | 17 | 18 | 19 | 20 |
| $C_v$ | 0.884 | 0.866 | 0.844 | 0.822 | 0.794 | 0.741 | 0.691 | 0.647 | 0.631 | 0.612 |

**7.11.9**　对存在液化土层的地基,应探明各液化土层的深度和厚度,按式(7.11.9)计算每个钻孔的液化指数,并按表 7.11.9 综合划分地基的液化等级:

$$I_{lE} = \sum_{i=1}^{n}\left(1 - \frac{N_i}{N_{cri}}\right)d_i W_i \tag{7.11.9}$$

式中:$I_{lE}$——液化指数;

　　　　$n$——在判别深度范围内,每一个钻孔标准贯入试验点的总数;

$N_i$、$N_{cri}$——分别为 $i$ 点标准贯入锤击数的实测值和临界值;当实测值大于临界值时,应取临界值的数值;

　　　$d_i$——$i$ 点所代表的土层厚度(m),可采用与该标准贯入试验点相邻的上、下两标准贯入试验点深度差的一半,但上界不高于地下水位深度,下界不深于液化深度;

　　　$W_i$——$i$ 土层单位土层厚度的层位影响权函数值($m^{-1}$)。当该层中点深度不大于 5m 时,应采用 10;等于 20m 时,应采用零值;5~20m 时,应按线性内插法取值。

表 7.11.9　地基液化等级

| 液化等级 | 轻微 | 中等 | 严重 |
|---|---|---|---|
| 判别深度为15m时的液化指数 | $0 < I_{lE} \leq 5$ | $5 < I_{lE} \leq 15$ | $I_{lE} > 15$ |
| 判别深度为20m时的液化指数 | $0 < I_{lE} \leq 6$ | $6 < I_{lE} \leq 18$ | $I_{lE} > 18$ |

**7.11.10**　液化土层的承载力(包括桩侧摩阻力)、土抗力(地基系数)、内摩擦角和黏聚力等,可根据液化抵抗系数 $C_e$ 予以折减。折减系数 $\alpha$ 应按表 7.11.10 采用。

$$C_e = \frac{N_1}{N_{cr}} \tag{7.11.10}$$

式中:$C_e$——液化抵抗系数;

　　$N_1$、$N_{cr}$——意义同式(7.11.8-1)、式(7.11.8-2)。

表 7.11.10　折减系数 $\alpha$

| $C_e$ | $d_s$(m) | $\alpha$ |
|---|---|---|
| $C_e \leq 0.6$ | $d_s \leq 10$ | 0 |
| | $10 < d_s \leq 20$ | 1/3 |

续上表

| $C_e$ | $d_s$ (m) | $\alpha$ |
|---|---|---|
| $0.6 < C_e \leq 0.8$ | $d_s \leq 10$ | 1/3 |
|  | $10 < d_s \leq 20$ | 2/3 |
| $0.8 < C_e \leq 1.0$ | $d_s \leq 10$ | 2/3 |
|  | $10 < d_s \leq 20$ | 1 |

**7.11.11** 初步勘察应符合下列要求：

1 应沿拟定的路线及其两侧的带状范围进行为1:2 000工程地质调绘，宽度宜包括路线中线及其两侧各200m的范围。

2 勘探测试除应符合第5章及第7.11.5～7.11.10条的规定外，尚应符合下列规定：

1）遇饱和砂土、饱和粉土，应对其液化的可能性进行判别，划分地基的液化等级。

2）临河路基下伏地层有饱和砂土、饱和粉土时，应布置横向勘探断面，探明其发育情况，分析临河路基侧向滑移的可能性。

3 应按第5章的规定提供下列资料：

1）文字说明：应说明路线及构筑物场地工程地质条件，对第7.11.2条地震液化勘察要求查明的内容进行说明，分析评价工程建设场地的适宜性，提出工程地质建议。

2）图表资料：应对饱和砂土、饱和粉土的分布范围、液化的可能性、地基的液化等级等进行图示和说明。提供1:2 000工程地质平面图；1:2 000工程地质断面图；1:50～1:200钻孔柱状图；土工试验资料、液化评价表、原位测试资料和照片等。

**7.11.12** 详细勘察应符合下列规定：

1 应对初勘工程地质调绘资料进行复核。当线位偏离初测线位或地质条件需进一步查明时，应进行补充工程地质调绘，补充工程地质调绘的比例尺为1:2 000。

2 详细勘察应充分利用初勘资料，除应符合第6章及第7.11.11条的规定外，尚应与各类构筑物的详细勘察结合，采用钻探、静力触探、标准贯入试验等进行综合勘探，查明各类构筑物工程建设场地可液化土的分布范围、厚度及地基的液化等级。

3 地震液化详细勘察应按第5章及第7.11.11条的规定提供资料。

## 7.12 涎流冰

**7.12.1** 在寒冷地区，路线通过涎流冰地带，应进行涎流冰工程地质勘察。

**7.12.2** 涎流冰工程地质勘察应查明以下内容：

1 地形地貌、地层岩性、气候条件以及植被生长情况；

2 涎流冰的类型、分布范围、厚度、发育规律及对公路工程的影响和危害程度；

3 地下水露头(泉)的类型、流量、水温及其动态变化情况；
4 形成涎流冰的地表水来源、流向、流量及随季节变化情况；
5 当地防治涎流冰的措施与经验。

**7.12.3** 涎流冰的类型可按表 7.12.3 进行划分。

表 7.12.3 涎流冰类型划分

| 类 型 | 特 征 |
| --- | --- |
| 山坡涎流冰 | 1. 由山坡出露的地下水形成的涎流冰；<br>2. 由挖方边坡上方出露的地下水形成的涎流冰 |
| 河谷涎流冰 | 1. 沿河谷漫流的泉水、溪水、融雪水等形成的涎流冰；<br>2. 沿河流浅滩或已冻结的河面上,由承压或无压的河水形成的涎流冰 |

**7.12.4** 涎流冰地带根据地质条件选线应符合下列规定：
1 路线应避让涎流冰严重地段。无法避开时,应以最短距离通过。
2 路线通过有涎流冰的河谷时,积冰严重路段,宜采用桥梁跨越。

**7.12.5** 涎流冰工程地质勘察应以调绘为主,勘探为辅,宜在冬季进行。

**7.12.6** 工程地质调绘应充分收集当地气象、水文资料,结合路线及构筑物设置进行,查明第 7.12.2 条的内容。

**7.12.7** 勘探测试应符合下列规定：
1 勘探点(线)的位置和数量应根据涎流冰的类型、分布、水文地质条件及构筑物的类型、规模确定。
2 勘探深度应至当地最大冰冻深度或不透水层以下不小于 1m。
3 勘探过程中遇地下水时,应量测地下水的初见水位和稳定水位。宜取样做水质分析,判定环境水的腐蚀性。

**7.12.8** 初步勘察应符合下列规定：
1 初步勘察应沿拟定的路线进行 1:2 000 工程地质调绘,调绘范围应包括涎流冰发育及地表水、地下水补给区域。
2 应在工程地质调绘的基础上,结合构筑物勘察布置勘探点,探明涎流冰分布范围、厚度及形成条件。
3 涎流冰初步勘察应按第 5 章的规定提供下列资料：
1)文字说明:应说明路线及构筑物场地的工程地质条件,对第 7.12.2 条涎流冰勘察要求查明的内容进行说明,分析涎流冰的形成条件及其对公路工程的影响,评价工程建设场地的适宜性,提出工程地质建议。

2）图表资料：应对涎流冰的分布范围、厚度、地下水发育情况等进行图示和说明。提供1:2 000工程地质平面图；1:2 000工程地质断面图；1:50～1:200钻孔柱状图；土工试验资料、液化评价表、原位测试资料和照片等。

**7.12.9** 详细勘察应符合下列规定：

1　涎流冰详细勘察应对初勘工程地质调绘资料进行复核。当线位偏离初测线位或涎流冰需进一步查明时，应进行补充工程地质调绘，调绘的比例尺为1:2 000。

2　详细勘察应充分利用初勘资料，除应符合第6章及第7.12.8条的规定外，尚应与构筑物的详细勘察结合，采用钻探、物探等手段查明涎流冰的分布范围、厚度及形成条件和发育规律。

3　涎流冰详细勘察应按第6章及第7.12.8条的规定提供资料。

# 8 特殊性岩土

## 8.1 黄土

**8.1.1** 第四纪以来在干旱和半干旱地区形成,具有以下特征的土,应定名为黄土:
1 颜色为淡黄、灰黄、黄褐、棕褐或棕红色。
2 颗粒组成以粉粒(0.075～0.005mm)为主,一般不含粗颗粒,富含碳酸钙,常形成钙质结核。
3 具多孔性,一般肉眼可见大孔隙、虫孔等。孔隙比一般为0.7～1.2。
4 土质均匀、无层理,有堆积间断的剥蚀面和埋藏的古土壤层。
5 具垂直节理,边坡在天然状态下能保持直立。
6 表层多具湿陷性,易产生潜蚀形成陷穴或落水洞。

具有上述大部分特征,含层理、颗粒组成比较复杂(含砾石、砂等)的土,应定名为黄土状土。

**8.1.2** 黄土地区工程地质勘察应查明下列内容:
1 黄土地貌的成因、类型、分布、形态特征;
2 黄土的成因、类型、地质时代、分布范围及厚度;
3 黄土的物理力学性质、湿陷类型、湿陷等级和承载力;
4 黄土的地层结构、古土壤层的分布和发育情况;
5 黄土层与基岩的接触面形态、下伏地层的岩性和风化程度;
6 节理、裂隙的产状、规模、间距、充填闭合情况;
7 地表水的分布、积聚、排泄条件,洪水淹没范围及水流冲刷作用和影响;
8 地下水的类型、埋深、季节性变化幅度、升降趋势及其与地表水体、灌溉、开采地下水强度的关系;
9 滑坡、崩塌、错落、陷穴、冲沟、泥石流、落水洞、湿陷洼地、地裂缝、断裂、人为坑洞、泥流、水流冲蚀、堰塞湖等不良地质的分布、规模、发展趋势;
10 既有工程地质病害及防治工程经验等。

**8.1.3** 黄土按地层的地质年代划分应符合表8.1.3的规定。

表8.1.3 黄土地层按地质年代划分

| 地质年代 | | 地层名称 | | 湿陷性特征 |
|---|---|---|---|---|
| 全新世 $Q_4$ | 近期 $Q_4^2$ | — | 新黄土 新近堆积黄土 | 具有湿陷性,常具有高压缩性 |
| | 早期 $Q_4^1$ | — | 湿陷性黄土 | 一般具有湿陷性 |
| 晚更新世 $Q_3$ | | 马兰黄土 | | — |
| 中更新世 $Q_2$ | | 离石黄土 | 老黄土 | 上部部分土层具有湿陷性 |
| 早更新世 $Q_1$ | | 午城黄土 | | 不具有湿陷性 |

**8.1.4** 黄土地区根据地质条件选线应符合下列规定：

1 路线应避开湿陷性黄土强烈发育地带。无法避开时,应选择地表排水条件好、地层单一、土质均匀、湿陷性黄土厚度较小的位置通过。

2 黄土塬、梁、峁和丘陵地区的路线,宜选择地形完整、山坡稳定的位置布线,避开地形零乱、沟谷深切、冲沟发育等侵蚀强烈地带。

3 黄土沟、梁相间地带,应结合填挖高度进行桥梁与高填路堤、隧道与深路堑方案比选。

4 沿溪线应利用宽谷阶地,且应远离河岸或阶地缺失的高陡岸坡。

5 路线应避开滑坡、崩塌、陷穴、泥流、人为坑洞等不良地质发育地段。

6 桥位应避开谷坡零乱、河岸不稳及山坡变形较多的地段。

7 隧道应选择在塬、梁顶面平整或地形突起,地表排水条件好,地层单一、土质均匀的位置通过,避开陷穴、落水洞发育,地表和地下水丰富的部位。隧道的进出口应选择在山体稳定,无滑坡、崩塌等不良地质发育的位置。

**8.1.5** 黄土地区工程地质调绘应符合下列规定：

1 应查明第8.1.2条的内容,并与路线及沿线构筑物的设置相结合,辅以挖探和测试手段进行。

2 地貌单元的边界、古土壤层、黄土与下伏基岩的接触面、地下水出露点、湿陷洼地、陷穴、落水洞、堰塞湖、黄土滑坡、错落、地裂缝、人为坑洞、紧邻路线的陡坡地带和水流冲刷部位应布置工程地质调绘点。

3 必要时,选择代表性地貌地质单元布置挖探点,采集土样,测试其湿陷性。

**8.1.6** 工程地质勘探应符合下列规定：

1 黄土地区的工程地质勘探应采用物探、挖探、钻探等进行综合勘探。勘探测试点的数量和位置应根据地形地质条件、黄土的湿陷性、构筑物的类型和规模等确定。

2 黄土地区勘探深度、取样应符合下列规定：

1) 路基及构筑物的浅基础,非自重湿陷性黄土场地的勘探深度应至基底以下不小于10m;自重湿陷性黄土场地,陇西、陇东、陕北、晋西地区不应小于15m,其他地区不应小于10m,且不小于压缩层厚度,对于大桥、特大桥、高墩桥等重要建筑物的勘探深度不得小于持力层厚度,控制性勘探点应至非湿陷性黄土层顶面。

2）在探坑(井)和钻孔中,应采取不扰动土样。在 $Q_4$ 和 $Q_3$ 地层中,应取样做湿陷性试验。地基持力层范围内的 $Q_2$ 黄土,应采取代表性试样做湿陷性试验。

3）采取不扰动土样,必须保持其天然的湿度、密度和结构。在探坑(井)中取样,竖向间距为 1.0m,土样直径不宜小于 120mm;在钻孔中取样,竖向间距为 1.0m,并应符合现行《湿陷性黄土地区建筑规范》(GB 50025)钻探、取样的规定。

4）采集的原状土样应密封,避免雨淋、冻、晒和振动,并尽快试验。

**8.1.7** 黄土地区工程地质测试,应根据地层条件、构筑物的类型等选择试验项目和原位测试方法,并符合下列规定:

1 室内测试项目可按表 8.1.7 选用。

表 8.1.7 黄土测试项目表

| 测试项目 | | 构筑物类型 | 路 基 | 桥 涵 | 隧 道 |
|---|---|---|---|---|---|
| 颗粒分析 | | | (+) | (+) | (+) |
| 天然含水率 $w$(%) | | | + | + | + |
| 密度 $\rho$(g/cm³) | | | + | + | + |
| 液限 $w_L$(%) | | | + | + | + |
| 塑限 $w_P$(%) | | | + | + | + |
| 剪切试验 | 黏聚力 $c$(MPa) | | + | (+) | + |
| | 内摩擦角 $\varphi$(°) | | | | |
| 压缩系数 $a$(MPa) | | | + | + | (+) |
| 湿陷系数 | | | + | + | (+) |
| 自重湿陷系数 | | | + | + | (+) |
| 湿陷起始压力 $p_{sh}$(kPa) | | | + | + | (+) |
| 碳酸钙含量(%) | | | (+) | (+) | (+) |

注:"+"-必做项目;"(+)"-选做项目。

2 含有石膏、盐分的地层,应采集水、土试样,分析地下水和土壤的腐蚀性。

3 宜采用标准贯入试验、静力触探、扁铲侧胀试验等原位测试方法评价黄土的工程地质性质。

4 当按室内试验资料和地区建筑经验不能明确判定场地湿陷类型时,应做现场试坑浸水试验,按自重湿陷的实测值判定场地湿陷类型。

**8.1.8** 黄土的湿陷性评价应符合下列规定:

1 黄土的湿陷性,应按室内浸水饱和(压缩)试验在一定压力下测定的湿陷系数 $\delta_S$ 值判定,并应符合下列规定:

1）当湿陷系数 $\delta_S$ 的值小于 0.015 时,应定为非湿陷性黄土。

2）当湿陷系数 $\delta_S$ 的值大于或等于 0.015 时,应定为湿陷性黄土。

3）湿陷性黄土的湿陷程度应按表 8.1.8-1 划分。

表 8.1.8-1 湿陷性黄土湿陷程度划分表

| 湿陷系数 $\delta_S$ | $0.015 \leq \delta_S \leq 0.03$ | $0.003 < \delta_S \leq 0.07$ | $\delta_S > 0.07$ |
|---|---|---|---|
| 湿陷程度 | 湿陷性轻微 | 湿陷性中等 | 湿陷性强烈 |

4）湿陷系数 $\delta_S$ 值,应按式(8.1.8-1)计算:

$$\delta_S = \frac{h_p - h'_p}{h_0} \tag{8.1.8-1}$$

式中:$h_p$——保持天然湿度和结构的土样,加压至一定压力时,下沉稳定后的高度(mm);

$h'_p$——上述加压稳定后的土样,在浸水(饱和)作用下,附加下沉稳定后的高度(mm);

$h_0$——土样的原始高度(mm)。

5）测定湿陷系数 $\delta_S$ 的试验压力:在初步设计阶段应自地面以下 1.5m 算起,在施工图设计阶段应自基础底面算起;基底以下 10m 以内的土层应采用 200kPa,10m 以下至非湿陷性黄土层顶面,应用其上覆土的饱和自重压力(当大于 300kPa 压力时,应采用 300kPa);桥梁及重要建筑物的基底压力大于 300kPa 时,宜采用实际压力;对压缩性较高的新近堆积黄土,基底下 5m 以内的土层,宜采用 100～150kPa 压力,5～10m 和 10m 以下至非湿陷性黄土层顶面,应分别采用 200kPa 和上覆土的饱和自重压力。

2 自重湿陷系数 $\delta_{ZS}$ 的值应按式(8.1.8-2)计算:

$$\delta_{ZS} = \frac{h_Z - h'_Z}{h_0} \tag{8.1.8-2}$$

式中:$h_Z$——保持天然湿度和结构的土样,加压至该土样上覆土的饱和自重压力时,下沉稳定后的高度(mm);

$h'_Z$——上述加压稳定后的土样,在浸水(饱和)作用下,附加下沉稳定后的高度(mm);

$h_0$——土样的原始高度(mm)。

3 湿陷性黄土场地自重湿陷量的计算值 $\Delta_{ZS}$,应按式(8.1.8-3)计算:

$$\Delta_{ZS} = \beta_0 \sum_{i=1}^{n} \delta_{ZSi} h_i \tag{8.1.8-3}$$

式中:$\delta_{ZSi}$——第 $i$ 层土的自重湿陷系数;

$h_i$——第 $i$ 层土的厚度(mm);

$\beta_0$——因地区土质而异的修正系数,在缺乏实测资料时,陇西地区可取 1.50,陇东、陕北、晋西地区可取 1.20,关中地区可取 0.90,其他地区可取 0.50。

自重湿陷量的计算值 $\Delta_{ZSi}$,应自天然地面算起,当挖、填方的厚度和面积较大时,应自设计地面算起,至其下非湿陷性黄土层的顶面为止,其中自重湿陷系数 $\delta_{ZS}$ 小于 0.015 的土层不应累计计算。

4 湿陷性黄土地基受水浸湿饱和,其总湿陷量的计算值 $\Delta_S$ 应符合以下规定:

1) 总湿陷量的计算值 $\Delta_S$，应按式(8.1.8-4)计算：

$$\Delta_S = \sum_{i=1}^{n} \beta \delta_{Si} h_i \tag{8.1.8-4}$$

式中：$\delta_{Si}$——第 $i$ 层土的湿陷系数；

$h_i$——第 $i$ 层土的厚度(mm)；

$\beta$——考虑基底以下地基土受水浸湿可能性和侧向挤出等因素的修正系数，在缺乏实测资料时，基底以下 0~5.0m 深度范围内，可取 1.50；5.0~10.0m 深度范围内，可取 1.00；10m 以下至非湿陷性黄土层顶面，在自重湿陷性黄土场地，可取工程所在地区的 $\beta_0$ 值。

2) 总湿陷量 $\Delta_S$ 的计算值：在初勘阶段应自地面以下 1.5m 算起，详勘阶段应自基础底面算起；在非自重湿陷性黄土场地，应累计计算至基底以下 10.0m（或地基压缩层）深度为止；在自重湿陷性黄土场地，对大桥、特大桥、高墩桥等重要建筑物应累计计算至非湿陷性黄土层顶面为止；对其他构筑物，当基础底面下的湿陷性土层厚度大于 10m 时，其累计深度可根据所在地区确定，陇西、陇东和陕北地区不应小于 15m，其他地区不应小于 10m，其中湿陷系数 $\delta_S$（10.0m 以下为 $\delta_{ZS}$）小于 0.015 的土层不应累计。

5 湿陷性黄土场地的湿陷类型应按实测或计算自重湿陷量 $\Delta_{ZS}$ 判定。

1) 当自重湿陷量的实测值或计算值 $\Delta_{ZS} \leq 70mm$ 时，应定为非自重湿陷性黄土场地。

2) 当自重湿陷量的实测值或计算值 $\Delta_{ZS} > 70mm$ 时，应定为自重湿陷性黄土场地。

3) 当自重湿陷量的实测值和计算值出现矛盾时，应按自重湿陷量的实测值判定。

6 黄土场地的湿陷等级应按表 8.1.8-2 判定。

表 8.1.8-2 黄土地基的湿陷等级

| 湿陷类型 | | 非自重湿陷场地 | 自重湿陷场地 | |
|---|---|---|---|---|
| $\Delta_{ZS}$(mm) | | $\Delta_{ZS} \leq 70$ | $70 < \Delta_{ZS} \leq 350$ | $\Delta_{ZS} > 350$ |
| 总湿陷量 $\Delta_S$ (mm) | $\Delta_S \leq 300$ | Ⅰ(轻微) | Ⅱ(中等) | — |
| | $300 < \Delta_S \leq 700$ | Ⅱ(中等) | Ⅱ(中等)或Ⅲ(严重)* | Ⅲ(严重) |
| | $\Delta_S > 700$ | Ⅱ(中等) | Ⅲ(严重) | Ⅳ(很严重) |

注*：当总湿陷量的计算值 $\Delta_S > 600mm$、自重湿陷量的计算值 $\Delta_{ZS} > 300mm$ 时，可判为Ⅲ级，其他情况可判为Ⅱ级。

**8.1.9** 初步勘察应符合下列规定：

1 工程地质调绘应沿拟定的路线进行，调绘的比例尺为 1:2 000~1:10 000。

2 工程地质勘探测试除应符合第 5 章及第 8.1.6~8.1.8 条的规定外，尚应符合下列规定：

1) 路基勘探测试点，应沿路线中线布置，地形平缓、地层简单、黄土湿陷性轻微的路段，勘探测试点的数量每公里不得少于 2 个；地形地貌复杂、地层变化大、黄土湿陷性中等及以上路段，应增加勘探测试点数量。存在黄土陷穴、落水洞、湿陷洼地、古墓等不良地质发育的路段，宜做横断面勘探。

2) 大桥、特大桥、高墩桥等重要构筑物，应结合地貌地质单元，布置控制性勘探点，数量不宜少于1个。

3）隧道勘探应采用物探、挖探、钻探等进行综合勘探,探坑(井)、钻孔应结合地貌地质单元布置。勘探点的数量:短隧道不宜少于2个;中隧道不宜少于3个;长隧道及特长隧道的勘探点平均间距不宜大于500m。

3 黄土初勘应按第5章的规定提供下列资料:

1）文字说明:应对工点工程地质条件进行说明,对第8.1.2条的有关内容进行说明,对工程建设场地的适宜性进行分析、评价,提出工程地质建议。

2）图表资料:应对黄土的类型、湿陷性、湿陷等级等进行图示和说明。

**8.1.10** 详细勘察应符合下列规定:

1 工程地质调绘应对初勘资料进行复核。当线位偏离初测线位或地质条件需进一步查明时,应进行补充工程地质调绘,调绘的比例尺为1:2 000。

2 详细勘察应充分利用初勘资料,在确定的线位及构筑物位置上进行勘探、测试,除应符合第6章及第8.1.9条的规定外,尚应符合下列规定:

1）路基勘探:地层单一,黄土湿陷性轻微路段,每段填、挖路基勘探测试点的数量不宜少于1个,平均间距不宜大于500m;地层变化大,黄土湿陷性中等及以上的路段,勘探测试点的数量应增加,其平均间距不宜大于200m;不良地质发育路段,宜布置横向勘探断面进行勘探,每条勘探断面上勘探点的数量不宜少于2个。

2）桥梁勘探:地层变化大,湿陷性中等及以上的场地,勘探测试点宜按墩台布置。

3）隧道勘探:应结合隧道工程地质及水文地质条件,对初勘阶段的勘探点进行加密。

3 黄土详勘应按第6章及第8.1.9条的规定提供资料。

## 8.2 冻土

**8.2.1** 具有负温和零温度并含有冰的土(岩),应定为冻土。

**8.2.2** 冻土工程地质勘察应查明下列内容:

1 地貌的成因、类型、分布、形态特征、地表的物质组成和植被情况;

2 冻土的分布、类型、厚度、含水率、含冰量、地温、地层结构、土质及其物理、力学和热学性质;

3 多年冻土上限、季节性冻土最大冻结深度、冻土的融沉等级和冻胀性;

4 多年冻土的形成、发展与变化趋势和融区的分布情况;

5 冻土沼泽、冻胀丘、冰锥、热融湖塘、热融滑塌、融冻泥流等不良地质的分布、规模及其发展和变化情况;

6 地表水和地下水的发育情况及其与冻土的关系;

7 沿线填料、保温材料、工程用水和生活用水的分布情况;

8 既有道路和工程建筑的使用情况及对冻土环境的影响。

**8.2.3** 根据冻结状态的持续时间,冻土可按表8.2.3进行分类。

表8.2.3 冻土按冻结状态的持续时间分类

| 冻结状态持续时间 | 不到1年 | 1～2年 | 2年及以上 |
|---|---|---|---|
| 冻土分类 | 季节冻土 | 隔年冻土 | 多年冻土 |

**8.2.4** 多年冻土在平面上呈岛状分布的应定为岛状多年冻土,在平面上呈大片连续分布的应定为连续多年冻土。

**8.2.5** 多年冻土上限与季节融冻层相衔接的应定为衔接多年冻土,多年冻土上限与季节融冻层不衔接的应定为不衔接多年冻土。

**8.2.6** 根据土的类别和总含水率($w_n$),多年冻土可按表8.2.6-1和表8.2.6-2进行分类。

表8.2.6-1 公路路基多年冻土分类

| 土的类别 | | 总含水率 $w_n$(%) | 体积含冰量 $i$ | 冻土温度 | 冻土类型 |
|---|---|---|---|---|---|
| 粗粒土 | 粉黏粒含量≤15% | <10 | $i<0.1$ (少冰冻土) | 不考虑 | 稳定型(Ⅰ) |
| | 粉黏粒含量>15% | <12 | | | |
| | 细砂、粉砂 | <14 | | | |
| | 黏性土 | <$w_P$ | | | |
| 粗粒土 | 粉黏粒含量≤15% | 10～16 | $i=0.1～0.2$ (多冰冻土) | 0～-1.0 | 基本稳定型(Ⅱ) |
| | 粉黏粒含量>15% | 12～18 | | | |
| | 细砂、粉砂 | 14～21 | | <-1.0 | 稳定型(Ⅰ) |
| | 黏性土 | $w_P<w_n<w_P+7$ | | | |
| 粗粒土 | 粉黏粒含量≤15% | 16～25 | $i=0.2～0.3$ (富冰冻土) | 0～-1.5 | 基本稳定型(Ⅱ) |
| | 粉黏粒含量>15% | 18～25 | | | |
| | 细砂、粉砂 | 21～28 | | <-1.5 | 稳定型(Ⅰ) |
| | 黏性土 | $w_P+7<w_n<w_P+15$ | | | |
| 粗粒土 | 粉黏粒含量≤15% | 25～48 | $i=0.3～0.5$ (饱冰冻土) | 0～-1.0 | 不稳定型(Ⅲ) |
| | 粉黏粒含量>15% | 25～48 | | -1.0～-2.0 | 基本稳定型(Ⅱ) |
| | 细砂、粉砂 | 25～45 | | <-2.0 | 稳定型(Ⅰ) |
| | 黏性土 | $w_P+15≤w_n<w_P+35$ | | | |
| 粗粒土 | 粉黏粒含量≤15% | >48 | $i>0.5$ (含土冰层) | 0～-1.0 | 不稳定型(Ⅲ) |
| | 粉黏粒含量>15% | >48 | | -1.0～-2.0 | 基本稳定型(Ⅱ) |
| | 细砂、粉砂 | >45 | | <-2.0 | 稳定型(Ⅰ) |
| | 黏性土 | >$w_P+35$ | | | |

注:1. 粗粒土包括碎石土、砾砂、粗砂、中砂。
2. 总含水率界线中的+7、+15、+35为黏性土的中间值,砂粒多的比该值小,黏粒多的比该值大。

**表 8.2.6-2 公路桥涵多年冻土分类**

| 土的类别 | 总含水率 $w_n$(%) | 平均融沉系数 $\delta_0$ | 融沉等级 | 融沉类型 | 冻土类型 |
|---|---|---|---|---|---|
| 碎(卵)石,砾砂、粗砂、中砂(粒径小于0.075mm的颗粒含量≤15%) | $w_n < 10$ | $\delta_0 \leq 1$ | I | 不融沉 | 少冰冻土 |
| | $w_n \geq 10$ | $1 < \delta_0 \leq 3$ | II | 弱融沉 | 多冰冻土 |
| 碎(卵)石,砾砂、粗砂、中砂(粒径小于0.075mm的颗粒含量>15%) | $w_n < 12$ | $\delta_0 \leq 1$ | I | 不融沉 | 少冰冻土 |
| | $12 \leq w_n < 15$ | $1 < \delta_0 \leq 3$ | II | 弱融沉 | 多冰冻土 |
| | $15 \leq w_n < 25$ | $3 < \delta_0 \leq 10$ | III | 融沉 | 富冰冻土 |
| | $w_n \geq 25$ | $10 < \delta_0 \leq 25$ | IV | 强融沉 | 饱冰冻土 |
| 粉细砂 | $w_n < 14$ | $\delta_0 \leq 1$ | I | 不融沉 | 少冰冻土 |
| | $14 \leq w_n < 18$ | $1 < \delta_0 \leq 3$ | II | 弱融沉 | 多冰冻土 |
| | $18 \leq w_n < 28$ | $3 < \delta_0 \leq 10$ | III | 融沉 | 富冰冻土 |
| | $w_n \geq 28$ | $10 < \delta_0 \leq 25$ | IV | 强融沉 | 饱冰冻土 |
| 粉土 | $w_n < 17$ | $\delta_0 \leq 1$ | I | 不融沉 | 少冰冻土 |
| | $17 \leq w_n < 21$ | $1 < \delta_0 \leq 3$ | II | 弱融沉 | 多冰冻土 |
| | $21 \leq w_n < 32$ | $3 < \delta_0 \leq 10$ | III | 融沉 | 富冰冻土 |
| | $w_n \geq 32$ | $10 < \delta_0 \leq 25$ | IV | 强融沉 | 饱冰冻土 |
| 黏性土 | $w_n < w_P$ | $\delta_0 \leq 1$ | I | 不融沉 | 少冰冻土 |
| | $w_P \leq w_n < w_P + 4$ | $1 < \delta_0 \leq 3$ | II | 弱融沉 | 多冰冻土 |
| | $w_P + 4 \leq w_n < w_P + 15$ | $3 < \delta_0 \leq 10$ | III | 融沉 | 富冰冻土 |
| | $w_P + 15 \leq w_n < w_P + 35$ | $10 < \delta_0 \leq 25$ | IV | 强融沉 | 饱冰冻土 |
| 含土冰层 | $w_n \geq w_P + 35$ | $\delta_0 > 25$ | V | 融陷 | 含土冰层 |

注:1. 总含水率 $w_n$,包括冰和未冻水。
2. 盐渍化冻土、冻结泥炭化土、腐殖土、高塑性黏性土不在表列。

**8.2.7** 季节性冻土的冻胀性可按表 8.2.7 划分。

**表 8.2.7 季节性冻土冻胀性划分**

| 土的名称 | 冻前天然含水率 $w$(%) | 冻前地下水位至地表的距离 $h_w$(m) | 平均冻胀率 $\eta$(%) | 冻胀等级 | 冻胀类别 |
|---|---|---|---|---|---|
| 碎石土、砾砂、粗砂、中砂(粉黏粒含量≤15%) | 不考虑 | 不考虑 | $\eta \leq 1$ | I | 不冻胀 |
| 碎石土、砾砂、粗砂、中砂(粉黏粒含量>15%) | $w \leq 12$ | >1.5 | $\eta \leq 1$ | I | 不冻胀 |
| | | ≤1.5 | $1 < \eta \leq 3.5$ | II | 弱冻胀 |
| | $12 < w \leq 18$ | >1.5 | | | |
| | | ≤1.5 | $3.5 < \eta \leq 6$ | III | 冻胀 |
| | $w > 18$ | >1.5 | | | |
| | | ≤1.5 | $6 < \eta \leq 12$ | IV | 强冻胀 |

续上表

| 土 的 名 称 | 冻前天然含水率 $w(\%)$ | 冻前地下水位至地表的距离 $h_w$ (m) | 平均冻胀率 $\eta$ (%) | 冻胀等级 | 冻胀类别 |
|---|---|---|---|---|---|
| 粉砂、细砂 | $w \leq 14$ | $>1.0$ | $\eta \leq 1$ | I | 不冻胀 |
| | | $\leq 1.0$ | $1 < \eta \leq 3.5$ | II | 弱冻胀 |
| | $14 < w \leq 19$ | $>1.0$ | | | |
| | | $1.0 > h_w \geq 0.25$ | $3.5 < \eta \leq 6$ | III | 冻胀 |
| | | $\leq 0.25$ | $6 < \eta \leq 12$ | IV | 强冻胀 |
| | $19 < w \leq 23$ | $>1.0$ | $3.5 < \eta \leq 6$ | III | 冻胀 |
| | | $1.0 > h_w \geq 0.25$ | $6 < \eta \leq 12$ | IV | 强冻胀 |
| | | $\leq 0.25$ | $12 < \eta \leq 18$ | V | 特强冻胀 |
| | $w > 23$ | $>1.0$ | $6 < \eta \leq 12$ | IV | 强冻胀 |
| | | $\leq 1.0$ | $12 < \eta \leq 18$ | V | 特强冻胀 |
| 粉土 | $w \leq 19$ | $>1.5$ | $\eta \leq 1$ | I | 不冻胀 |
| | | $\leq 1.5$ | $1 < \eta \leq 3.5$ | II | 弱冻胀 |
| | $19 < w \leq 22$ | $>1.5$ | | | |
| | | $\leq 1.5$ | $3.5 < \eta \leq 6$ | III | 冻胀 |
| | $22 < w \leq 26$ | $>1.5$ | | | |
| | | $\leq 1.5$ | $6 < \eta \leq 12$ | IV | 强冻胀 |
| | $26 < w \leq 30$ | $>1.5$ | | | |
| | | $\leq 1.5$ | | | |
| | $w > 30$ | 不考虑 | $\eta > 12$ | V | 特强冻胀 |
| 黏性土 | $w \leq w_P + 2$ | $>2.0$ | $\eta \leq 1$ | I | 不冻胀 |
| | | $\leq 2.0$ | $1 < \eta \leq 3.5$ | II | 弱冻胀 |
| | $w_P + 2 < w \leq w_P + 5$ | $>2.0$ | | | |
| | | $2.0 > h_w \geq 1.0$ | $3.5 < \eta \leq 6$ | III | 冻胀 |
| | | $1.0 > h_w \geq 0.5$ | $6 < \eta \leq 12$ | IV | 强冻胀 |
| | | $\leq 0.5$ | $12 < \eta \leq 18$ | V | 特强冻胀 |
| | $w_P + 5 < w \leq w_P + 9$ | $>2.0$ | $3.5 < \eta \leq 6$ | III | 冻胀 |
| | | $2.0 > h_w \geq 0.5$ | $6 < \eta \leq 12$ | IV | 强冻胀 |
| | | $0.5 > h_w \geq 0.25$ | $12 < \eta \leq 18$ | V | 特强冻胀 |
| | | $\leq 0.25$ | $\eta > 18$ | VI | 极强冻胀 |
| | $w_P + 9 < w \leq w_P + 15$ | $>2.0$ | $6 < \eta \leq 12$ | IV | 强冻胀 |
| | | $2.0 > h_w \geq 0.25$ | $12 < \eta \leq 18$ | V | 特强冻胀 |
| | | $\leq 0.25$ | $\eta > 18$ | VI | 极强冻胀 |
| | $w_P + 15 < w \leq w_P + 23$ | $>2.0$ | $12 < \eta \leq 18$ | V | 特强冻胀 |
| | | $\leq 2.0$ | | | |
| | $w > w_P + 23$ | 不考虑 | $\eta > 18$ | VI | 极强冻胀 |

注：1. $w$ 为冻土层内冻前天然含水率的平均值。
2. 盐渍化冻土不在表列。

**8.2.8** 多年冻土地区根据地质条件选线应符合下列规定：

1 路线宜选择在地表干燥、平缓、向阳地带。在积雪地区通过时，应将线位选在积雪轻微的山坡上。

2 沿大河河谷定线，应将路线选择在阶地或大河融区，且应避免在融区附近的边缘地带定线。当路线通过冻土地带时，应以最短距离通过。

3 路线应避免通过不良地质地段。无法避开时，在厚层地下冰及不稳定山坡地段，路线应从地下冰分布较窄、厚度较薄、埋藏较深处通过；在热融滑塌、冰丘、冰锥地段，路线应在其外缘下方以路堤形式通过。

4 路基应采用填方，避免挖方、零断面或低填浅挖断面。

5 在热融湖（塘）地段，应根据最高水位、波浪侵袭高度及路堤填筑后的壅水高度等因素确定路基高度。

6 桥位宜选择在河流融区或少冰冻土地带，避免将桥位选在融区和多年冻土两种不同的地基上。

7 隧道应避免在多年冻土或地下水发育的地层中穿越，进出口的位置应避开热融滑塌、冰锥、冻胀丘、厚层地下冰发育地带和积雪地带。

**8.2.9** 工程地质调绘应符合下列规定：

1 冻土地区工程地质调绘宜与遥感工程地质解译结合，辅以挖探、物探手段，查明第8.2.2条的内容。

2 地貌单元的边界、冻土界线、热融湖塘、热融滑塌、融冻泥流、冻土沼泽、冻胀丘、冰锥等不良地质、构造地热异常区、融区、井泉等地下水露头的位置等应布置调绘点。

3 盐渍化冻土、泥炭化冻土应采取代表性土样，测试其物质成分。

**8.2.10** 工程地质勘探应符合下列规定：

1 多年冻土地区工程地质勘探应采用物探、挖探、钻探等进行综合勘探。勘探测试点的数量和位置应根据地形地质条件、冻土类型及构筑物的设置等确定。

2 查明多年冻土地区不良地质季节性变化特点及最大季节冻结深度的勘探，应在每年的2~5月进行；查明多年冻土上限深度的勘探，应在每年的8~9月进行。

3 多年冻土地区钻探、取样应符合下列规定：

1）勘探采用的钻头应根据岩性、设备能力、孔壁的稳定性、冻土的骨架强度和含冰量等因素综合考虑选用。

2）钻探宜采用无泵干钻法。在钻探过程中，回转钻进的时间不宜过长，回次进尺不宜过多，且应合理匹配钻压和回转速度。

3）季节性冻土层中的取样间距宜为0.5m，在上限附近不应大于0.3m；多年冻土层中取样间距不应大于1.0m。变层时应立即取样。

4）钻探采集的样品应采用专用工具拆卸，运输途中应防止剧烈振动，避免损坏试样。

5）勘探深度应符合下列规定：

（1）多年冻土地区路基的勘探深度不应小于 8m，且不应小于 2~3 倍天然上限；对饱冰冻土或含土冰层，应适当加深；冻土路堑及有地下水的路堑，勘探深度应达路肩设计高程加最大季节融化深度以下 2~3m，当采用黑色路面时，应加深 1~2m。季节性冻土的勘探深度必须大于年最大冻结深度。

（2）桥梁墩台及挡土墙基础，当采用保持冻土原则设计时，勘探深度应至设计的人为上限以下不少于 2.5m，涵洞不应少于 1.0m。当确定人为上限的深度有困难时，大、中桥的勘探深度应大于 3.5 倍天然上限，且不得小于 20m；小桥涵、挡土墙的勘探深度应大于 2 倍天然上限，且不得小于 12m；遇有饱冰冻土或含土冰层时，应酌情加深或钻穿。当采用容许融化原则设计时，勘探深度应达容许融化的人为上限深度以下 1~2m；遇有饱冰冻土或含土冰层时，应酌情加深。

（3）隧道的勘探深度应至洞底设计高程以下不小于 2 倍天然上限；对有地下水发育的隧道，勘探深度应至泄水洞基础底面以下 4~5m。

（4）需进行变形计算的构筑物，勘探深度应按压缩层影响深度确定。

**8.2.11** 工程地质测试应符合下列规定：

1 冻土测试项目可按表 8.2.11 选用。

表 8.2.11 冻土测试项目表

| 测试项目 \ 构筑物类型 | 路 堤 | 挖方边坡 | 桥涵地基 | 隧道围岩 |
|---|---|---|---|---|
| 颗粒分析 | + | + | + | + |
| 总含水率 $w_n$(%) | + | + | + | + |
| 未冻水含量(%) | + | | | |
| 密度 $\rho$(g/cm³) | + | + | + | + |
| 液限 $w_L$(%) | + | + | + | + |
| 塑限 $w_P$(%) | + | + | + | + |
| 体积含冰量 $i$ | + | + | + | + |
| 融化抗剪强度试验 黏聚力 $c$(kPa) | + | + | + | (+) |
| 融化抗剪强度试验 内摩擦角 $\varphi$(°) | + | + | + | (+) |
| 冻胀率 $\eta_f$(%) | + | + | + | (+) |
| 融沉系数 $a_0$ | + | + | + | (+) |
| 融化压缩系数 $a$(MPa⁻¹) | + | (+) | + | (+) |
| 有机质含量(%) | + | (+) | (+) | (+) |
| 盐渍度(%) | + | (+) | | |
| 比热容 | + | (+) | (+) | (+) |
| 导热系数 $\lambda$[W/(m·K)] | + | (+) | (+) | (+) |
| 导温系数 $\alpha$(m²/h) | + | (+) | (+) | (+) |
| 容积热容量 $C$[kJ/(m³·℃)] | + | (+) | (+) | (+) |

注："+"—必做项目；"(+)"—选做项目。

2 宜采集地表水和地下水样,进行水质分析。

3 缺乏地区经验时,多年冻土地基的承载力应通过现场载荷试验确定。

**8.2.12** 多年冻土的融沉类型可按表 8.2.12 在现场进行初步判定。

表 8.2.12 多年冻土融沉类型的现场初步判定

| 冻土分类 | 融沉类型 | 粗粒土 | | 细粒土 | |
|---|---|---|---|---|---|
| | | 冻土状态特征 | 融化过程特征 | 冻土状态特征 | 融化过程特征 |
| 少冰冻土 | 不融沉 | 结构较为紧密,仅在空隙中有冰晶存在 | 融化过程中土的结构没有变化,不发生颗粒重分布现象 | 整体状冻土构造,肉眼看不见冰层,多数小冰晶在放大镜下可见 | 融化过程中土的状态没有发生变化,不发生颗粒重分布现象,没有渗水现象 |
| 多冰冻土 | 弱融沉 | 有较多冰晶充填在空隙中,偶尔可见薄冰层及冰包裹体 | 融化后产生小的密实作用,但结构外形基本保持不变,有明显的渗水现象 | 以整体状冻土构造为主,偶尔可见微冰透镜体或小的粒状冰 | 融化过程中土的结构形态基本保持不变,但有体积缩小现象并有少量渗水 |
| 富冰冻土 | 融沉 | 除空隙被冰充填外,可见冰晶将颗粒包裹,使卵砾石相互隔离或存在较多的土冰透镜体 | 融化过程中发生明显的颗粒重排列(密实),并有大量水分渗出,土表面可见冰层 | 以网状、层状冻土构造为主,冻土中可见分布不均匀的冰透镜体和薄冰层 | 融化过程中发生明显的矿物颗粒重分布(密实)作用,并有较多水分渗出 |
| 饱冰冻土 | 强融沉 | 卵砾石颗粒基本为冰晶所包裹或存在大量的土冰透镜体和冰透镜体 | 融化过程使土的结构破坏,土(石)发生密实作用,最后水土(石)界限分明 | 以网状、层状冻土构造为主,在空间上冰、土普遍相间分布 | 融化中发生崩塌现象,融化后呈流动状态。在容器中融化,最后水土界限分明 |
| 含土冰层 | 强融陷 | 冰体积大于土颗粒体积 | 融化后水土(石)分离,上部可见水层 | 以中厚层状为主,冰体积大于土体积 | 融化后完全呈流动体 |

**8.2.13** 初步勘察应符合下列规定:

1 工程地质调绘应沿拟定的路线及其两侧各宽不小于 200m 的带状范围进行,工程地质调绘的比例尺为 1:2 000。

2 工程地质勘探测试应符合下列规定:

1)勘探测试除应符合第 5 章及第 8.2.10、8.2.11 条的规定外,尚应符合下列规定:

(1)路基勘探:勘探点宜沿路线中线,并结合地貌地质单元及构筑物布置,其平均间距不宜大于 500m;在多年冻土的边缘地带及不良地质发育地段,应加密勘探点。

(2)涵洞勘探:每座涵洞勘探点[钻孔、探坑(井)]数量不宜少于 1 个。

(3)桥梁勘探:应沿拟定桥轴线布置物探断面,结合钻探进行综合勘探。

2)当多年冻土地区的观测资料匮乏,难以满足设计要求时,应根据设计需要进行地温、冻融深度等项目的长期观测工作。

3 冻土初勘应按第 5 章的有关规定提供下列资料：

1）文字说明：应对工点工程地质条件进行说明，对第 8.2.2 条冻土勘察要求查明的内容进行说明，对工程建设场地的适宜性进行分析、评价，提出工程地质建议。

2）图表资料：应对冻土的类型、冻胀类型、冻胀等级、融沉等级、多年冻土的上限深度、季节冻结（或融化）深度等进行图示和说明。

**8.2.14** 详细勘察应符合下列规定：

1 详细勘察应对初勘工程地质调绘资料进行复核。当线位偏离初测线位或地质条件需进一步查明时，应进行补充工程地质调绘，调绘的比例尺为 1∶2 000。

2 详细勘察应充分利用初勘资料，在确定的线位及构筑物位置上进行勘探测试，除符合第 6 章及第 8.2.13 条的规定外，尚应符合下列规定：

1）路基勘探：勘探点宜沿确定的路线中线布置，每公里勘探点的数量不应少于 4 个；多年冻土边缘地带及不良地质条件复杂路段，应采用物探、钻探进行综合勘探。

2）涵洞勘探：每座涵洞勘探点数量不宜少于 2 个，并宜沿涵洞轴线在构筑物的两端布置。

3）桥梁勘探：勘探点应按墩台布置，每个墩台勘探点的数量不得少于 1 个；地质条件复杂时，应适当增加。

4）隧道的进出口应布置勘探钻孔，洞身段勘探点数量应根据地质条件的复杂程度确定。

3 冻土详勘应按第 6 章及第 8.2.13 条的规定提供资料。

## 8.3 膨胀性岩土

**8.3.1** 含有大量亲水矿物，具有吸水显著膨胀、软化，失水急剧收缩、开裂，强度可大幅衰减的岩土应定为膨胀性岩土。

**8.3.2** 膨胀性岩土工程地质勘察应查明下列内容：

1 区域地质、地形地貌，当地气象及水文资料；
2 膨胀性岩土的成因、类型、地质时代、分布范围；
3 膨胀性岩土的裂隙发育密度、产状、形态、充填物及裂面特征；
4 膨胀性岩土的矿物成分、含有物、物理力学性质、膨胀与收缩性质、膨胀等级；
5 膨胀性岩土的风化程度及其分带、大气急剧影响层深度；
6 有无软弱夹层及其厚度和含水状况、膨胀土下伏地层及结构面发育情况；
7 地表水的汇集与排泄条件，地下水的类型、埋深和水位变化幅度及趋势；
8 滑坡、溜塌、地裂等不良地质的分布、规模；
9 既有建筑物的使用情况及当地工程经验。

**8.3.3** 膨胀土应按表8.3.3进行初步判定。

表8.3.3 膨胀土的初判标准

| 项目 | 特征 | 项目 | 特征 |
|---|---|---|---|
| 地层 | 以第四系中、上更新统为主,少量为全新统及新第三系 | 结构 | 结构致密,易风化成碎块状,更细小的呈鳞片状 |
| 地貌 | 地形平缓开阔,具垄岗式地貌,垄岗与沟谷相间,无明显的天然陡坎,自然坡度平缓,坡面沟槽发育 | 裂隙 | 裂隙发育,呈网纹状,裂面光滑,具蜡状光泽,或有擦痕,或有铁锰质薄膜覆盖。常有灰白、灰绿色黏土充填 |
| 颜色 | 以褐黄、棕黄、棕红色为主,间夹灰白、灰绿色条带或薄膜,灰白、灰绿色多呈透镜体或夹层出现 | 崩解性 | 遇水易沿裂隙崩解成碎块状 |
| 黏性 | 土质细腻,手触摸有滑感,旱季呈坚硬状,雨季黏滑,液限大于40% | 不良地质 | 常见浅层溜塌、滑坡、地裂,新开挖的路堑、边坡、基坑易产生坍塌 |
| 含有物 | 含有较多的钙质结核,并有豆状铁锰质结核 | 自由膨胀率 | $F_s \geq 40\%$ |

**8.3.4** 膨胀土应按表8.3.4进行分级。

表8.3.4 膨胀土分级

| 级别<br>分级指标 | 非膨胀土 | 弱膨胀土 | 中等膨胀土 | 强膨胀土 |
|---|---|---|---|---|
| 自由膨胀率 $F_s$(%) | $F_s < 40$ | $40 \leq F_s < 60$ | $60 \leq F_s < 90$ | $F_s \geq 90$ |
| 塑性指数 $I_P$ | $I_P < 15$ | $15 \leq I_P < 28$ | $28 \leq I_P < 40$ | $I_P \geq 40$ |
| 标准吸湿含水率 $w_f$(%) | $w_f < 2.5$ | $2.5 \leq w_f < 4.8$ | $4.8 \leq w_f < 6.8$ | $w_f \geq 6.8$ |

注:标准吸湿含水率指在标准温度下(通常为25℃)和标准相对湿度下(通常为60%),膨胀土试样恒重后的含水率。

**8.3.5** 膨胀岩应按表8.3.5-1和表8.3.5-2进行综合判定。

表8.3.5-1 膨胀岩的野外地质特征

| 地貌 | 一般为波状起伏的低缓丘陵,相对高度20~30m,丘顶多浑圆,坡面圆顺,山坡坡度缓于40°,岗丘之间多为宽阔的U形谷地;当具有砂岩夹层时,常形成陡坎 |
|---|---|
| 地质年代 | 以石炭系、二叠系、三叠系、侏罗系、白垩系和第三系地层为主 |
| 岩性 | 主要为灰白、灰绿、灰黄、紫红和灰色的泥岩、泥质粉砂岩、页岩、风化的泥灰岩、风化的基性岩浆岩、蒙脱石化的凝灰岩以及含硬石膏、芒硝的岩石等。岩石由细颗粒组成,遇水时多有滑腻感 |
| 结构构造 | 岩层多为薄层和中、厚层状,裂隙发育,裂隙多为灰白、灰绿等富含蒙脱石的物质充填 |
| 风化情况 | 风化裂隙多沿构造面、层理面进一步发展,使已被结构面切割的岩块更加破碎;地表岩石风化后呈碎块状或含碎屑的土状,剥离现象明显;天然含水状态的岩石在暴晒时多沿层理方向产生微裂隙;干燥的岩块泡水后易崩解成碎块、碎片和土状 |

表 8.3.5-2 膨胀岩室内试验判定指标

| 试验项目 | | 判定指标 |
|---|---|---|
| 自由膨胀率 $F_s$（%） | 不易崩解岩石 | $F_s \geqslant 3$ |
| | 易崩解的岩石 | $F_s \geqslant 30$ |
| 膨胀力 $P_p$（kPa） | | $P_p \geqslant 100$ |
| 饱和吸水率 $w_{sr}$（%） | | $w_{sr} \geqslant 10$ |

注：1. 对于不易崩解的岩石，应取轴向或径向自由膨胀率的大值进行判定。
　　2. 对于易崩解岩石应将其粉碎，过 0.5mm 的筛，去除粗颗粒后，比照土的自由膨胀率试验方法进行试验。
　　3. 当有 2 项及以上符合表中所列指标时，在室内可判定为膨胀岩。

**8.3.6** 膨胀土勘察除应符合本规范的规定外，尚应符合现行《膨胀土地区建筑技术规范》（GBJ 112）的规定。

**8.3.7** 膨胀性岩土地区根据地质条件选线应符合下列规定：

1　路线应选择地形平缓、坡面完整、植被良好的地带通过，避免平行坡面或沿山前斜坡地带布线，并宜垂直垄岗轴线。

2　路线应以浅挖、低填的方式通过。

3　路线应避开中、强膨胀土地带。必须通过时，应避开土层结构复杂或有软弱夹层发育的地带，并以最短距离通过。

4　路线应避开裂隙发育、地表冲蚀严重或有滑坡、溜塌、地裂等不良地质发育的地段。

5　路线应远离地表水体或地下水发育的膨胀性岩土地段。

**8.3.8** 工程地质调绘应符合下列规定：

1　膨胀性岩土地区工程地质调绘应与路线及构筑物的设置相结合，辅以必要的挖探和测试手段进行，查明第 8.3.2 条的内容。

2　地层界线、膨胀性岩土露头、滑坡、溜塌、地裂、垄岗、沟谷、人工开挖边坡和陡坎等部位应布置工程地质调绘点。

3　应选择代表性路段布置挖探点，取样测试膨胀性岩土的含水状况和膨胀性，调查膨胀性岩土的风化和裂隙发育情况及大气影响深度。

**8.3.9** 工程地质勘探应符合下列规定：

1　膨胀土地区工程地质勘探宜采用挖探、钻探辅以必要的物探手段相结合的综合勘探方法进行。勘探工作量应在工程地质调绘的基础上，结合现场地形地质条件和构筑物的设置确定。

2　膨胀土地区的勘探深度应符合以下规定：

1）路基及构筑物的浅基础，勘探深度应大于大气影响层深度。当膨胀土的厚度较薄时,钻孔或探井的深度应穿过膨胀土至下伏非膨胀土地层;膨胀土厚度较大时,填方路基的勘探深度应达设计高程以下 5～8m,挖方路基,应达设计高程以下不小于 8m。

  2) 隧道勘探深度应至路线设计高程以下不小于 8m。

  3) 桥梁桩基础勘探深度应至桩端以下不小于 5m。

  3 膨胀土(岩)原状样应从地面以下 1m 开始采取。在大气影响层深度范围内,取样间距为 1.0m;在大气影响层深度以下,取样间距不宜大于 2.0m。

  4 在探坑或钻孔中采集原状样,应采取边进尺边取土的方法,采集的原状样应密封,避免湿度变化和扰动,并尽快试验。

**8.3.10** 膨胀性岩土地区的工程地质测试,应根据地层条件、构筑物的类型等选择原位测试和室内试验方法,并符合下列规定:

  1 室内测试项目可按表 8.3.10 选用。

表 8.3.10 膨胀土室内测试项目

| 测试项目 | | 路堤、路堑 | 桥涵地基 | 隧道围岩 |
|---|---|---|---|---|
| 颗粒分析 | | + | + | + |
| 天然含水率 $w(\%)$ | | + | + | + |
| 密度 $\rho(g/cm^3)$ | | + | + | + |
| 液限 $w_L(\%)$ | | + | + | + |
| 塑限 $w_P(\%)$ | | + | + | + |
| 剪切试验 | 黏聚力 $c(kPa)$ | + | (+) | + |
| | 内摩擦角 $\varphi(°)$ | | | |
| 压缩系数 $a(MPa^{-1})$ | | + | + | (+) |
| 自由膨胀率 $F_s(\%)$ | | + | | + |
| 膨胀率(%) | | | | |
| 收缩系数(%) | | | | |
| 膨胀力(kPa) | | + | | + |
| 无侧限抗压强度 $q_u(kPa)$ | | (+) | (+) | (+) |
| 矿物成分 | | (+) | (+) | (+) |
| 标准吸湿含水率 $w_f(\%)$ | | + | + | (+) |

注:"+"-必做项目;"(+)"-选做项目。

  2 对路堑边坡的深层破坏应做峰值抗剪强度试验和残余抗剪强度试验,浅层破坏宜做无侧限抗压强度试验,用作填料的膨胀土宜做浸水抗剪强度试验。

  3 缺乏地区经验时,膨胀性岩土地基的承载力宜采用现场载荷试验确定。

  4 膨胀岩地段隧道工程,宜采取代表性膨胀岩试样做自由膨胀率、干燥饱和吸水率、崩解性和单轴抗压强度试验。

**8.3.11** 初步勘察应符合下列规定:

1　工程地质调绘应沿拟定的路线及其两侧各宽200m的带状范围进行,工程地质调绘的比例尺为1:2 000。

2　工程地质勘探测试除应符合第5章及第8.3.9、8.3.10条的规定外,尚应符合下列规定:

1)路基勘探:勘探点应沿拟定的路线中线布置,平均间距不宜大于200m,做代表性勘探;陡坡路堤、填土高度大于10m的路堤或挖方深度大于10m的路堑应选择代表性位置布置横向勘探断面,每条勘探断面勘探点的数量不宜少于2个。

2)涵洞、通道勘探:地层单一、弱膨胀性土分布路段,可做代表性勘探;地层结构复杂、膨胀性中等及以上的膨胀性岩土地段,每座涵洞、通道勘探点的数量不宜少于1个。

3)桥梁、隧道勘探:地质条件简单的弱膨胀性土路段,小桥、短隧道的勘探点数量不宜少于1个;地层结构复杂,膨胀性中等及以上膨胀性岩土路段,其勘探点数量不宜少于2个,其他桥梁及隧道,应按工程地质条件较复杂或复杂场地进行工程地质勘探。

3　膨胀性岩土初勘应按第5章的规定提供下列资料:

1)文字说明:应对路线及构筑物场地的工程地质条件进行说明,对第8.3.2条膨胀性岩土勘察要求查明的内容进行阐述,分析、评价工程建设场地的适宜性,提出工程地质建议。

2)图表资料:应对膨胀性岩土的类型、收缩和膨胀特性、膨胀等级、膨胀土的含水率随深度的变化情况等进行图示和说明。

**8.3.12**　详细勘察应符合下列规定:

1　详细勘察工程地质调绘应对初勘工程地质调绘资料进行复核。当线位偏离初测线位或地质条件需进一步查明时,应进行补充工程地质调绘,调绘的比例尺为1:2 000。

2　详细勘察应充分利用初勘资料,在确定的线位和构筑物位置上进行,除符合第6章及第8.3.11条的规定外,尚应符合下列规定:

1)路基勘探:每段填、挖路基勘探点的数量不宜少于1个;陡坡路堤及填挖高度大于10m的路堤或路堑,应布置横向勘探断面,每条勘探断面上的钻孔或探坑数量不宜少于2个。

2)涵洞、通道勘探:弱膨胀土路段,每座涵洞、通道勘探点的数量不宜少于1个;中等及以上膨胀性土路段,勘探点的数量不宜少于2个。

3)桥梁、隧道勘探:弱膨胀性土路段,每座小桥、短隧道的钻孔或挖探点数量不宜少于1个,中桥、大桥可隔墩布置钻孔;中等及以上膨胀性岩土路段,应按工程地质条件较复杂或复杂场地布置勘探点。

3　详细勘察应按第6章及第8.3.11条的规定提供资料。

## 8.4　盐渍土

**8.4.1**　地表以下1m深度范围内的土层,当其易溶盐的平均含量大于0.3%,具有融陷、盐胀等特性时,应判定为盐渍土。

**8.4.2** 盐渍土地区工程地质勘察应查明下列内容:
1 地貌类型、地表形态特征、植被发育情况、当地气象条件;
2 盐渍土的成因、类型、分布范围、厚度、形成条件及其发育规律;
3 地表物质组成、土质、地表积盐特征及发育规律;
4 盐渍土的物理、力学、化学、水理性质和承载力;
5 盐渍土的盐胀性、溶陷性和溶陷等级,盐渍土对筑路材料的腐蚀性;
6 土层最大冻结深度(或有害冻胀深度)和蒸发强烈影响深度;
7 地表水的类型、分布、水位及变化幅度;
8 地下水的类型、埋深、水质,补给、排泄、径流条件,及冻前最高水位和常年最高水位;
9 既有公路和其他建筑物的使用情况及病害整治措施。

**8.4.3** 根据含盐化学成分,盐渍土应按表8.4.3进行分类。

表8.4.3 盐渍土按含盐化学成分分类

| 盐渍土名称 | 离子含量比值 | |
|---|---|---|
| | $Cl^-/SO_4^{2-}$ | $CO_3^{2-}+HCO_3^-/Cl^-+SO_4^{2-}$ |
| 氯盐渍土 | >2 | — |
| 亚氯盐渍土 | 1~2 | — |
| 亚硫酸盐渍土 | 0.3~1.0 | — |
| 硫酸盐渍土 | <0.3 | — |
| 碱性盐渍土 | — | >0.3 |

注:离子含量以1kg土中离子的毫摩尔数计(mmol/kg)。

**8.4.4** 根据含盐量,盐渍土应按表8.4.4进行分类。

表8.4.4 盐渍土按含盐量分类

| 盐渍土名称 | 细粒土土层的平均含盐量（以质量的百分数计） | | 粗粒土通过10mm筛孔土的平均含盐量（以质量的百分数计） | |
|---|---|---|---|---|
| | 氯盐渍土、亚氯盐渍土 | 硫酸盐渍土、亚硫酸盐渍土 | 氯盐渍土、亚氯盐渍土 | 硫酸盐渍土、亚硫酸盐渍土 |
| 弱盐渍土 | 0.3~1.0 | 0.3~0.5 | 2.0~5.0 | 0.5~1.5 |
| 中盐渍土 | 1.0~5.0 | 0.5~2.0 | 5.0~8.0 | 1.5~3.0 |
| 强盐渍土 | 5.0~8.0 | 2.0~5.0 | 8.0~10.0 | 3.0~6.0 |
| 过盐渍土 | >8.0 | >5.0 | >10.0 | >6.0 |

注:离子含量以100g干土内的含盐总量计。

**8.4.5** 盐渍土地区根据地质条件选线应符合下列规定:

1 路线应避开盐渍土强烈发育地带。无法避开时,应选择在地表排水条件好、地势较高、土中含盐程度较低的部位,以最短距离通过。

2 路线应避开低洼潮湿、水质矿化度高的盐沼地带。

3 路线应以路堤形式通过,避免挖方,并结合地表积水情况、地下水位埋深、填土毛细水作用高度、冻胀深度以及公路等级等因素合理确定路堤最小填土高度。

**8.4.6** 工程地质调绘应符合下列规定:

1 盐渍土地区工程地质调绘应与路线及构筑物的设置相结合,查明第8.4.2条的内容。

2 地层界线、盐霜、盐壳、龟裂土、蓬松土等发育地带,井、泉、湿地等出露部位,受盐渍土化学腐蚀破坏的建筑物等应布置工程地质调绘点。

3 宜结合遥感工程地质解译、简易勘探等进行工程地质调绘。

**8.4.7** 工程地质勘探应符合下列规定:

1 盐渍土地区工程地质勘探应采用挖探、钻探、物探等进行综合勘探。勘探点的数量和位置应根据现场地质条件、盐渍土发育特点及构筑物的类型、规模等确定。

2 路基工程的勘探深度不应小于3m,并应有一定数量的勘探点控制公路沿线地下水的分布情况;料场的勘探深度应不小于料场的开挖深度;桥隧等构筑物的勘探深度应符合本规范的有关规定。

3 盐渍土取样应自地表往下逐段连续采集,深度分别为:0~0.05m,0.05~0.25m,0.25~0.50m,0.50~0.75m,0.75~1.00m。当地下水位的深度小于1.00m时,取样深度应达地下水位;当地下水位的深度大于1.00m时,应加大取样深度至地下水位,1.00m以下的取样间距可按0.50m控制。

**8.4.8** 盐渍土地区工程地质测试,应根据地层条件、构筑物的类型等选择室内试验和原位测试方法,并符合下列规定:

1 室内测试项目可按表8.4.8选用。

表8.4.8 盐渍土室内测试项目表

| 测 试 项 目 | 路堤 | 桥涵 | 测 试 项 目 | 路堤 | 桥涵 |
|---|---|---|---|---|---|
| 颗粒分析(%) | + | + | 膨胀力(kPa) | (+) | (+) |
| 天然含水率$w$(%) | + | + | 渗透系数$k$(s/cm) | + | + |
| 密度$\rho$(g/cm³) | + | + | 毛细水上升高度$h$(cm) | + | + |
| 液限$w_L$(%) | + | + | 易溶盐含量DT(%) | + | + |
| 塑限$w_P$(%) | + | + | 有机质含量(%) | + | + |
| 压缩系数$a_{0.1-0.2}$(MPa$^{-1}$) | (+) | (+) | 溶陷系数$\delta$ | + | + |
| 膨胀率(%) | (+) | (+) | 水质分析 | + | + |

注:"+"-必做项目;"(+)"-选做项目。

2 宜选择在最潮湿的季节取样测定含水率,在最干旱的季节测定含盐量。
3 宜选择代表性路段做载荷试验、静力触探、扁铲侧胀试验。

**8.4.9** 盐渍土的工程地质评价应符合下列规定:
1 易溶盐平均含盐量$\overline{DT}$,应按式(8.4.9-1)计算:

$$\overline{DT} = \frac{\sum_{i=1}^{n} h_i DT_i}{\sum_{i=1}^{n} h_i} \qquad (8.4.9\text{-}1)$$

式中:$DT_i$——第 $i$ 层土的含盐量(%);
　　　$h_i$——第 $i$ 层土的厚度(cm);
　　　$n$——分层取样的层数。

2 盐渍土地基分级溶陷量 $\Delta$,应按式(8.4.9-2)计算:

$$\Delta = \sum_{i=1}^{n} \delta_i h_i \qquad (8.4.9\text{-}2)$$

式中:$\delta_i$——第 $i$ 层土的溶陷系数(%);
　　　$h_i$——第 $i$ 层土的厚度(cm);
　　　$n$——基础底面(初勘自地面下 1.5m 算起)以下至 10m 深度范围内全部溶陷性盐渍土层数。

3 盐渍土的溶陷等级应按表8.4.9-1划分。

表8.4.9-1 盐渍土的溶陷等级

| 溶陷等级 | Ⅰ | Ⅱ | Ⅲ |
|---|---|---|---|
| 分级溶陷量 $\Delta$(cm) | 7 < $\Delta$ ≤ 15 | 15 < $\Delta$ ≤ 40 | $\Delta$ > 40 |

4 当盐渍土用作路堤填料时,应按表8.4.9-2确定。

表8.4.9-2 盐渍土作路基填料的可用性

| 公路等级 | 高速公路、一级公路 | | 二级公路 | | 三、四级公路 | |
|---|---|---|---|---|---|---|
| 填料的盐渍化程度 | 0~0.8m | 0.80~1.50m | 1.50m 以下 | 0~0.8m | 0.80~1.50m | 1.50m 以下 | 0~0.8m | 0.80~1.50m |
| 粗粒土 弱盐渍土 | × | ○ | ○ | $\Delta^1$ | ○ | ○ | ○ | ○ |
| 粗粒土 中盐渍土 | × | × | ○ | $\Delta^1$ | ○ | ○ | $\Delta^3$ | ○ |
| 粗粒土 强盐渍土 | × | × | $\Delta^1$ | × | $\Delta^2$ | $\Delta^3$ | × | $\Delta^1$ |
| 粗粒土 过盐渍土 | × | × | × | × | × | $\Delta^2$ | × | $\Delta^2$ |
| 细粒土 弱盐渍土 | × | $\Delta^1$ | ○ | $\Delta^1$ | ○ | ○ | $\Delta^1$ | ○ |
| 细粒土 中盐渍土 | × | × | $\Delta^1$ | $\Delta^1$ | ○ | ○ | × | $\Delta^4$ |
| 细粒土 强盐渍土 | × | × | × | × | × | $\Delta^2$ | × | $\Delta^2$ |
| 细粒土 过盐渍土 | × | × | × | × | × | $\Delta^2$ | × | × |

注:○-可用;$\Delta^1$-氯盐渍土及亚氯盐渍土可用;$\Delta^2$-强烈干旱地区的氯盐渍土及亚氯盐渍土经过论证可用;$\Delta^3$-粉土质(砂)、黏土质(砂)不可用;$\Delta^4$-水文地质条件差时的硫酸盐渍土及亚硫酸盐渍土不可用;×-不可用。

5 缺乏地区经验时,盐渍土的地基承载力宜采用载荷试验方法确定。

**8.4.10** 初步勘察应符合下列规定:

1 工程地质调绘应沿拟定的路线及其两侧各宽200m的带状范围进行,工程地质调绘的比例尺为1:2 000。

2 勘探测试除应符合第5章及第8.4.7、8.4.8条的规定外,尚应符合下列要求:

1)路基勘探:勘探点应沿拟定的路线中线布置,平均间距不宜大于500m。盐渍土发育路段,应选择代表性位置布置勘探横断面,每条勘探横断面上勘探点的数量不宜少于2个。

2)涵洞、通道勘探:地层单一,地形简单时,可做代表性勘探;地层变化大,地形复杂时,每座涵洞、通道勘探点的数量不宜少于1个。

3)桥梁、隧道勘探:勘探点的布置应符合第5章的规定。

3 初步勘察应按第5章的规定提供下列资料:

1)文字说明:应对路线及构筑物场地的工程地质条件进行说明,对第8.4.2条要求查明的内容进行阐述,分析、评价工程建设场地的适宜性,提出工程地质建议。

2)图表资料:应对盐渍土的类型、盐渍化程度、溶陷性和溶陷等级等进行图示和说明。

**8.4.11** 详细勘察应符合下列规定:

1 详细勘察应对初勘工程地质调绘资料进行复核。当线位偏离初测线位或地质条件需进一步查明时,应进行补充工程地质调绘,调绘的比例尺为1:2 000。

2 详细勘察应充分利用初勘资料,在确定的路线及构筑物位置上进行。除应符合第6章及第8.3.10条的规定外,尚应符合下列规定:

1)路基勘探:勘探点应沿路线中线布置,其间距不宜大于200m,每段填、挖路基勘探点的数量不得少于1个;地形地质条件变化较大的路段,应做横断面勘探,每条勘探断面上勘探点的数量不应少于2个。

2)涵洞、通道勘探:每座涵洞、通道勘探点的数量不宜少于1个;地质条件复杂时,应沿涵洞、通道轴线布置勘探断面,每条勘探横断面上勘探点的数量不宜少于2个。

3)桥梁、隧道勘探:应按工程地质条件较复杂、复杂场地布置勘探测试点。

3 详细勘察应按第6章及第8.4.10条的规定提供资料。

## 8.5 软土

**8.5.1** 在静水或缓慢流水环境中沉积,具有以下工程地质特性的土,应判定为软土:

天然含水率 $w$　　　　　　　　$\geqslant w_L$

天然孔隙比 $e$　　　　　　　　$\geqslant 1.0$

压缩系数 $a_{0.1-0.2}$　　　　　　$>0.5\text{MPa}^{-1}$

标准贯入试验锤击数 $N$      <3 击
静力触探比贯入阻力 $p_s$     ≤750kPa
十字板抗剪强度 $C_u$      <35kPa

具有以上多数特性，呈软塑～流塑状，具有压缩性高、强度低、透水性差、灵敏度高等特点的黏性土，宜按软土进行工程地质勘察。

**8.5.2** 软土工程地质勘察应查明下列内容：
1 地形地貌的成因、类型、分布和形态特征；
2 软土的成因、地质年代、分布范围、埋藏深度、地层结构、分层厚度；
3 软土下卧硬层的起伏形态和横向坡度、地表硬壳层的分布范围及厚度；
4 软土地层中的砂类土夹层或透镜体的分布范围、厚度、渗透性、密实程度；
5 软土的物理、力学、水理性质和地基的承载力；
6 古牛轭湖、埋藏谷，暗埋的塘、浜、沟、渠等的发育与分布情况；
7 地下水的类型、埋深、水位变化情况、水质及腐蚀性；
8 地震动峰值加速度大于或等于 $0.1g$ 的地区，软土产生震陷的可能性；
9 当地既有建筑物软土地基处治措施和经验等。

**8.5.3** 根据天然孔隙比和有机质含量，软土可按表 8.5.3 进行分类。

表 8.5.3 软土按天然孔隙比和有机质含量分类

| 指标 \ 土类 | 淤泥质土 | 淤泥 | 泥炭质土 | 泥炭 |
|---|---|---|---|---|
| 天然孔隙比 $e$ | $1.0 \leq e \leq 1.5$ | $e > 1.5$ | $e > 3$ | $e > 10$ |
| 有机质含量（%） | 3~10 | 3~10 | 10~60 | >60 |

**8.5.4** 根据成因类型，软土可按表 8.5.4 进行分类。

表 8.5.4 软土按成因类型分类

| 类 型 | | 特 征 |
|---|---|---|
| 海洋沿岸沉积 | 潟湖相沉积 | 颗粒细，孔隙比大，强度低，常夹有薄层泥炭 |
| | 溺谷相沉积 | 孔隙比大，结构疏松，含水率高，分布范围窄 |
| | 滨海相沉积 | 面积广，厚度大，夹有粉砂透镜体，孔隙比大 |
| | 三角洲相沉积 | 分选差，夹粉砂薄层，具交错层理，结构疏松 |
| 内陆湖盆沉积 | 湖相沉积 | 粉土颗粒成分高，层理均匀清晰，表层多具贝壳 |
| | 丘陵谷地相沉积 | 沿沟谷呈带状分布，沟口和谷中心深，靠山边浅 |
| 河滩沉积 | 河漫滩相沉积 | 成层情况较不均一，以淤泥和软黏土为主，含中、细砂交错层，呈透镜体分布 |
| | 牛轭湖相沉积 | |

**8.5.5** 软土地区根据地质条件选线应符合下列原则：

1 路线应避开软土分布广、厚度大、处治困难的地带。无法避开时，应选择软土厚度较小、下卧硬层横坡较缓的地带以最短的距离通过。

2 在平原区选线，路线宜远离湖塘，避免近距离平行河流、水渠等布线；应避开古牛轭湖、古湖盆等有软土分布的地带，避免从其中部通过。

3 在丘陵和山间谷地选线，路线宜选择在地势较高、硬壳层较厚的地带，避开有软土分布的沟谷、洼地或下卧硬层横坡较陡的地带。

4 软土地区的路堤高度宜控制在设计临界高度以内。

5 桥位选择应避开软土厚度大、土层结构复杂、岸坡稳定存在隐患的部位。

**8.5.6** 工程地质调绘应符合下列规定：

1 工程地质调绘应与路线及构筑物的设置结合，查明第8.5.2条的内容。

2 地貌单元的边界、河流阶地、山间盆地、山间沟谷地段等应布置调绘点。

3 可能有软土发育的沟谷及低洼地带，应辅以简易勘探手段进行工程地质调绘。

**8.5.7** 工程地质勘探应符合下列规定：

1 软土地区的工程地质勘探应采用简易勘探、挖探、钻探、静力触探等手段进行综合勘探。勘探测试点的数量和位置应根据地层条件、软土发育特点以及构筑物的类型、规模等确定。

2 勘探深度应符合下列规定：

1）路基及构筑物的浅基础，当软土厚度较薄时，勘探深度应穿过软土层至下卧硬层内3~5m；软土厚度较大时，勘探深度应不小于地基压缩层的计算深度或达到地基附加应力与地基土自重应力比为0.10~0.15时所对应的深度。

2）桥梁深基础的勘探深度应达桩端或持力层以下5~8m。

3 钻探、取样应符合下列规定：

1）在软土地层中采样，应严格控制钻探回次进尺，严禁扰动或改变试验样品的土体结构及含水状态。

2）取样前应清除孔内残留岩芯，并保持孔壁稳定。

3）软土取样应使用专用薄壁取土器，取土器长度不宜小于50cm，采用压入法或重锤少击法取样。

4）取土时，取土器的入土深度，严禁大于取土器的有效深度。

5）软土层的取样间距，在0~10m的深度范围内，每1.0~1.5m应取样1件(组)；10m以下，每1.5~2.0m应取样1件(组)，变层应立即取样。

**8.5.8** 软土地区工程地质测试，应根据地层条件、构筑物的类型等选择室内测试项目和原位测试方法，并符合下列规定：

1 室内测试项目可按表8.5.8选用。

表 8.5.8 软土室内测试项目表

| 测试项目 | | 构筑物类型 路 基 | 桥涵、隧道 | 备 注 |
|---|---|---|---|---|
| 颗粒分析 | | (＋) | (＋) | |
| 天然含水率 $w$(%) | | ＋ | ＋ | |
| 密度 $\rho$(g/cm³) | | ＋ | ＋ | |
| 土粒相对密度 | | (＋) | (＋) | 按土类选做 |
| 液限 $w_L$(%) | | ＋ | ＋ | |
| 塑限 $w_P$(%) | | ＋ | ＋ | |
| 有机质含量(%) | | (＋) | ＋ | 按土层选做 |
| 酸碱度 pH | | (＋) | | 选代表样做 |
| 易溶盐含量(%) | | ＋ | (＋) | 盐渍化软土选做 |
| 压缩系数 $a$(MPa⁻¹) | | ＋ | (＋) | |
| 固结系数 | 垂直 $C_v$(cm²/s) | ＋ | (＋) | |
| | 水平 $C_h$(cm²/s) | | (＋) | |
| 前期固结压力 $P_c$(kPa) | | ＋ | (＋) | 按土层选做 |
| 渗透系数 | 垂直 $k_v$(cm/s) | ＋ | (＋) | |
| | 水平 $k_h$(cm/s) | ＋ | | |
| 直接快剪 | 黏聚力 $c_q$(kPa) | ＋ | ＋ | |
| | 内摩擦角 $\varphi_q$(°) | ＋ | ＋ | |
| 固结快剪 | 黏聚力 $c_g$(kPa) | ＋ | ＋ | |
| | 内摩擦角 $\varphi_g$(°) | ＋ | ＋ | |
| 三轴剪切试验 | 不固结不排水 黏聚力 $c_{uu}$(kPa) | ＋ | ＋ | 按路段和土层选做 |
| | 不固结不排水 内摩擦角 $\varphi_{uu}$(°) | ＋ | ＋ | |
| | 固结不排水 黏聚力 $c_{cu}$(kPa) | ＋ | | |
| | 固结不排水 内摩擦角 $\varphi_{cu}$(°) | ＋ | | |
| | 固结排水 黏聚力 $c'_{cu}$(kPa) | ＋ | | |
| | 固结排水 内摩擦角 $\varphi'_{cu}$(°) | ＋ | | |
| 无侧限抗压强度 $q_u$(kPa) | | ＋ | ＋ | |

注:"＋"-必做项目;"(＋)"-选做项目。

2 软土力学试验的加荷级别、试验的边界条件等,应与工程场地的环境条件相适应,并结合施工运营期的实际情况确定。

3 软土地区工程地质测试宜采用静力触探、标准贯入试验、十字板剪切试验、扁铲侧胀试验等原位测试方法。

**8.5.9** 初步勘察应符合下列规定：

1 工程地质调绘应沿拟定的路线及其两侧各宽200m的带状范围进行，工程地质调绘的比例尺为1∶2 000。

2 勘探测试除应符合第5章及第8.5.7、8.5.8条的规定外，尚应符合下列规定：

1）路基勘探：勘探测试点应沿路线中线布置，平均间距可按表8.5.9-1和表8.5.9-2选用。当软土厚度大、分布复杂时，应结合填土路基设计，分段布置横向勘探断面，并与静力触探、十字板剪切试验等原位测试结合进行综合勘探。

表8.5.9-1 初勘钻探点控制间距

| 场地类别 | 公路等级 | 钻探点间距(m) |
|---|---|---|
| 简单场地 | 二级及二级以上 | 1 000～700 |
| | 二级以下 | 1 500～1 000 |
| 复杂场地 | 二级及二级以上 | 700～500 |
| | 二级以下 | 1 000～700 |

注：表列数据为平均间距，勘探点应结合路线上的软土发育特点布置。

表8.5.9-2 初勘静力触探点控制间距

| 场地类别 | 公路等级 | 每公里点数 |
|---|---|---|
| 简单场地 | 二级及二级以上 | 3～4 |
| | 二级以下 | 2 |
| 复杂场地 | 二级及二级以上 | 3～5 |
| | 二级以下 | 3 |

注：表列数据为平均点数，测试点应结合路线上的软土发育特点布置。

2）桥梁勘探：与路堤衔接的桥台部位宜布置勘探测试点进行勘察。

3 初步勘察应按第5章的规定提供下列资料：

1）文字说明：应对路线及构筑物场地的工程地质条件进行阐述，对第8.5.2条软土勘察要求查明的内容进行说明，分析、评价工程建设场地的适宜性，提出工程地质建议。

2）图表资料：应对软土的类型、分布、工程地质性质等进行图示和说明。

**8.5.10** 详细勘察应符合下列规定：

1 详细勘察应对初勘工程地质调绘资料进行复核。当线位偏离初测线位或地质条件需进一步查明时，应进行补充工程地质调绘，调绘的比例尺为1∶2 000。

2 详细勘察应充分利用初勘资料，在确定的路线及构筑物位置上进行，除应符合第6章及第8.5.9条的规定外，尚应符合下列规定：

1）路基勘探：勘探测试点应沿路线中线布置，平均间距可按表8.5.10-1和表8.5.10-2选用。软土分布复杂路段，应结合软土路基处治工程设计，分段布置横向勘探断面，并与静力触探、十字板剪切试验等结合进行综合勘探。

表 8.5.10-1　详勘钻探点控制间距

| 场地类别 | 公路等级 | 钻探点间距(m) |
|---|---|---|
| 简单场地 | 二级及二级以上 | 500~700 |
|  | 二级以下 | 700~1 000 |
| 复杂场地 | 二级及二级以上 | 300~500 |
|  | 二级以下 | 500~1 000 |

注：表列数据为平均间距，勘探点应结合路基填土高度及软土发育特点布置。

表 8.5.10-2　详勘静力触探点控制间距

| 场地类别 | 公路等级 | 每公里点数 |
|---|---|---|
| 简单场地 | 二级及二级以上 | 3~4 |
|  | 二级以下 | 2~3 |
| 复杂场地 | 二级及二级以上 | 4~6 |
|  | 二级以下 | 3~4 |

注：表列数据为平均点数，测试点应结合路基填土高度及软土发育特点布置。

　　2）桥梁勘探：宜按墩台布置勘探钻孔，探明地基地质条件。
　3　详细勘察应按第6章及第8.5.9条的规定提供资料。

## 8.6　花岗岩残积土

**8.6.1**　花岗岩风化后残留在原地的第四纪松散堆积物，应定名为花岗岩残积土。

**8.6.2**　花岗岩残积土地区工程地质勘察应查明下列内容：
　1　地形地貌、地层岩性、地质构造；
　2　花岗岩残积土的分布、厚度、物质组成、土质类型；
　3　地层结构、软弱夹层及球状风化体（孤石）的发育情况；
　4　岩土的物理力学性质和地基的承载力；
　5　下伏基岩的岩性、岩石的破碎程度、风化壳的厚度及其发育情况；
　6　地下水的类型、埋深、水位变化幅度和水质；
　7　不良地质的类型、规模、分布及其对路线的影响和避开的可能性。

**8.6.3**　根据颗粒组成，花岗岩残积土可按表8.6.3进行分类。

表 8.6.3　花岗岩残积土分类

| 土　名 | 砾质黏性土 | 砂质黏性土 | 黏性土 |
|---|---|---|---|
| 土中大于2mm的颗粒含量(%) | ≥20 | <20 | 不含 |

**8.6.4**　花岗岩残积土地区根据地质条件选线应符合下列规定：

1 路线宜避开花岗岩球状风化体发育的斜坡地带。

2 路线宜避开地层结构复杂、上方汇水区域较大的斜坡地带。无法避开时,应减少边坡开挖工程量,避免高边坡。

**8.6.5** 工程地质调绘应符合下列规定:

1 花岗岩残积土地区工程地质调绘应与路线及构筑物的设置相结合,查明第8.6.2条的内容。

2 地貌单元的边界、地层接触线、基岩露头、花岗岩残积土发育地带、地下水出露点、滑坡及坍塌等不良地质的发育部位,应布置工程地质调绘点。

**8.6.6** 工程地质勘探应符合下列规定:

1 应采用挖探、钻探、物探、原位测试等进行综合勘探。勘探测试点的数量和位置,应根据现场地形地质条件及构筑物的类型、规模等确定。

2 勘探深度应符合下列规定:

1)路基和构筑物的浅基础,勘探深度应至基底以下不小于5m;

2)桥梁桩基础的勘探深度应至桩端以下不小于5m。

3 勘探、取样应符合下列规定:

1)采用钻探方法取样时,取样前应清除孔内残留岩芯,并保持孔壁稳定。

2)取土器的入土深度,严禁大于取土器的有效深度。

3)取样竖向间距不宜不大于2m,变层应立即取样,取样后应随即做标准贯入试验。

**8.6.7** 花岗岩残积土地区工程地质测试,应根据地层条件、构筑物的类型等选择试验项目和原位测试方法,并应符合下列规定:

1 室内测试项目可按表8.6.7选用。

**表8.6.7 花岗岩残积土室内测试项目表**

| 测试项目 | | 路 基 | 桥 涵 | 隧 道 |
|---|---|---|---|---|
| 颗粒分析 | | + | + | + |
| 天然含水率$w$(%) | | + | + | + |
| 密度$\rho$(g/cm³) | | + | + | + |
| 液限$w_L$(%) | | + | + | + |
| 塑限$w_P$(%) | | + | + | + |
| 压缩系数$a$(MPa$^{-1}$) | | (+) | (+) | (+) |
| 渗透系数$k$(cm/s) | | (+) | (+) | (+) |
| 无侧限抗压强度$q_u$(kPa) | | (+) | (+) | (+) |
| 剪切试验 | 黏聚力$c$(kPa) | (+) | (+) | (+) |
| | 内摩擦角$\varphi$(°) | (+) | (+) | (+) |

注:"+"-必做项目;"(+)"-选做项目。

**2** 花岗岩残积土细粒土(粒径小于0.5mm)部分的天然含水率$w_f$、塑性指数$I_P$和液性指数$I_L$，应按式(8.6.7-1)~式(8.6.7-3)计算：

$$w_f = \frac{w - w_A \cdot 0.01 P_{0.5}}{1 - 0.01 P_{0.5}} \quad (8.6.7\text{-}1)$$

$$I_P = w_L - w_P \quad (8.6.7\text{-}2)$$

$$I_L = \frac{w_f - w_P}{I_P} \quad (8.6.7\text{-}3)$$

式中：$w_f$——花岗岩残积土中细粒土(粒径小于0.5mm)部分的天然含水率(%)；

$w$——花岗岩残积土(包括粗、细粒土)的天然含水率(%)；

$w_A$——土中粒径大于0.5mm颗粒吸着水含水率(%)，可取0.5%；

$P_{0.5}$——土中粒径大于0.5mm颗粒的质量占总质量的百分比(%)；

$w_L$——土中粒径小于0.5mm颗粒的液限；

$w_P$——土中粒径小于0.5mm颗粒的塑限。

**3** 花岗岩残积土的承载力宜采用载荷试验确定。有地区经验时，可采用标准贯入试验等原位测试方法，结合地区经验确定。

**8.6.8** 初步勘察应符合下列规定：

**1** 工程地质调绘应沿拟定的路线及其两侧各宽200m的带状范围进行，工程地质调绘的比例尺为1:2 000~1:10 000。

**2** 勘探测试应符合第5章及第8.6.6、8.6.7条的规定。

**3** 初步勘察应按第5章的规定提供下列资料：

1) 文字说明：应对路线及构筑物场地的工程地质条件进行说明，对第8.6.2条要求查明的内容进行说明，分析评价工程建设场地的适宜性，提出工程地质建议。

2) 图表资料：应对花岗岩残积土的类型、工程地质性质等进行图示和说明。

**8.6.9** 详细勘察应符合下列规定：

**1** 详细勘察工程地质调绘应对初勘工程地质调绘资料进行复核。当线位偏离初测线位或地质条件需进一步查明时，应进行补充工程地质调绘，调绘的比例尺为1:2 000。

**2** 详细勘察应充分利用初勘资料，在确定的路线和构筑物位置上进行，并应符合第6章及第8.6.8条的规定。

**3** 花岗岩残积土详勘应按第6章及第8.6.8条的规定提供资料。

## 8.7 填土

**8.7.1** 人类活动堆填、弃置的建筑垃圾、生活垃圾、工业废料、冲(吹)填土、填筑土，应定名为填土。

**8.7.2** 填土工程地质勘察应查明下列内容：
1 地形地貌的类型、形态特征和沟谷发育情况；
2 填土的类型、分布范围、厚度、土质及地层结构；
3 填土的物质组成、颗粒级配、密实程度、均匀性、湿陷性和压缩性；
4 填土的物理力学性质和地基承载力；
5 地下水的类型、埋深、水位及其变化幅度、地表水和地下水的腐蚀性；
6 不良地质的类型、规模、分布及其对路线的影响和避开的可能性。

**8.7.3** 填土应按表8.7.3进行分类。

表8.7.3 填土分类

| 类 型 | 特 征 |
| --- | --- |
| 素填土 | 由碎石土、砂土、粉土和黏性土等一种或几种材料组成,不含杂质或含杂质很少 |
| 杂填土 | 含有大量建筑垃圾、工业废料或生活垃圾等杂物。土质不均 |
| 冲填土 | 由水力冲填泥沙形成。土层分布不均,多呈透镜状、薄片状 |
| 填筑土 | 经分层碾压或夯实填筑的土。一般成分单一,土质较均匀 |

**8.7.4** 填土地段根据地质条件选线应符合下列规定：
1 路线应避开填土分布广、厚度大、土质松软、处治困难的地带。无法避开时,应选择在填土分布窄且厚度较小的位置通过。
2 路线应避开可能产生滑坡、泥石流等不良地质的填土地带。

**8.7.5** 工程地质调绘应符合下列规定：
1 填土地段工程地质调绘应与路线及构筑物的设置结合,查明第8.7.2条的内容。
2 填土露头、地层接触线、地下水出露点等应布置调绘点。

**8.7.6** 工程地质勘探应符合下列规定：
1 工程地质勘探应根据地形地质条件,填土的类型、分布范围、地层结构及构筑物的设置情况确定勘探测试点的数量和位置。
2 各类构筑物的勘探钻孔应穿过填土至基底以下稳定地层,并满足地基基础设计的需要。
3 在探坑或钻孔中,应分层采取岩土试样。

**8.7.7** 应根据地层条件、填土性质和构筑物类型选择原位测试和室内测试方法,并符合下列规定：
1 室内测试项目可按表8.7.7选用。

表8.7.7 填土室内测试项目表

| 测试项目 \ 地层 | 素填土 | 杂填土 | 冲填土 | 填筑土 |
|---|---|---|---|---|
| 颗粒分析 | + | + | + | + |
| 天然含水率 $w(\%)$ | + | + | + | (+) |
| 密度 $\rho(g/cm^3)$ | + | + | + | + |
| 液限 $w_L(\%)$ | + | (+) | + | + |
| 塑限 $w_P(\%)$ | + | (+) | + | + |
| 剪切试验 黏聚力 $c(kPa)$ | + | (+) | + | (+) |
| 剪切试验 内摩擦角 $\varphi(°)$ | + | (+) | + | (+) |
| 压缩系数 $a(MPa^{-1})$ | + |  | + | (+) |
| 湿陷性(%) | (+) |  | + |  |

注:"+"-必做项目;"(+)"-选做项目。

2 遇有地下水时,应量测地下水的初见水位和稳定水位,取水样做水质分析。

3 填土地基承载力宜采用载荷试验确定。

**8.7.8** 初步勘察应符合下列规定:

1 工程地质调绘应沿拟定的路线及其两侧的带状范围进行,宽度应结合填土发育情况确定,工程地质调绘的比例尺为1:2 000。

2 工程地质勘探测试应符合下列规定:

1)勘探点的布置除应符合第5章及第8.7.6、8.7.7条的规定外,尚应符合下列规定:

(1)路基勘探:勘探点宜沿路线中线布置,间距不宜大于50m;当填土厚度大、分布复杂时,应布置横向勘探断面,每条勘探横断面上的勘探点数量不宜少于2个。

(2)涵洞、通道勘探:每座涵洞、通道勘探点的数量不宜少于1个。

(3)桥梁勘探:宜按工程地质条件较复杂或复杂场地布置勘探点。

2)填土分布复杂路段,应根据地层条件,采用物探、静力触探等进行综合勘探。

3 填土初勘应按第5章的规定提供下列资料:

1)文字说明:应对路线及构筑物场地的工程地质条件进行说明,对第8.7.2条要求查明的内容进行说明,分析工程建设场地的适宜性,提出工程地质建议。

2)图表资料:应对填土的类型、均匀性、压缩性等进行图示和说明。

**8.7.9** 详细勘察应符合下列规定:

1 详细勘察应对初勘工程地质调绘资料进行复核。当线位偏离初测线位或地质条件需进一步查明时,应进行补充工程地质调绘,调绘的比例尺为1:2 000。

2 详细勘察应充分利用初勘资料,在确定的线位和构筑物位置上进行,并符合第6章及第8.7.8条的规定。

3 详细勘察应按第6章及第8.7.8条的规定提供资料。

## 8.8 红黏土

**8.8.1** 覆盖在碳酸盐岩系之上，经红土化作用形成，颜色为棕红、褐黄等色，具有表面收缩、上硬下软、裂隙发育等特征的高塑性黏土，应判定为原生红黏土。原生红黏土经搬运、沉积后仍保留其基本特征，其液限 $w_L > 45\%$ 的黏土，应判定为次生红黏土。

**8.8.2** 红黏土工程地质勘察应查明下列内容：
1 地形地貌、地层岩性、地质构造、水文地质条件；
2 红黏土的类型、分布、厚度、含水状态、土体结构；
3 红黏土的物理力学性质、膨胀与收缩性、地基的承载力；
4 地裂分布及成因，裂隙的密度、深度、延伸方向及发育规律；
5 地下水的类型、埋深、水质及水位变化情况；
6 坡面冲刷、剥落、滑坡、土洞等不良地质的发育情况；
7 既有公路及建筑物的使用情况。

**8.8.3** 红黏土的坚硬状态应按表 8.8.3 划分。

表 8.8.3 红黏土坚硬状态划分

| 坚硬状态 | 含水比 $a_w$ | 坚硬状态 | 含水比 $a_w$ |
|---|---|---|---|
| 坚硬 | $a_w \leq 0.55$ | 软塑 | $0.85 < a_w \leq 1.00$ |
| 硬塑 | $0.55 < a_w \leq 0.70$ | 流塑 | $a_w > 1.00$ |
| 可塑 | $0.70 < a_w \leq 0.85$ | | |

注：含水比 $a_w = w/w_L$。

**8.8.4** 红黏土的结构应按表 8.8.4 划分。

表 8.8.4 红黏土结构划分

| 土体结构 | 裂隙发育特征 | 土体结构 | 裂隙发育特征 |
|---|---|---|---|
| 致密状 | 偶见裂隙（<1 条/m） | 碎块状 | 富裂隙（>5 条/m） |
| 巨块状 | 较多裂隙（1~5 条/m） | | |

**8.8.5** 红黏土地基的均匀性应按表 8.8.5 划分。

表 8.8.5 红黏土地基均匀性划分

| 均匀性 | 地基压缩层范围内的岩土组成 |
|---|---|
| 均匀 | 全部由红黏土组成 |
| 不均匀 | 由红黏土与岩石组成 |

**8.8.6** 红黏土的复浸水特性应按表 8.8.6 划分。

表 8.8.6 红黏土的复浸水特性划分

| 类 型 | $I_r$ 与 $I'_r$ 的关系 | 复浸水特性 |
| --- | --- | --- |
| Ⅰ | $I_r \geq I'_r$ | 收缩后复浸水膨胀,能恢复到位 |
| Ⅱ | $I_r < I'_r$ | 收缩后复浸水膨胀,不能恢复到位 |

注:$I_r$ 为液塑比,即:$I_r = w_L/w_P$,$I'_r = 1.4 + 0.0066 w_L$。

**8.8.7** 红黏土地区根据地质条件选线应符合下列规定:

1 路线应避开红黏土发育的山前斜坡地带,选择地形平缓、坡面完整、植被良好的地段通过。

2 路线应避开中、强收缩土区,避开土层呈多元结构或有软弱夹层的地带。无法避开时,应以最短距离通过。

3 路线应以浅挖、低填的方式通过。

4 路线应避开地下水发育的地段。

5 路线应避开地裂密集带及深、长地裂地段。

**8.8.8** 工程地质调绘应符合下列规定:

1 红黏土地区工程地质调绘应与路线及构筑物的设置结合,查明第 8.8.2 条的内容。

2 岩石露头、地层界线、地裂、地下水露头、原生红黏土与次生红黏土界线、裂隙发育的代表性地段、土洞、滑坡等不良地质应布置工程地质调绘点。

3 采取代表性土样,测试其工程性质。

**8.8.9** 工程地质勘探应符合下列规定:

1 应采用挖探、钻探、物探、静力触探等进行综合勘探。勘探测试点的数量和位置应根据地形地质条件、红黏土的发育特点、构筑物的类型和规模等确定。

2 勘探深度除应符合本规范第 5 章和第 6 章的规定外,对不均匀地基,勘探孔深度宜达基岩;基岩顶面起伏变化强烈、有土洞发育的地段,宜进行施工勘察。

3 在探坑(井)或钻孔中采集原状样,应采取边进尺边取土的方法,原状样的采集应从地面以下 1m 开始采取,取样竖向间距为 1.0m,至石芽附近土质变软或遇地层变化时,应增加取样数量。

4 钻探遇地下水应量测初见水位和稳定水位。宜取样做水质分析。

**8.8.10** 红黏土工程地质测试,应根据地层条件及构筑物的类型选择原位测试和室内测试方法,并符合下列规定:

1 红黏土室内测试项目可按表 8.8.10 选用。

表 8.8.10 红黏土室内测试项目表

| 测试项目 | | 构筑物类型 | | |
|---|---|---|---|---|
| | | 路基 | 桥涵地基 | 隧道围岩 |
| 颗粒分析 | | + | + | + |
| 天然含水率 $w$(%) | | + | + | + |
| 密度 $\rho$(g/cm³) | | + | + | + |
| 液限 $w_L$(%) | | + | + | + |
| 塑限 $w_P$(%) | | + | + | + |
| 剪切试验 | 黏聚力 $c$(kPa) | + | (+) | + |
| | 内摩擦角 $\varphi$(°) | | | |
| 压缩系数 $a$(MPa$^{-1}$) | | (+) | + | |
| 自由膨胀率 $F_s$(%) | | (+) | (+) | (+) |
| 收缩试验 | | (+) | (+) | (+) |

注:"+"-必做项目;"(+)"选做项目。

2 对路堑边坡宜做饱水剪切试验、重复慢剪试验、无侧限抗压强度试验。

3 红黏土的地基承载力,可结合地区经验采用旁压试验、标准贯入试验、扁铲侧胀试验等原位测试方法按有关标准综合确定。

**8.8.11** 初步勘察应符合下列规定:

1 初步勘察应沿拟定的路线及其两侧各宽约 200m 带状范围进行工程地质调绘,工程地质调绘的比例尺为 1:2 000。

2 勘探测试除应符合第 5 章及第 8.8.9、8.8.10 条的规定外,尚应符合下列规定:

1)路基勘探:勘探测试点宜沿路线中线结合地貌单元布置,一般地段,勘探点[探坑(井)、钻孔]间距不宜大于 500m,做代表性勘探;土层结构复杂地段,勘探点应根据实际情况加密。

2)涵洞、通道勘探:每座涵洞、通道勘探点的数量不宜少于 1 个;有土洞、岩溶发育时,应辅以物探综合勘探。

3)桥梁勘探:宜按工程地质条件较复杂或复杂场地布置勘探点。

4)隧道勘探:红黏土发育地段的隧道洞口应布置勘探点,数量不应少于 1 个;地层结构复杂时,应增加勘探点数量。

3 红黏土初步勘察应按第 5 章的规定提供下列资料:

1)文字说明:应对路线及构筑物场地的工程地质条件进行说明,对第 8.8.2 条红黏土勘察要求查明的内容进行说明,分析评价工程建设场地的适宜性,提出工程地质建议。

2)图表资料:应对红黏土的类型、状态、结构特征、地基的均匀性等进行图示和说明。

**8.8.12** 详细勘察应符合下列规定:

1 详细勘察应对初勘工程地质调绘资料进行复核。当线位偏离初测线位或地质条件需进一步查明时,应进行补充工程地质调绘,调绘的比例尺为1:2 000。

2 详细勘察应充分利用初勘资料,在确定的路线及构筑物位置上进行,勘探测试除应符合第6章及第8.8.11条的规定外,尚应符合下列规定:

1)路基勘探:一般地段,每段填、挖路基的勘探点数量不得少于1个,平均间距不宜大于200m;地层结构复杂时,应根据现场实际情况增加。

2)涵洞、通道勘探:每座涵洞、通道勘探点的数量不宜少于2个。

3)桥梁勘探:应按工程地质条件较复杂或复杂的场地进行勘探。

4)隧道勘探:隧道洞口有红黏土发育时,应布置挖探或钻孔进行勘探,数量不应少于1个;地层结构复杂时,应增加勘探点数量。

3 详细勘察应按第6章及第8.8.11条的规定提供资料。

# 9 改建公路工程地质勘察

## 9.1 一般规定

**9.1.1** 改建公路工程地质勘察应在已建项目工程地质勘察资料的基础上,查明公路沿线及各类构筑物建设场地的工程地质条件。

**9.1.2** 改建公路工程地质勘察应符合下列规定:
1 应充分收集和研究已建项目的勘察、设计、施工和运营期的各项资料,结合路线及沿线各类构筑物的设计,采用工程地质调绘、钻探、物探、原位测试等手段进行综合勘察。
2 改建项目的工程地质勘察应收集以下资料:
1)公路沿线的地形地貌、地层岩性、地质构造、水文地质条件;
2)各类构筑物建筑场地的岩土类别、地层结构和岩土的物理力学性质;
3)不良地质的类型、规模、分布、诱因、发展趋势及对工程的影响;
4)特殊岩土的分布范围、厚度、性质及其对公路工程的不良影响;
5)地下水的类型、埋深、水质、水量及其动态变化情况;
6)各类构筑物建筑场地的地震动参数或地震烈度;
7)对各类构筑物建设场地的工程地质评价,提出的工程地质建议;
8)沿线筑路材料的类别,料场位置、储量及开采条件。
3 工程地质勘察报告应充分利用勘察取得的各项基础资料,在综合分析的基础上结合沿线各类构筑物的工程设计进行编制,并满足改建工程设计要求。
4 改建工程构筑物勘察应符合本规范新建项目构筑物勘察的规定。
5 不良地质和特殊性岩土的勘察应符合本规范新建项目不良地质和特殊性岩土的规定。
6 改线段偏离已建工程,应按新建项目进行工程地质勘察。

## 9.2 路基

**9.2.1** 应查明以下内容:
1 已建工程路基的填土类别、断面特征、稳定状况、岩石和土层的分界线、类别及其工程分级。

2 加宽路基时,应查明加宽一侧的工程地质条件,包括地貌特征、山坡和河岸的稳定状况、水流影响、岩土性质、地下水情况等。

3 加高路基时,应调查借土来源及其数量和工程性质。

4 路基坡脚需防护时,应调查防护工程的地质情况。

5 深挖路基后可能出现的不良地质现象,应予以判明,并提出处理措施。

6 路基有受水流冲刷的可能时,应调查汇水面积、径流情况,并提出截流、导流等排水措施以及边坡防护方案。

7 在需开挖视距台处,应调查其土质类别及边坡稳定情况等。

8 应查明刷坡清方、增设坡面防护、放缓边坡、绿化加固等地段的工程地质条件。

**9.2.2** 改建公路各类路基病害地段的工程地质勘察应进行下列调查：

1 调查沿线路基病害的类型与规模,以及病害的发生原因及发展情况。

2 调查病害地段路线所处的地貌特征、工程地质条件与病害的关系。

3 调查原有防护工程的位置、结构类型、各部尺寸及防治效果,确定是否利用、加固或进行改建设计。

4 调查地下水的水位、地面水的滞留时间,查明导致翻浆的水源。

5 调查当地相关工程治理病害的经验。

## 9.3 桥梁

**9.3.1** 应查明以下内容：

1 原有人工构筑物的工程地质条件。

2 原有人工构筑物有无因地质问题造成变形破坏的现象,并分析研究其原因,提出工程地质建议。

3 改建人工构筑物地基基础的工程地质条件,地基基底的岩土物理力学性质以及冻胀、冲刷等不良地质情况。

## 9.4 隧道

**9.4.1** 应查明以下内容：

1 原有隧道工程的水文地质和工程地质条件。

2 原有隧道工程的运营情况及有无因地质问题造成变形破坏的现象,并分析研究其原因,提出工程地质建议。

## 9.5 路线交叉

**9.5.1** 应符合本规范新建路线交叉工程地质勘察的规定。

## 9.6 沿线设施工程

**9.6.1** 应符合本规范新建沿线设施工程地质勘察的规定。

## 9.7 沿线筑路材料料场

**9.7.1** 应查明以下内容：
1 对沿线既有材料料场进行复查与补充。
2 当沿线筑路材料缺乏时,应进行远运材料产地的调查。

# 附录 A 岩体完整性系数 $K_v$、岩体体积节理数 $J_v$ 测试

**A.0.1** 岩体完整性系数测试,应针对不同的工程地质岩组或岩性段,选择代表性点、段,测定岩体的弹性纵波速度,并在同一岩体内取样测定岩石弹性纵波速度,按式(A.0.1)计算岩体完整性系数 $K_v$:

$$K_v = \left(\frac{v_{pm}}{v_{pr}}\right)^2 \quad (A.0.1)$$

式中:$v_{pm}$——岩体弹性纵波速度(km/s);
$v_{pr}$——岩石弹性纵波速度(km/s)。

**A.0.2** 岩体体积节理数测试,应针对不同的工程地质岩组或岩性段,选择代表性露头或开挖面进行。每一节理统计点的面积不应小于 $2 \times 5m^2$,节理(结构面)的统计,除已为硅质、铁质、钙质充填再胶结的节理不进行统计外,对成组节理和延伸长度大于 1m 的分散节理均应进行统计,并根据节理统计结果,按式(A.0.2)计算岩体体积节理数 $J_v$:

$$J_v = S_1 + S_2 + \cdots + S_n + S_k \quad (A.0.2)$$

式中:$J_v$——岩体体积节理数(条/$m^3$);
$S_n$——第 $n$ 组节理每米长测线上的条数;
$S_k$——每立方米岩体非成组节理条数。

# 附录 B  公路岩质边坡破坏类型与岩体结构分类

**表 B-1  公路岩质边坡破坏类型**

| 序号 | 变形破坏类型 | 亚类 | 变形破坏特征 | 变形破坏机制 | 破坏面形态 |
|---|---|---|---|---|---|
| 1 | 崩塌 |  | 边坡上局部岩体向临空方向拉裂、移动、崩落，崩落的岩体其主要运动形式为自由坠落或沿坡面的跳跃、滚动 | 拉裂、剪切—滑移。岩体存在临空面，在重力作用下，岩体向临空方向拉裂、剪切—滑移、崩落 | 切割崩塌体的结构面组合 |
| 2 | 滑动 | 平面型 | 边坡岩层、岩体沿某一外倾的层理、节理或断层整体向下滑移 | 剪切—滑移。结构面临空，边坡岩层、岩体沿某一贯通性结构面向下产生剪切—滑移 | 平面 |
|  |  | 圆弧型 | 具有散体结构或碎裂结构的岩体沿弧形滑动面滑移，坡脚隆起 | 剪切—滑移。坡面临空，边坡过高，岩体发生剪切破坏，滑裂面上的抗滑力小于下滑力 | 圆弧 |
|  |  | 楔形体 | 两个或三个结构面组合而成的楔形体，沿两个滑动面交线方向滑动 | 剪切—滑移。结构面临空，交线倾向路基，楔体沿相交的两结构面向下剪切—滑移 | 两个倾向相反，交线倾向路基的结构面组合 |
|  |  | 折线型 | 边坡岩体追踪两个或两个以上的外倾结构面产生沿折线型滑动面的滑动 | 剪切—滑移。边坡岩体沿外倾的层理、节理或断裂构成的折线型滑面产生剪切—滑移 | 折线 |
| 3 | 错落 |  | 坡脚岩体破碎或岩质软弱，边坡的岩体，沿陡倾结构面发生整体下坐（错）位移 | 鼓胀、下沉、剪切—滑移。结构面临空，坡脚失去支撑，岩体沿陡倾结构面下坐、滑移 | 与边坡平行的陡倾节理或断层与坡脚缓倾层理 |
| 4 | 倾倒 |  | 具有层状反向结构的边坡，在重力作用下，其表部岩层向边坡下方发生弯曲倾倒 | 弯曲—拉裂—滑动。反倾岩层在重力作用产生的弯矩作用下弯曲、拉裂、折断、滑动 | 沿软弱层面与反倾向节理面追踪形成 |
| 5 | 溃屈 |  | 岩层倾角与坡角大体一致层状同向结构边坡，上部岩层沿软弱面蠕滑，下部岩层鼓起、弯折、剪断，岩层沿上部层面和下部剪切面滑动 | 滑移—弯曲。顺坡向层间剪应力大于层间结合力，上部岩层沿软弱面蠕滑，由于下部受阻而发生纵向弯曲、鼓起、弯折、剪断，最终滑面贯通后滑动 | 层面与下部剪断面的组合 |

续上表

| 序号 | 变形破坏 类型 | 变形破坏 亚类 | 变形破坏特征 | 变形破坏机制 | 破坏面形态 |
|---|---|---|---|---|---|
| 6 | 滑塌 | | 边坡表面的风化岩体,沿某一弧形或节理、层理组合而成的滑动面产生局部的滑动—坍塌 | 剪切—滑动—坍塌。风化岩体强度降低发生剪切破坏或滑动面上的抗滑力小于下滑力,风化岩体产生局部滑动并伴有坡面坍塌 | 圆弧或层理、节理等结构面的组合 |
| 7 | 碎落 | | 边坡表面的风化岩石,在水流和重力作用下,呈片状或碎块状剥离母体、沿坡面滚落、堆积的现象 | 拉裂。岩体存在临空面,在结合力小于重力时,发生碎落 | |

**表 B-2　公路岩质边坡岩体结构分类**

| 序号 | 边坡结构分类 类型 | 边坡结构分类 亚类 | 岩石类型 | 岩体特征 | 边坡稳定特征 |
|---|---|---|---|---|---|
| 1 | 块体结构 | | 岩浆岩、中深变质岩、厚层沉积岩、火山岩 | 岩体呈块状、厚层状,结构面不发育,多为刚性结构面,贯穿性软弱结构面少见 | 边坡稳定性好,易形成高陡边坡,失稳形态多沿某一结构面崩塌或复合结构面滑动。滑动稳定性受结构面抗剪强度及岩石抗剪断强度控制 |
| 2 | 层状结构 | 层状同向结构 | 各种厚度的沉积岩、层状变质岩和复杂多次喷发的火山岩 | 边坡与层面同向,倾向夹角小于30°,岩体多呈互层和层间错动带,常为贯穿性软弱结构面 | 层面或软弱夹层,形成滑动面,坡脚切断后易产生顺层滑动,倾角较陡时可形成溃屈破坏。稳定性受坡角与岩层倾角组合、顺坡向软弱结构面的发育程度及其强度所控制 |
| | | 层状反向结构 | | 边坡与层面反向,倾向夹角大于150°,岩体特征同上 | 岩层较陡时易产生倾倒弯曲松动变形;坡脚有软弱地层发育时,上部易拉裂,局部崩塌滑动;共轭节理的组合交线倾向路基时,可产生楔体滑动。边坡稳定性受坡角与岩层倾角组合、岩层厚度、层间结合能力及反倾结构面发育程度所控制 |
| | | 层状斜向结构 | | 边坡与层面斜交或垂直,倾向夹角30°~150°,岩体特征同上 | 易形成层面与节理组成的楔形体滑动或崩塌。层面与坡面走向夹角越大稳定性越高 |
| | | 层状平叠结构 | | 近于水平的岩层构成的边坡,岩体特征同上 | 坡脚有软弱地层或层间有软弱层发育时,在孔隙水压力或卸荷作用下产生向临空面方向的滑移或错落、崩塌、拉裂倾倒 |

续上表

| 序号 | 边坡结构分类 | | 岩 石 类 型 | 岩 体 特 征 | 边坡稳定特征 |
|---|---|---|---|---|---|
| | 类型 | 亚类 | | | |
| 3 | 碎裂结构 | | 各种岩石的构造影响带、破碎带、蚀变带或风化破碎岩体 | 岩体结构面发育,岩体宏观的工程力学特性已基本不具备由结构面造成的各向异性 | 边坡稳定性较差,坡角取决于岩块间的镶嵌情况和岩块间的咬合力,可产生崩塌,弧形滑动 |
| 4 | 散体结构 | | 各种岩石的构造破碎及其强烈影响带、强风化破碎带 | 由碎屑泥质物夹大小不等的岩块组成,呈土夹石或石夹土状,软弱结构面发育呈网状 | 边坡稳定性差,坡角取决于岩体的抗剪强度,滑动面呈圆弧状 |

# 附录 C 圆锥动力触探修正

**C.0.1** 当采用重型圆锥动力触探确定碎石土密实度时，锤击数 $N_{63.5}$ 应按式（C.0.1）修正：

$$N_{63.5} = \alpha_1 N'_{63.5} \quad (C.0.1)$$

式中：$N_{63.5}$——修正后的重型圆锥动力触探锤击数；
$\alpha_1$——修正系数，按表 C.0.1 取值；
$N'_{63.5}$——实测重型圆锥动力触探锤击数。

表 C.0.1 重型圆锥动力触探锤击数修正系数 $\alpha_1$

| $L$(m) | $N'_{63.5}$ | | | | | | | | |
|---|---|---|---|---|---|---|---|---|---|
| | 5 | 10 | 15 | 20 | 25 | 30 | 35 | 40 | ≥50 |
| 2 | 1.00 | 1.00 | 1.00 | 1.00 | 1.00 | 1.00 | 1.00 | 1.00 | |
| 4 | 0.96 | 0.95 | 0.93 | 0.92 | 0.90 | 0.89 | 0.87 | 0.86 | 0.84 |
| 6 | 0.93 | 0.90 | 0.88 | 0.85 | 0.83 | 0.81 | 0.79 | 0.78 | 0.75 |
| 8 | 0.90 | 0.86 | 0.83 | 0.80 | 0.77 | 0.75 | 0.73 | 0.71 | 0.67 |
| 10 | 0.88 | 0.83 | 0.79 | 0.75 | 0.72 | 0.69 | 0.67 | 0.64 | 0.61 |
| 12 | 0.85 | 0.79 | 0.75 | 0.70 | 0.67 | 0.64 | 0.61 | 0.59 | 0.55 |
| 14 | 0.82 | 0.76 | 0.71 | 0.66 | 0.62 | 0.58 | 0.56 | 0.53 | 0.50 |
| 16 | 0.79 | 0.73 | 0.67 | 0.62 | 0.57 | 0.54 | 0.51 | 0.48 | 0.45 |
| 18 | 0.77 | 0.70 | 0.63 | 0.57 | 0.53 | 0.49 | 0.46 | 0.43 | 0.40 |
| 20 | 0.75 | 0.67 | 0.59 | 0.53 | 0.48 | 0.44 | 0.41 | 0.39 | 0.36 |

注：表中 $L$ 为杆长。

**C.0.2** 当采用超重型圆锥动力触探确定碎石土密实度时，锤击数 $N_{120}$ 应按式（C.0.2）修正：

$$N_{120} = \alpha_2 N'_{120} \quad (C.0.2)$$

式中：$N_{120}$——修正后的超重型圆锥动力触探锤击数；
$\alpha_2$——修正系数，按表 C.0.2 取值；
$N'_{120}$——实测超重型圆锥动力触探锤击数。

表 C.0.2 超重型圆锥动力触探锤击数修正系数 $\alpha_2$

| $L$(m) | $N'_{120}$ | | | | | | | | | | | |
|---|---|---|---|---|---|---|---|---|---|---|---|---|
| | 1 | 3 | 5 | 7 | 9 | 10 | 15 | 20 | 25 | 30 | 35 | 40 |
| 1 | 1.00 | 1.00 | 1.00 | 1.00 | 1.00 | 1.00 | 1.00 | 1.00 | 1.00 | 1.00 | 1.00 | 1.00 |
| 2 | 0.96 | 0.92 | 0.91 | 0.90 | 0.90 | 0.90 | 0.90 | 0.89 | 0.89 | 0.88 | 0.88 | 0.88 |
| 3 | 0.94 | 0.88 | 0.86 | 0.85 | 0.84 | 0.84 | 0.84 | 0.83 | 0.82 | 0.82 | 0.81 | 0.81 |
| 5 | 0.92 | 0.82 | 0.79 | 0.78 | 0.77 | 0.77 | 0.76 | 0.75 | 0.74 | 0.73 | 0.72 | 0.72 |
| 7 | 0.90 | 0.78 | 0.75 | 0.74 | 0.73 | 0.72 | 0.71 | 0.70 | 0.68 | 0.68 | 0.67 | 0.66 |
| 9 | 0.88 | 0.75 | 0.72 | 0.70 | 0.69 | 0.68 | 0.67 | 0.66 | 0.64 | 0.63 | 0.62 | 0.62 |
| 11 | 0.87 | 0.73 | 0.69 | 0.67 | 0.66 | 0.66 | 0.64 | 0.62 | 0.61 | 0.60 | 0.59 | 0.58 |
| 13 | 0.86 | 0.71 | 0.67 | 0.65 | 0.64 | 0.63 | 0.61 | 0.60 | 0.58 | 0.57 | 0.56 | 0.55 |
| 15 | 0.85 | 0.69 | 0.65 | 0.63 | 0.62 | 0.61 | 0.59 | 0.58 | 0.56 | 0.55 | 0.54 | 0.53 |
| 17 | 0.84 | 0.68 | 0.63 | 0.61 | 0.60 | 0.60 | 0.57 | 0.56 | 0.54 | 0.53 | 0.52 | 0.50 |
| 19 | 0.84 | 0.66 | 0.62 | 0.60 | 0.58 | 0.58 | 0.56 | 0.54 | 0.52 | 0.51 | 0.50 | 0.48 |

注:表中 $L$ 为杆长。

# 附录 D 高初始应力地区岩体在开挖过程中的主要现象

**表 D-1 高初始应力地区岩体在开挖过程中的主要现象**

| 应力情况 | 主要现象 | $\dfrac{R_c}{\sigma_{max}}$ |
|---|---|---|
| 极高应力 | 1. 硬质岩:开挖过程中时有岩爆发生,有岩块弹出,洞壁岩体发生剥离,新生裂缝多,成洞性差;基坑有剥离现象,成形性差。<br>2. 软质岩:岩芯常有饼化现象,开挖过程中洞壁岩体有剥离,位移极为显著,甚至发生大位移,持续时间长,不易成洞;基坑发生显著隆起或剥离,不易成形 | <4 |
| 高应力 | 1. 硬质岩:开挖过程中可能出现岩爆,洞壁岩体有剥离和掉块现象,新生裂缝较多,成洞性较差;基坑时有剥离现象,成形性一般尚好。<br>2. 软质岩:岩芯时有饼化现象,开挖过程中洞壁岩体位移显著,持续时间较长,成洞性差;基坑有隆起现象,成形性较差 | 4~7 |

注:表中 $\sigma_{max}$ 为垂直洞轴线方向的最大初始应力。

# 附录 E  岩体基本质量影响因素的修正系数 $K_1$、$K_2$、$K_3$

表 E-1  地下水影响修正系数 $K_1$

| 地下水出水状态 | BQ | | | |
|---|---|---|---|---|
| | >450 | 450~351 | 350~251 | <250 |
| 潮湿或点滴状出水 | 0 | 0.1 | 0.2~0.3 | 0.4~0.6 |
| 淋雨状或涌流状出水,水压<0.1MPa 或单位出水量<10L/(min·m) | 0.1 | 0.2~0.3 | 0.4~0.6 | 0.7~0.9 |
| 淋雨状或涌流状出水,水压>0.1MPa 或单位出水量>10L/(min·m) | 0.2 | 0.4~0.6 | 0.7~0.9 | 1.0 |

表 E-2  主要软弱结构面产状影响修正系数 $K_2$

| 结构面产状及其与洞轴线的组合关系 | 结构面走向与洞轴线夹角<30° 结构面倾角30°~75° | 结构面走向与洞轴线夹角>60° 结构面倾角>75° | 其他组合 |
|---|---|---|---|
| $K_2$ | 0.4~0.6 | 0~0.2 | 0.2~0.4 |

表 E-3  初始应力状态影响修正系数 $K_3$

| 初始应力状态 | BQ | | | | |
|---|---|---|---|---|---|
| | >550 | 550~451 | 450~351 | 350~251 | <250 |
| 极高应力区 | 1.0 | 1.0 | 1.0~1.5 | 1.0~1.5 | 1.0 |
| 高应力区 | 0.5 | 0.5 | 0.5 | 0.5~1.0 | 0.5~1.0 |

# 附录 F  公路隧道围岩分级

**表 F-1  公路隧道围岩分级**

| 围岩级别 | 围岩或土体主要定性特征 | BQ 或 [BQ] |
|---|---|---|
| Ⅰ | 坚硬岩,岩体完整,整体状或巨厚层状结构 | >550 |
| Ⅱ | 坚硬岩,岩体较完整,块状或厚层状结构;<br>较坚硬岩,岩体完整,块状整体结构 | 550~451 |
| Ⅲ | 坚硬岩,岩体较破碎,巨块(石)碎(石)状镶嵌结构;<br>较坚硬岩或较软硬岩层,岩体较完整,块体状或中厚层结构 | 450~351 |
| Ⅳ | 坚硬岩,岩体破碎,碎裂结构;<br>较坚硬岩,岩体较破碎~破碎,镶嵌碎裂结构;<br>较软岩或软硬岩互层,且以软岩为主,岩体较完整~较破碎,中薄层状结构 | 350~251 |
| Ⅳ | 压密或成岩作用的黏性土及砂土;<br>黄土($Q_1$、$Q_2$);<br>钙质、铁质胶结的碎石土(碎石、卵石、块石等) | |
| Ⅴ | 较软岩,岩体破碎;<br>软岩,岩体较破碎~破碎;<br>极破碎各类岩体,碎裂状松散结构 | ≤250 |
| Ⅴ | 半坚硬~硬塑状黏性土及稍湿~潮湿的碎石土;<br>黄土($Q_3$、$Q_4$);<br>非黏性土呈松散结构,黏性土及黄土呈松软结构 | |
| Ⅵ | 软塑状黏性土及潮湿饱和的粉细砂、软土等 | |

注:本表不适用于特殊条件的围岩分级,如膨胀性围岩、多年冻土等。

# 附录 G  岩溶地貌类型

**表 G-1  岩溶地貌的类型**

| 名　称 | 含义及其形成条件 | 特　征 |
|---|---|---|
| 溶痕 | 地表水沿可溶性岩层进行溶蚀所形成的微小沟道 | 宽仅数厘米到十余厘米,长几厘米至数米,常见于石炭岩或石芽的表面 |
| 溶隙 | 地表水沿可溶岩裂隙渗流溶蚀所形成的沟隙 | 宽几厘米至 1~2m,长几米至几十米 |
| 溶沟溶槽 | 地表水沿可溶性岩石的裂隙进行溶蚀和机械侵蚀所形成的小型沟槽 | 深度由数厘米至数米,甚至更大 |
| 石芽 | 溶沟、溶槽间残留的"脊"和笋状的突起 | 芽和溶沟、溶槽是共生的,其高度一般不超过 3m |
| 落水洞 | 由岩体中的裂隙受水流溶蚀、机械侵蚀以及塌陷而成的地表通往地下暗河或溶洞的通道 | 呈垂直、陡倾斜或弯折状,宽度一般很少超过 10m,深可达百米至数百米,按形态可分为圆形、井状、裂隙状 |
| 溶洞 | 由地下水对可溶性岩石进行溶蚀和机械侵蚀而形成的呈水平状通道 | 大小与形状多种多样,大部分洞身曲折,支洞多,在地下水位以上,无经常流水,常见有不同高程重叠分布的大型复杂溶洞 |
| 暗河 | 地下水位以下的溶洞 | 洞中水流汇集成河,有时与干谷相伴存在 |
| 漏斗 | 岩溶地区呈漏斗形或蝶状的封闭洼地,由溶蚀作用或溶洞洞顶塌陷而成 | 上大下小,底部常有落水洞或竖井 |
| 干谷 | 河水经河谷底部的漏斗和落水洞等流入地下,使原来的河段失去排水作用,形成干涸的河谷 | 当暴雨季节或地下水排泄不畅时,才有暂时性的水流 |
| 溶蚀洼地 | 岩溶作用形成的小型的封闭洼地,一般认为溶蚀洼地是由相邻漏斗逐渐加宽、合并而成 | 大多呈狭长形,一般长度大于宽度 1~5 倍,深度小于 30m,长度可达千米,底部较平坦,有时有小湖泊 |
| 岩溶盆地（波立谷） | 是一种大致呈椭圆形的大型封闭洼地。在一定的构造条件下,经长期溶蚀侵蚀作用形成,如溶蚀洼地的扩大合并,溶洞、暗河崩塌,地表干谷的扩大加深等 | 其延长方向常与构造线一致,长达几公里,面积可达数平方公里至数百平方公里,四周斜坡陡峭,谷底平坦,堆积物较厚,常有落水洞、峰林和暗河 |
| 岩溶湖 | 岩溶地区的溶蚀洼地或溶洞底部积水而成的地面或地下的湖泊。由漏斗、落水洞淤塞、积水而成,或由于直接与地下水含水层有水力联系的低洼地区积水而成 | 一般规模较小。当溶蚀洼地底部为隔水岩层,堆积较厚的残坡积物或湖盆底低于潜水面时,水流汇集成地面的岩溶湖。溶洞中的大型积水洼地为地下的岩溶湖,亦称地下湖 |

续上表

| 名　称 | 含义及其形成条件 | 特　征 |
|---|---|---|
| 峰林 | 耸立在岩溶平原上的孤立石峰。是在地壳相对稳定的条件下，岩溶地貌发育到后期的产物 | 山坡陡峭，一般均在45°以上，相对高度可达100~200m，多分布于平原上 |
| 石灰华 | 岩溶泉水至出口处，因环境变化，溶于水的钙质分离沉积而成 | 经常呈多孔状 |
| 石钟乳 | 含碳酸钙的水从洞顶板下滴时，钙质沉淀形成自上而下的长条形沉积物 | 挂于洞顶 |
| 石笋 石柱 | 由含碳酸钙的水滴到洞底，钙质沉积而成 | 发育于溶洞底部的竹笋状突起的，称为石笋；当石钟乳与石笋连接在一起时称为石柱 |
| 残余堆积物 | 由不被水溶解的残余物组成的堆积物 | 如 $Fe_2O_3$、$Al_2O_3$ |
| 其他堆积物 | 洞穴坍塌的石灰岩碎块、水流搬运物，及人类、动植物化石等 | |

# 附录 H 黄土地貌类型

表 H-1 黄土地貌类型

| 地貌类型 | 亚类 | 地貌特征 |
|---|---|---|
| 堆积地貌 | 黄土高原 — 黄土塬 | 黄土高原受现代沟谷切割后，保存下来的平坦地面，周边为沟谷环绕 |
| 堆积地貌 | 黄土高原 — 黄土梁 | 顶面平坦，两侧为深切的冲沟，中部为长条状的黄土低丘。长数百米、数千米到上万米，宽数十米到上百米 |
| 堆积地貌 | 黄土高原 — 黄土峁 | 孤立的黄土丘陵，顶面平坦或微有起伏，呈圆穹状。大多数是由黄土梁进一步切割而成 |
| 堆积地貌 | 黄土平原 | 分布于新构造运动下降区，是由黄土堆积形成的低平原，局部发育沟谷，无梁、峁 |
| 堆积地貌 | 河谷阶地 | 沿河谷及大型河谷两岸分布（或断续分布），表层全部由冲积—洪积黄土等沉积物堆积的阶地 |
| 侵蚀地貌 | 大型河谷 | 形成及发展与一般侵蚀河谷相似，但其形成发展过程有时还伴随有风积黄土堆积 |
| 侵蚀地貌 | 冲沟 | 因黄土土质疏松，常伴有重力崩塌、潜蚀作用，因此发展快，其特征是沟深、壁陡、向源侵蚀作用显著 |
| 潜蚀地貌 | 碟形洼地 | 流水聚集，使黄土发生湿陷或潜蚀，引起地面下沉后形成的一种直径数米至数十米的凹地 |
| 潜蚀地貌 | 黄土陷穴 | 地表水沿黄土孔隙、裂隙下渗潜蚀形成的黄土洞穴 |
| 潜蚀地貌 | 黄土井 | 黄土陷穴向下发展，形成深度大于宽度若干倍的洞穴 |
| 潜蚀地貌 | 黄土桥 | 两个黄土陷穴之间被水流串通，在陷穴崩塌之后残存的土体呈桥状洞穴 |
| 潜蚀地貌 | 黄土柱 | 黄土沿垂直节理崩塌后残存的土柱 |
| 重力地貌 | 崩塌体 | 由于黄土冲沟深切，岸坡高陡，土体突然迅速地向下崩落，在坡脚下形成的地貌形态 |
| 重力地貌 | 黄土滑坡 | 黄土斜坡地带，土体在重力和地下水的作用下产生山坡变形的地貌形态 |

# 附录 I 风沙地貌类型

**表 I-1 风沙地貌分类表**

| 地貌类型 | | | 基本特征 |
|---|---|---|---|
| 风蚀地貌 | | 风蚀洼地 | 地面松散物质经风力吹蚀形成的宽广而轮廓不明显的椭圆形洼地，常成群分布，与主风向平行 |
| | | 风蚀残丘 | 风沿地面一些低洼地段或风蚀谷吹蚀，地面不断缩小而成岛状高地或孤立小丘 |
| | | 风蚀城堡（雅丹地貌） | 水平岩层被风蚀所成的多层状山丘，远看如颓毁的古城堡，顶部平坦，亦有成宝塔状的 |
| | | 剥蚀戈壁 | 又称岩漠，由基岩经长期风化剥蚀而成，地表波状起伏，光秃裸露，组成物质主要为碎石、砂砾以及基岩等，碎石直径一般为 5～10cm，也有 10～20cm 的。碎石砂砾层多在 1m 以内 |
| 风积地貌 | 按沙丘的活动程度划分 | 流动沙丘 | 沙丘由松散的沙构成。流沙移动快，形态依风力风向而变化，固沙造林条件差，对路线危害大。沙丘表面无植被覆盖，或仅在沙丘坡脚和风蚀洼地有少许植物覆盖，覆盖度小于 15% |
| | | 半固定沙丘 | 沙丘结构仍以疏松沙为主，在植物生长较多的地方略有结皮现象。流沙呈斑点状分布，流动缓慢。固沙造林条件较好。在丘表和丘间洼地，有较密的植物生长，覆盖度 15%～40% |
| | | 固定沙丘 | 大部分丘表有薄层土结皮，流沙已不多。危害程度轻微，不需要大规模固沙造林，有密集的植被覆盖，覆盖度在 40% 以上 |
| 风积地貌 | 横向沙丘 | 新月形沙丘及沙丘链 | 沙丘呈新月形，有明显的两翼，迎风坡凸而平缓，为 5°～20°；背风坡凹而陡，为 28°～34°。新月形沙丘链是在沙源供应比较丰富的情况下，由密集新月形沙丘相互连接而成 |
| | | 格状沙丘及格状沙丘链 | 格状沙丘是在两个近于垂直的风向的作用下形成的，主风形成沙丘链（主梁），次方向风在沙丘链间产生低矮的沙梗（副梁）分割丘间洼地而呈格状形态 |
| | 纵向沙丘 | 新月形沙垄和沙垄 | 在两种风向呈锐角斜交的情况下，新月形沙丘的一翼向前延伸，另一翼相对退缩，形成外形似鱼钩状的沙垄。当新月形沙垄继续发展使得新月形形态不明显，留下由一翼延伸所形成的线形沙丘时，称为沙垄 |
| | | 复合型沙垄 | 走向与主风向平行或呈 30° 以下交角，垄体平直，坡面上叠置许多新月形沙丘链高 50～80m |
| | | 多方向风作用下的沙丘 | 沙丘形态本身的总排列方向不与任何一种风向相平行或垂直，而是具有不同方向的脊线和斜面 |
| | 堆积戈壁 | | 通常称为砾漠。主要分布在山麓平原地带，多由山地风化破坏的产物经流水搬运至山前地带堆积（洪积或冲积）而成。大多是古代或现代洪积扇和洪积裙。组成物质以砾石为主，夹有砂粒，砾石层厚度一般可达数十米 |

# 附录 J  土、石工程分级

**表 J-1  土、石工程分级表**

| 土、石等级 | 土、石类别 | 土、石名称 | 钻1m所需的净钻时间(min) | | | 爆破1m³所需炮眼长度(m) | | 开挖方法 |
|---|---|---|---|---|---|---|---|---|
| | | | 湿式凿岩一字合金钻头 | 湿式凿岩普通淬火钻头 | 双人打眼（工日） | 路堑 | 隧道导坑 | |
| Ⅰ | 松土 | 砂土、腐殖土、种植土，可塑、硬塑状的黏性土及粉土，松散的水分不大的黏土，含有30mm以下树根或灌木根的泥炭土 | | | | | | 用铁锹挖，脚蹬一下到底的松散土层 |
| Ⅱ | 普通土 | 水分较大的黏土，半坚硬、硬塑状的粉土、黏性土、黄土，含有30mm以上的树根或灌木根的泥炭土、碎石土（不包括块石土或漂石土） | | | | | | 部分用镐刨松，再用锹挖，以脚蹬锹需连蹬数次才能挖动 |
| Ⅲ | 硬土 | 坚硬粉土、黏性土、黄土，含有较多的块石土及漂石的土，各种风化成土块的岩石 | | | | | | 必须用镐整个刨过才能用锹挖 |
| Ⅳ | 软石 | 各种松软岩石、盐岩，胶结不紧的砾岩、泥质页岩、砂岩、煤，较坚实的泥灰岩、块石土及漂石土，软的节理多的石灰岩 | | 7 以内 | 0.2 以内 | 0.2 以内 | 2.0 以内 | 部分用撬棍或十字镐及大锤开挖，部分用爆破法开挖 |
| Ⅴ | 次坚石 | 硅质页岩、砂岩、白云岩、石灰岩，坚实的泥灰岩、软玄武岩、片麻岩、正长岩、花岗岩 | 15 以内 | 7～20 | 0.2～1.0 | 0.2～0.4 | 2.0～3.5 | 用爆破法开挖 |
| Ⅵ | 坚石 | 硬玄武岩，坚实的石灰岩、白云岩、大理岩、石英岩、闪长岩、粗粒花岗岩、正长岩 | 15 以上 | 20 以上 | 1.0 以上 | 0.4 以上 | 3.5 以上 | 用爆破法开挖 |

# 附录 K 水和土的腐蚀性评价

**K.0.1** 取样和测试应符合下列规定：

1 当有足够经验或充分资料，认定工程场地及其附近的土或水（地下水或地表水）对建筑材料不具腐蚀性时，可不取样进行腐蚀性评价。否则，应取水试样或土试样进行试验，并按本附录评价其对建筑材料的腐蚀性。

土对钢结构腐蚀性的评价可根据任务要求进行。

2 采取水试样和土试样应符合下列规定：

1）混凝土结构处于地下水位以上时，应取土试样做土的腐蚀性测试。

2）混凝土结构处于地下水或地表水中时，应取水试样做水的腐蚀性测试。

3）混凝土结构部分处于地下水位以上、部分处于地下水位以下时，应分别取土试样和水试样做腐蚀性测试。

4）水试样和土试样应在混凝土结构所在的深度采取，每个场地不应少于2件，当土中盐类成分和含量分布不均匀时，应分区、分层取样，每区、每层不应少于2件。

3 水和土腐蚀性的测试项目和试验方法应符合下列规定：

1）水对混凝土结构腐蚀性的测试项目包括：pH 值、$Ca^{2+}$、$Mg^{2+}$、$Cl^-$、$SO_4^{2-}$、$HCO_3^-$、$CO_3^{2-}$、侵蚀性 $CO_2$、游离 $CO_2$、$NH_4^+$、$OH^-$、总矿化度。

2）土对混凝土结构腐蚀性的测试项目包括：pH 值、$Ca^{2+}$、$Mg^{2+}$、$Cl^-$、$SO_4^{2-}$、$HCO_3^-$、$CO_3^{2-}$ 的易溶盐（土水比1:5）的分析。

3）土对钢结构的腐蚀性的测试项目包括：pH 值、氧化还原电位、极化电流密度、电阻率、质量损失。

4）腐蚀性测试项目的试验方法应符合表 K.0.1 的规定。

表 K.0.1 腐蚀性测试项目

| 序号 | 测试项目 | 试验方法 | 序号 | 测试项目 | 试验方法 |
|---|---|---|---|---|---|
| 1 | pH 值 | 电位法或锥形电极法 | 9 | 游离 $CO_2$ | 碱滴定法 |
| 2 | $Ca^{2+}$ | EDTA 容量法 | 10 | $NH_4^+$ | 钠氏试剂比色法 |
| 3 | $Mg^{2+}$ | EDTA 容量法 | 11 | $OH^-$ | 酸滴定法 |
| 4 | $Cl^-$ | 摩尔法 | 12 | 总矿化度 | 计算法 |
| 5 | $SO_4^{2-}$ | EDTA 容量法或质量法 | 13 | 氧化还原电位 | 铂电极法 |
| 6 | $HCO_3^-$ | 酸滴定法 | 14 | 极化电流密度 | 原位极化法 |
| 7 | $CO_3^{2-}$ | 酸滴定法 | 15 | 电阻率 | 四极法 |
| 8 | 侵蚀性 $CO_2$ | 盖耶尔法 | 16 | 质量损失 | 管罐法 |

5）水和土对建筑材料的腐蚀性,可分为微、弱、中、强四个等级,并可按本规范第 K.0.2 条进行评价。

**K.0.2** 腐蚀性评价应符合下列规定:

1 受环境类型影响,水和土对混凝土结构的腐蚀性,应符合表 K.0.2-1 的规定;环境类型的划分应按本附录第 K.0.3 条执行。

表 K.0.2-1 按环境类型水和土对混凝土结构的腐蚀性评价表

| 腐蚀等级 | 腐蚀介质 | 环境类型 I | 环境类型 II | 环境类型 III |
|---|---|---|---|---|
| 微 | 硫酸盐含量 $SO_4^{2-}$ (mg/L) | <200 | <300 | <500 |
| 弱 | | 200~500 | 300~1 500 | 500~3 000 |
| 中 | | 500~1 500 | 1 500~3 000 | 3 000~6 000 |
| 强 | | >1 500 | >3 000 | >6 000 |
| 微 | 镁盐含量 $Mg^{2+}$ (mg/L) | <1 000 | <2 000 | <3 000 |
| 弱 | | 1 000~2 000 | 2 000~3 000 | 3 000~4 000 |
| 中 | | 2 000~3 000 | 3 000~4 000 | 4 000~5 000 |
| 强 | | >3 000 | >4 000 | >5 000 |
| 微 | 铵盐含量 $NH_4^+$ (mg/L) | <100 | <500 | <800 |
| 弱 | | 100~500 | 500~800 | 800~1 000 |
| 中 | | 500~800 | 800~1 000 | 1 000~1 500 |
| 强 | | >800 | >1 000 | >1 500 |
| 微 | 苛性碱含量 $OH^-$ (mg/L) | <35 000 | <43 000 | <57 000 |
| 弱 | | 35 000~43 000 | 43 000~57 000 | 57 000~70 000 |
| 中 | | 43 000~57 000 | 57 000~70 000 | 70 000~100 000 |
| 强 | | >57 000 | >70 000 | >100 000 |
| 微 | 总矿化度 (mg/L) | <10 000 | <20 000 | <50 000 |
| 弱 | | 10 000~20 000 | 20 000~50 000 | 50 000~60 000 |
| 中 | | 20 000~50 000 | 50 000~60 000 | 60 000~70 000 |
| 强 | | >50 000 | >60 000 | >70 000 |

注:1. 表中数值适用于有干湿交替作用的情况,I、II 类腐蚀环境无干湿交替作用时,表中磷酸盐含量数值应乘以 1.3 的系数。

2. 表中数值适用于水的腐蚀性评价;对土的腐蚀性评价,应乘以 1.5 的系数。单位以 mg/kg 表示。

3. 表中苛性碱($OH^-$)含量(mg/L)应为 NaOH 和 KOH 中的 $OH^-$ 含量(mg/L)。

2 受地层渗透性影响,水和土对混凝土结构的腐蚀性评价,应符合表 K.0.2-2 的规定。

3 当按表 K.0.2-1 和表 K.0.2-2 评价的腐蚀等级不同时,应按下列规定综合评定:

1)腐蚀等级中,只出现弱腐蚀,无中等腐蚀或强腐蚀时,应综合评价为弱腐蚀。

2)腐蚀等级中,无强腐蚀,最高为中等腐蚀时,应综合评价为中等腐蚀。

3)腐蚀等级中,有一个或一个以上为强腐蚀,应综合评价为强腐蚀。

表 K.0.2-2 按地层渗透性水和土对混凝土结构的腐蚀性评价

| 腐蚀等级 | pH 值 | | 侵蚀性 $CO_2$ (mg/L) | | $HCO_3^-$ (mmol/L) |
|---|---|---|---|---|---|
| | A | B | A | B | A |
| 微 | >6.5 | >5.0 | <15 | <30 | >1.0 |
| 弱 | 5.0~6.5 | 4.0~5.0 | 15~30 | 30~60 | 1.0~0.5 |
| 中 | 4.0~5.0 | 3.5~4.0 | 30~60 | 60~100 | <0.5 |
| 强 | <4.0 | <3.5 | >60 | — | — |

注:1. 表中A是指直接临水或强透水层中的地下水;B是指弱透水层中的地下水;强透水层是指碎石土和砂土;弱透水层是指粉土和黏性土。

2. $HCO_3^-$ 含量是指水的矿化度低于0.1g/L的软水时,该类水质 $HCO_3^-$ 的腐蚀性。

3. 土的腐蚀性评价只考虑pH值指标;评价其腐蚀性时,A是指强透水土层,B是指弱透水土层。

4 水和土对钢筋混凝土结构中钢筋的腐蚀性评价,应符合表 K.0.2-3 的规定。

表 K.0.2-3 对钢筋混凝土结构中钢筋的腐蚀性评价

| 腐蚀等级 | 水中的 $Cl^-$ 含量(mg/L) | | 土中的 $Cl^-$ 含量(mg/kg) | |
|---|---|---|---|---|
| | 长期浸水 | 干湿交替 | A | B |
| 微 | <10 000 | <100 | <400 | <250 |
| 弱 | 10 000~20 000 | 100~500 | 400~750 | 250~500 |
| 中 | — | 500~5 000 | 750~7 500 | 500~5 000 |
| 强 | | >5 000 | >7 500 | >5 000 |

注:A是指地下水位以上的碎石土、砂土,坚硬、硬塑的黏性土;B是湿、很湿的粉土,可塑、软塑、流塑的黏性土。

5 土对钢结构的腐蚀性评价,应符合表 K.0.2-4 的规定。

表 K.0.2-4 土对钢结构腐蚀性评价

| 腐蚀等级 | pH | 氧化还原电位 (mV) | 视电阻率 ($\Omega \cdot m$) | 极化电流密度 ($mA/cm^2$) | 质量损失 (g) |
|---|---|---|---|---|---|
| 微 | >5.5 | >400 | >100 | <0.02 | <1 |
| 弱 | 4.5~5.5 | 200~400 | 50~100 | 0.02~0.05 | 1~2 |
| 中 | 3.5~4.5 | 100~200 | 20~50 | 0.05~0.20 | 2~3 |
| 强 | <3.5 | <100 | <20 | >0.20 | >3 |

注:土对钢结构的腐蚀性评价,取各指标中腐蚀等级最高者。

K.0.3 场地环境类型的分类,应符合表 K.0.3 的规定。

表 K.0.3 环境类型分类

| 环境类别 | 场地环境地质条件 |
|---|---|
| Ⅰ | 高寒区、干旱区直接临水;高寒区、干旱区强透水层中的地下水 |
| Ⅱ | 高寒区、干旱区弱透水层中的地下水;各气候区湿、很湿的弱透水层;湿润区直接临水;湿润区强透水层中的地下水 |
| Ⅲ | 各气候区稍湿的弱透水层;各气候区地下水位以上的强透水层 |

注:1. 高寒区是指海拔高度大于或等于 3 000m 的地区;干旱区是指海拔高度小于 3 000m,干燥度指数 $K$ 值大于或等于 1.5 的地区;湿润区是指干燥度指数 $K$ 值小于 1.5 的地区。

2. 强透水层是指碎石土和砂土;弱透水层是指粉土和黏性土。

3. 含水率 $w<3\%$ 的土层,可视为干燥土层,不具有腐蚀环境条件。

4. 当混凝土结构一边接触地面水或地下水,一边暴露在大气中,水可以通过渗透或毛细作用在暴露大气中的一边蒸发时,应定为Ⅰ类。

5. 当有地区经验时,环境类型可根据地区经验划分;当同一场地出现两种环境类型时,应根据具体情况选定。

# 本规范用词说明

为准确掌握规范条文,对执行条文严格程度的用词说明如下:
1  表示很严格,非这样做不可的用词:
   正面词采用"必须";
   反面词采用"严禁"。
2  表示严格,在正常情况下均应这样做的用词:
   正面词采用"应";
   反面词采用"不应"或"不得"。
3  表示允许稍有选择,在条件许可时首先应这样做的用词:
   正面词采用"宜";
   反面词采用"不宜"。
4  表示有选择,在一定条件下可以这样做的用词采用"可"。

附件

# 《公路工程地质勘察规范》

(JTG C20—2011)

条 文 说 明

# 1 总则

**1.0.1** 《公路工程地质勘察规范》(JTJ 064—98)(以下简称原规范)自实施以来,正值我国公路建设的大发展时期,对保证勘察质量,促进我国公路建设事业的发展,起到了重要作用。但是,随着我国公路建设事业的发展,公路建设涉及的地质问题越来越复杂,工程设计对地质资料的要求也在不断提高,工程地质勘察出现了一些新的问题,在相关的公路工程设计标准修订以后,原规范已难以适应公路建设的需要。本规范总结和吸收了原规范自发布实施以来的建设经验和科研成果,对该规范进行了全面修订。公路工程建设必须全面贯彻国家的建设方针,做到技术先进,经济合理,确保工程质量,这是制定本规范的宗旨和指导思想。

**1.0.3** 公路工程地质勘察分阶段开展工作,与设计工作同步协调,就是坚持公路基本建设程序,分阶段并按各阶段要求的深度开展工作,而准确提供各阶段所需的地质资料,则是确保各阶段工程设计质量的前提。进行公路工程地质勘察,制订切合实际的勘察方案,投入与各阶段勘察深度相适应的地勘工作量,对保证地勘工作的深度和质量至关重要。实践证明,地勘工作量的投入不足或制订的勘察方案不切合实际是导致工作深度不够或地质资料不能正确反映现场地质条件,严重影响工程建设质量的重要原因。总结工程地质勘察的经验和教训,本条强调:公路工程地质勘察应根据现场地形地质条件、工程结构设置、勘察手段的适用条件等,统筹考虑勘察手段的选配,合理确定勘察方案,综合各种因素合理确定地勘工作量,以确保工作深度。

**1.0.4** 路线方案比选和工程结构选址,地质工作必须先行,以查明路线通过区域及工程结构设置地段的工程地质条件,为路线方案比选和建筑场地选址提供可靠的地质资料。在路线走向及各类工程结构的位置基本确定以后,应根据现场地形地质条件、工程结构的类型和规模等,制订切合实际的勘察方案,有针对性地开展深入的地质工作,通过必要的勘探、测试等手段,查明工程建设场地的工程地质条件,对收集的各种地质资料,应进行综合分析、整理,以正确反映工程建设场地的工程地质条件,为公路工程建设提供资料完整、评价正确的勘察报告。工程地质勘察是一项综合性的地质工作,应结合工程设计按一定的程序开展工作,其程序应该是先进行工程地质调绘,再进行工程地质勘探、测试,最后综合分析,整理资料,编制工程地质勘察报告。

**1.0.5** 工程地质勘察的深度和地质资料的准确性对工程设计质量、工程造价、施工工期乃至工程运营期的安全可产生重大影响。公路工程建设中因地质工作的深度不够或勘察质量上存在的问题而导致工程方案变更，追加工程投资、延误工期，危及工程乃至人身安全的事例较多，教训深刻。公路工程地质勘察必须高度重视勘察工作每一环节的质量，加强对工程地质勘察各个环节的质量控制。建立完善的质量保证体系和质量追究制度，强化工程地质勘察工作的质量意识和质量管理，是保证勘察质量的重要条件。

## 2 术语和符号

  本章列出了规范中一些主要术语,对在条文中已加阐明的重要术语,本章均不再重复列出。术语的解释只是术语概括性含义,仅供引用时参考。
  本章列出了规范中的一些主要符号,一般按现行国家标准的规定采用。符号的文字说明只是结合规范的内容所作的注解,一个符号也可能代表几个不同的含义。

# 3 公路工程地质勘察的技术要求

## 3.1 一般规定

**3.1.3** 工程地质条件复杂程度的划分涉及与工程建设有关的各种地质条件,包括地形地貌、地层岩性、地质构造、水文地质、特殊性岩土及不良地质等条件。其中,地形地貌是一个地区地层岩性、地质构造、内外动力地质作用的综合反映,在一定程度上体现了工程所处区域地质条件的复杂程度和内外动力地质作用的强烈程度,而岩土的类型及其工程性质、基岩面的起伏变化情况、特殊性岩土和不良地质的发育程度、地下水、地震产生次生灾害的场地条件等与工程设计和工程结构的安全关系密切,采用上述因素进行场地划分可比较全面地反映工程建设场地地质条件的复杂程度。说明几点:

"地形地貌复杂",指地形起伏变化大,地貌类型多;"地形地貌简单",指地形平缓,地貌单一;"地形地貌较复杂",指介于"地形地貌复杂"和"地形地貌简单"之间的情况。

"特殊性岩土强烈发育"指严重湿陷黄土、强膨胀土、厚层软土、富冰冻土、强盐渍土等对工程影响大、分布广,需进行工程处治的特殊性岩土场地;"特殊性岩土较发育"指虽有特殊性岩土发育,但特殊性岩土对工程影响较小,可不采取工程措施进行处治或处治难度不大的轻微湿陷黄土、弱膨胀土、薄层软土、少冰冻土等场地;"特殊性岩土不发育"指工程场地无特殊性岩土发育。

"不良地质强烈发育"指滑坡、崩塌、泥石流、河岸冲刷、岩溶、采空区等不良地质发育的极不稳定场地,不良地质对工程的安全有直接影响,处治难度大;"不良地质较发育"指虽有上述不良地质发育,但并不十分强烈,不良地质对工程的影响不严重,处治难度不大;"不良地质不发育"指工程场地无不良地质发育。

工程地质条件复杂程度的划分涉及各种与工程建设有关的地质条件,具有较强的综合性。在划分工程地质条件的复杂程度时,考虑单一的地质条件有时是不够的。例如,可溶岩地区的溶蚀平原,地形地貌简单,但场地内可有土洞、溶洞等不良地质发育,若仅依据地形地貌条件将其工程地质条件的复杂程度划分为简单,则与实际情况不符。故本条规定:符合两个及两个以上条件者,宜按不利条件确定工程地质条件复杂程度。

## 3.2 岩石的分类

**3.2.1** 岩石的坚硬程度目前多采用岩石单轴饱和抗压强度 $R_c$ 进行划分,国内各部门采用的界限值和所划分的档数虽不尽相同,但都以 30MPa 作为硬质岩和软质岩的划分界线。从工程实践来看,这种划分是合适的,为工程界所公认。坚硬岩取 $R_c>60$MPa,已满足实际工程需求,不需再作进一步细分。本规范将软质岩划分为三档,与《工程岩体分级标准》(GB 50218—94)、《公路隧道设计规范》(JTG D70—2004)等对岩石坚硬程度的划分一致。

需要指出的是,《公路桥涵地基与基础设计规范》(JTG D63—2007)与《公路隧道设计规范》(JTG D70—2004)对岩石坚硬程度的划分虽均为 5 档,但前者采用的是岩石单轴饱和抗压强度标准值 $f_{rk}$,而后者采用的是岩石单轴饱和抗压强度实测值 $R_c$。各行业在评价岩体工程性质时,究竟是用岩石单轴饱和抗压强度实测值 $R_c$,还是采用岩石单轴饱和抗压强度标准值 $f_{rk}$,目前尚无统一规定。例如,在评价岩石地基承载力时,《铁路桥涵地基和基础设计规范》(TB 10002.5—2005)采用实测值,而《公路桥涵地基与基础设计规范》(JTG D63—2007)采用标准值;在划分隧道围岩等级和评价岩体力学参数时,《公路隧道设计规范》(JTG D70—2004)和《工程岩体分级标准》(GB 50218—94)采用的都是实测值。由于岩石的坚硬程度与岩石的矿物成分、结构构造、胶结程度、风化程度、含水状态、裂隙发育情况等诸多因素有关,受这些因素的影响,工程岩体内岩石的抗压强度存在变异性,即使忽略试验误差的影响,采用标准值也难以完全反映工程岩体不同部位岩石的实际抗压强度。那么,根据有限岩石试样的抗压强度值,考虑岩体受构造的影响程度、风化程度和岩性等各方面的因素对岩石的坚硬程度进行综合判定比较符合实际。本次规范修订采用岩石单轴饱和抗压强度实测值 $R_c$ 而不是标准值划分岩石坚硬程度也是基于上述考虑。采用范围值而没有给出确定的界限值,是考虑岩石复杂多变,有一定随机性,这些数据只是从一个侧面反映其性质,评价时应注意结合岩性、岩体受构造的影响程度、地下水发育情况等场地地质条件综合确定。

**3.2.2** 岩体完整程度的划分目前尚无统一规定,多数规范根据结构面的发育程度和结构面的性状进行划分。本规范对岩体完整程度的划分与《公路隧道设计规范》(JTG D70—2004)、《工程岩体分级标准》(GB 50218—94)一致,有利于隧道围岩分级和岩体力学参数评价。

**3.2.7** 节理发育程度是评价岩石地基承载力的一项重要指标,本规范岩体节理发育程度的划分与《公路桥涵地基与基础设计规范》(JTG D63—2007)基本一致,考虑到节理发育间距存在小于20mm 的这一实际情况,增加了 $d\leqslant20$mm 一档。需要说明的是:在使用表 3.2.7 时应注意,表中的节理在本规范中泛指各种分割岩体的结构面。

## 3.3 土的分类

**3.3.3** 液塑限在土类划分、土体状态判别方面具有重要作用。但国内外对液塑限测试采用的方法目前尚不统一。常用的液限试验方法有 4 种:①76g 圆锥仪,锥角30°,沉入土中 10mm；②76g 圆锥仪，锥角 30°，沉入土中 17mm；③100g 圆锥仪，锥角 30°，沉入土中 20mm；④卡氏碟式仪法。而塑限试验方法有 3 种：①76g 圆锥仪，沉入土中 2mm；②100g 圆锥仪，沉入土中 $h_p$（$h_p$ 根据土体液限按经验公式确定）；③搓条法。不同的方法分别被各国的行业规范所采用。例如，对于土的液限，我国《岩土工程勘察规范》（GB 50021—2001）、《建筑地基基础设计规范》（GB 50007—2002）采用 76g 平衡锥，入土深度 10mm 测定，《公路土工试验规程》（JTG E40—2007）采用 100g 平衡锥，入土深度 17mm 测定，而国外则多采用卡氏碟式仪法测定。不同的试验方法得到的结果与土体"真实"的液塑限存在差异。

根据土力学定义，液限是土体由可塑状态转化为流动状态时的界限含水率，处于液限状态的土体，其力学特征应为剪切强度趋于零而非零的临界状态。因此，各测量液限的方法应以能够标示出土体强度尽可能小而非零的状态为佳。我国原水电部在修订液限塑限联合测定的过程中，曾组织全国 13 个单位对各地 16 种土（从低液限到高液限）用光电式液限仪进行液限塑限对比试验。从对比试验的结果来看，采用卡氏碟式仪，76g 锥入土深度 17mm，100g 锥入土深度 20mm 的方法测试处于液限状态的土体，其抗剪强度基本一致，均在 1.9kPa 左右，而采用 76g 锥入土深度 10 mm 的方法测试处于液限的土体，其抗剪强度则达 5.3kPa（表 3-1）。表明采用 76g 锥入土深度 10mm 的方法测试土体的液限其结果与实际情况偏差较大。采用该种方法测得的液限 $w_L$ 偏小，计算的液性指数 $I_L$ 偏大，导致在试验室内判断为流塑状的土体，在现场判断可能为软塑。因此，采用 76g 锥入土深度 10mm 测试液限的方法并不理想。国内一些相关标准如《土工试验方法标准》（GB/T 50123—1999）中原 10mm 液限已不再保留。尽管采用 76g 圆锥仪，下沉深度 10mm 测定液限时土的强度偏高，但《公路桥涵地基与基础设计规范》（JTG D63—2007）中的地基承载力基本容许值表是基于 76g 锥入土深度 10mm 测量的液限得到的。鉴于上述原因，本标准在条文中未明确采用 76g 锥测试液限的入土深度。从实用出发，当确定土的液限值用于了解土的物理性质时，应采用碟式仪法或 76g 锥入土深度 17mm 时的含水率确定液限，而划分粉土、粉质黏土、黏土或按《公路桥涵地基与基础设计规范》（JTG D63—2007）确定粉土、黏性土的承载力基本容许值时，应采用 76g 锥入土深度 10mm 时测定的液限计算塑性指数和液性指数，以与土类划分和承载力表配套使用。

表 3-1 不同方法测试液限的抗剪强度

| 抗剪强度 | 76g 锥 17mm | 76g 锥 10mm | 卡氏碟式仪 | 100g 锥 20mm |
|---|---|---|---|---|
| 范围值(kPa) | 1.3～2.7 | 3.1～7.1 | 0.7～3.7 | 1.2～2.6 |
| 平均值(kPa) | 1.9 | 5.3 | 1.9 | 1.9 |

塑限的测定长期采用搓条法，该法是一种根据土体物理变形特征提出的直接测定方法，其最大的缺点是人为因素影响大。我国一些单位经过研究，用圆锥仪测定塑限已找出与塑限相对应的下沉深度，发现将 76g 锥入土深度 2mm 时对应的含水率定为塑限比较符合实际情况，该法定名为液、塑限联合测定法。其主要优点是易于掌握，采用电磁落锥可减少人为因素影响。该法已列入《土工试验规程》（SL 237—1999）和《公路土工试验规程》（JTG E40—2007）等相关行业标准。

## 3.5 工程地质调绘

**3.5.2** 在开展工程地质调绘工作前,充分收集和研究工作区既有的各种地质资料是了解区域地质情况,初步确定工作的重点、难点,制订工作计划,做好工程地质调绘的基础。遥感解译是进行工程地质调绘的一种重要手段,具有覆盖面广、信息量丰富等特点,既可以进行区域宏观分析,又可指导地面地质工作,大大减轻地质人员的劳动强度,减少调绘的盲目性,提高调绘质量。但作为一种勘察方法,遥感解译受信息处理和比例关系等因素的影响,也有其局限性,图像失真、假象或对一些地质现象难以识别等难以避免。采用遥感解译与地面地质调绘相结合的方法开展工作,可以取长补短,对调绘资料相互补充验证,提高调绘的质量和效率。在覆盖层发育的地区,对一些隐伏的地质界线通过地面观测往往难以进行准确的定位和追踪,应结合必要的挖探、物探等勘探手段进行调查。

**3.5.3** 公路工程沿线构筑物的种类较多,对地质资料的要求不尽相同。本条仅对工程地质调绘的一般内容进行了规定,为满足实际工作需要,尚应结合路线方案比选及各类构筑物建设场地的勘察做必要的补充调绘。

**3.5.7** 工程地质调绘点的密度目前尚无统一规定,《水利水电工程地质测绘规程》(DL 5023—93)规定:"地质点的间距,在相应比例尺图上的距离为 2~3cm。"《工程地质调查规范》(DZ/T 0097—1994)规定:1:50 000 工程地质调查的观测点密度为 30~100 个/100km$^2$;1:25 000 工程地质调查的观测点密度为 100~600 个/100km$^2$。《岩土工程勘察规范》(GB 50021—2001)、《铁路工程地质勘察规范》(TB 10012—2007)未作具体要求。作为控制调绘质量的一项重要指标,工程地质调绘点的密度应综合考虑勘察阶段、地质条件的复杂程度、成图比例、露头情况、区域地质研究工作程度、工程设置、距离路线的远近等多方面的因素加以确定。鉴于我国幅员辽阔,各地对区域地质研究工作的深度不尽相同,不同项目的建设条件、规模、道路等级等差异较大,要规定适用于各种条件的调绘点密度,目前条件还不成熟,有待进一步研究。本次规范修订,对工程地质调绘点的密度规定为在图上每 100mm×100mm 不得少于 4 个调绘点是综合各方面意见确定的低限值,在实际工作中,应以查明地质条件为准。需要指出的是:工程地质调绘点应布置在各种地质体的边界以及能够说明地质体属性的代表性位置,并综合现场地质条件、地质体距离路线的远近和路线上的工程结构设置情况等确定调绘点的密度,不应机械地采用等间距布置。

**3.5.8** 工程地质调绘是工程地质勘察的一项基础性工作,其成果是进行路线及工程方案比选,制订勘察方案,编制工程地质勘察报告的基础资料。在进行工程地质调绘时,忽视工程地质调绘的重要性,脱离工程勘察目的随意或机械地采用等间距布置工程地质调绘点,提交的资料难以正确反映现场地质条件。工程地质调绘点的布置应工程目的明确,并具有代表性,应能控制地质体的边界和说明地质体的属性。工程地质调绘点布置在地层接触线、断层线、地貌单元以及不良地质和特殊性岩土体的边界等部位,有利于对各种地质体的分布情况进行定位控制,使填绘的各种地质界线有据可查;工程地质调绘点布置在岩层和节理露头、地下水出露点、地貌单元以及特殊性岩土体等的代表性部位,有利于对各种地质体的地质属性进行调查,量测岩层产状,对节理的发育情况统计调查;大桥、特大桥、长隧道、特长隧道、高路堤、深路堑等路段的建设条件,对工程方案及工程的建设规模、造价等影响较大,将调绘点布置在这些部位,有利于查明场地工程地质条件,为工程方案论证比选和勘察方案的制订提供地质依据。

**3.5.9** 国内对工程地质测绘的精度目前尚无统一要求。《水利水电工程地质测绘规程》(DL 5023—93)规定:"各种地质界线的允许误差,为相应比例尺图上的±2mm";《岩土工程勘察规范》(GB 50021—2001)规定:"地质界限和地质观测点的测绘精度,在图上不应低于3mm。";《铁路工程地质勘察规范》(TB 10012—2007)未作具体规定。公路工程是线性工程,沿线地形地质条件变化较大,有的地区植被茂密,受测量手段等限制,精度要求过高,有时难以达到。从工程实践来看,对一般的地质调绘点,尤其是远离线位的调绘点,精度稍加降低,对成图质量不会产生实质性的影响。但通过路线或工程结构设置部位的地层界线、断层线、特殊性岩土及不良地质的界线等对工程地质评价和成图的质量意义重大,应确保测绘精度。基于上述原因,本条规定:"工程地质图上的地质界线与实际地质界线的误差在图上的距离不宜大于3mm。对控制路线位置、工程设计方案、工程结构设置的不良地质和特殊性岩土地段,地质点和地质界限应采用仪器测绘。"

## 3.6 工程地质勘探

**3.6.5** 物探具有适用范围广、设备轻便、效率高和成本低等特点,是进行工程地质勘察的一种重要勘探方法。被测地质体的天然物理场或人工物理场是物探采集的基本信息,物探通过对这些信息的研究来了解地质体的物理性质和几何形态,从而达到勘探的目的。由于物探的使用效果和探测精度往往会受到现场地形地质条件和施工条件的影响,对这些因素必须加以考虑。物探通常测定的是被测地质体的物理场在地表的分布情况,而地质体的物理场要为仪器所观测到其在地表就要有一定的强度,物探才能在勘探中起到应有的作用。被测地质体与围岩的物理性质具有显著的差异且具有足够的厚度和体积是物探使用的基本条件。地形的起伏会使地质体的物理场在地表的分布发生畸变,地物也会影响到测线测网的布置,而电、磁、振动等干扰会使仪器的观测发生困难或造成误差,物探的有效性和使用效果还取决于现场的地形地物条件以及现场受干扰的程度。在公路工程地质勘察中使用的各种物探方法的观测系统参数、仪器工作参数有一定的范围,这些参数与探测的效果和精度密切相关。因此,在外业工作期间和工作过程中,结合现场情况进行必要的方法试验是确保勘探质量的重要环节。

## 3.7 原位测试

**3.7.1～3.7.3** 原位测试是进行工程地质勘察的一种重要手段,在探测地层分布,测定岩土特性,确定地基承载力等方面,有突出的优点。但各种原位测试方法均具有一定的局限性,获取的岩土参数不同,且获取的试验数据,造成误差的因素较为复杂,可由测试仪器、试验条件、试验方法、操作技能、地层条件等引起。应根据现场岩土条件、勘察目的、设计对岩土参数的要求等选择测试方法,并对各种可能引起误差的不利因素有基本估计,剔除异常数据,提高测试数据的精度。在工程地质勘察过程中,应强调各种原位测试方法之间、原位测试与勘探试验资料之间的相互配合使用,获取符合实际情况的地质参数。我国幅员辽阔,不同地区的岩土特性有很大差别,原位测试数据与岩土的强度特性、变形特性乃至物质组成诸因素有关。这些因素又因土质状态、结构不同而异,且往往具有地区特点。因此,原位测试数据的应用应以地区经验的积累为依据。

# 4 可行性研究阶段工程地质勘察

## 4.1 预可勘察

**4.1.1** 预可行性研究是公路建设项目前期工作的重要组成部分,是建设项目立项和决策的重要依据。根据《公路建设项目可行性研究报告编制办法》的有关规定,预可行性研究阶段要求通过实地踏勘和调查,重点研究项目建设的必要性,初步确定建设项目的通道或走廊带,并对项目的建设规模、技术标准、建设资金、经济效益等进行分析论证,编制预可行性研究报告,为编制项目建议书提供依据。本规范用"了解"一词对预可勘察的深度进行表述,是由于"了解"一词具有通过调查、弄清楚的含义,与预可勘察的深度要求相适应。

**4.1.2** 本条规定了预可勘察的工作方法和工作内容,提出预可勘察应采用资料分析、遥感图像解译和现场踏勘调查相结合的工作方法,对通道(或走廊带)的工程地质条件进行研究。在预可行性研究阶段,路线方案的研究主要是路线的起终点、中间控制点(如城镇、规划区、重要的垭口等)为主的路线总体走向及走廊方案研究,以及跨越大江大河及重要垭口(可能出现的特大型桥梁、特长大隧道)的位置的选择。路线方案通常在1:10 000～1:50 000的地形图上进行研究,由于工作深度有限,具体线位难以确定,对一些方案的比选结果有时还难以取舍,有待工可阶段继续研究。在预可行性研究阶段,对项目建设区域的工程地质条件更侧重于宏观地质条件的把握。项目的工程投资主要根据工程建设经验所获得的指标进行类比估算。由于这类估算指标体现了一个地区某一级公路在特定地形条件下每公里的工程量或造价,隐含了地质条件对工程量或造价的影响,通过勘探测试获取岩土参数的工程结构设计通常不在预可行性研究阶段进行。从工程实践来看,采用资料收集、遥感图像解释、现场踏勘调查相结合的方法(或进行1:10 000～1:50 000遥感工程地质调绘),对通道或走廊带的工程地质条件进行研究,取得的资料通常能够满足公路建设项目预可行性研究的工作需要。

**4.1.4** 跨江、海独立公路工程建设项目,其建设规模大,技术复杂,工程建设场地的地质信息往往为大面积水体所掩盖,控制和影响通道位置比选或桥隧工程项目实施的地质情况不明,拟定的桥位(或隧址)在地质上是否合适,工程的建设规模以及实施的难易程度如何等问题均难以把握,通过勘探、测试手段对控制和影响项目建设的地质条件予以探明十分必要。

物探作为一种勘探方法,在探测水下地形、隐伏断裂构造、河床覆盖层厚度等地质信息方面具有明显的优势,沿拟定的通道位置布置纵向勘探断面有利于了解拟建工程场地的地质条件,为工程方案的拟定提供基础资料。在实际工作中,鉴于各地及不同的工程建设项目所涉及的地质问题存在差异,应根据现场实际地质情况确定物探断面的位置和数量,以对工程建设项目的实施、选址或工程方案的拟定有重大影响的地质问题,如区域性活动断裂等予以探明。为满足工程方案研究的需要,结合物探资料,布置勘探钻孔,对区域性断裂异常点、水下隧道以及桥梁深水基础部位的地质条件等进行勘探是必要的。

## 4.2 工可勘察

**4.2.1** 根据《公路工程可行性研究报告编制办法》的有关规定:公路建设项目的工程可行性研究,要求进行充分的调查,通过必要的测量和地质勘察,对可能的建设方案从技术、经济、安全、环境等方面进行综合比选论证,提出推荐方案,明确公路建设的规模、技术标准,估算项目投资,编制工程可行性研究报告。工程可行性研究阶段投资估算与初步设计概算之差,要求控制在投资估算的10%以内。本条"初步查明"是指与建设项目工程可行性研究相适应的勘察深度,提供的地质资料应满足不同工程方案论证、比选的需要,基于地质资料作出的工程方案其投资估算与初步设计概算之差应控制在10%以内。

**4.2.2～4.2.5** 在工程可行性研究阶段,路线方案的研究要求在1:10 000或更大比例尺的地形图上进行,路线及工程方案虽较预可阶段明确,但鉴于研究的比例尺仍比较小,且工作深度有限,具体线位有待进一步研究,公路沿线的构筑物设置和路线上的纵向填挖情况等随着后续设计工作的深入均可能出现一定的变化,从工程方案的研究总体来看还是粗线条的。在工程可行性研究阶段,对公路沿线工程地质条件的勘察更侧重于对宏观地质条件的把握,地质勘察虽较预可阶段有所加深,但仍然是概略的、初步的。工可勘察以工程地质调绘为主,辅以必要的勘探手段进行,符合工程实际。

在工程可行性研究阶段,采用与通道或走廊方案研究相同(1:10 000)或更大比例尺的地形图进行路线工程地质调绘,除地形地貌、地层岩性、地质构造等一般地质条件的调查外,对控制工程方案的地质条件,如区域性断裂尤其是区域性活动断裂以及规模大、性质复杂的大型滑坡、采空区等不良地质,大面积分布的软土、冻土等特殊性岩土,区域储水构造,技术复杂大桥、特大桥桥位的河床及岸坡的稳定性,长隧道、特长隧道的水文地质条件及进出口地带斜坡的稳定性等应作为调绘的重点。

在工程可行性研究阶段,路基、小桥、涵洞、通道、标准跨径小于20m的中桥、标准跨径大于20m的一般结构中桥及大桥、短隧道、交叉工程及沿线设施等构筑物的工程投资主要通过现行《公路工程估算指标》的分项指标进行估算。这些指标是依据公路建设项目的设计和竣工资料而制定的,反映了不同地区公路建设的实际情况,隐含了一个地区地质条件对工程投资的影响。对于上述各类构筑物,一般不需要通过基于岩土参数的工程结构设计所确定的工程量对其工程投资进行估算,故可不进行专项勘探测试。从工程实践来看,通过对通道或走廊进行工程地质调绘取得的资料其深度(即"了解")可满足路线及一般构筑物工程可行性研究的需要。但对通道或路线走廊难以绕避的大型不良地质、特殊性岩土发育地带,鉴于其处治工程技术复杂,费用较高,应通过必要的勘探测试手段探明其类型、性质、分布范围,取得工程方案设计所需的岩土参数;路线上的特大型桥梁往往也是建设项目的控制性工程,鉴于其工程规模大、技术复杂、下部结构所占工程比例较高(可达桥梁总工程量的30%~40%或更高),当通过资料收集和现场调绘不能满足工程方案研究的需要时,应通过必要的勘探测试手段探明桥位地质条件,取得桥位选择、桥型及基础工程方案设计所需的地质资料;工程地质条件复杂的路段,遇到岩溶、采空区、滑坡等影响大桥桥位或工程方案的地质问题时,应结合现场调绘和工程方案研究的需要进行必要的勘探,探明桥位地质条件;长隧道、特长隧道,隧址地质条件往往比较复杂,隧道的围岩等级、水文地质条件、地应力水平、进出口条件等对工程造价及项目的实施影响较大,通过资料收集和现场调绘不能判明隧址水文地质及工程地质条件时,应采用必要的勘探测试手段对隧址进行勘察,收集工程方案研究所需的地质资料;控制路线方案的越岭路段、区域性断裂通过的峡谷、区域性储水构造等地质条件较复杂,工程项目实施易诱发地质灾害,应在调绘的基础上,结合工程方案比选,进行必要的勘探;跨江、海独立公路工程建设项目,其建设规模大,技术复杂,地质条件对工程方案及项目的实施影响较大,但建设场地的地质信息往往被大面积水体所覆盖,通过资料收集和现场调绘往往难以判明地质条件,此时应通过必要的勘探手段予以探明。上述地质工作的勘探方案及工作量应根据现场条件、工程类型、规模等确定。重要工点指控制工程方案、造价、建设规模的控制性工程,如路线难以绕避的大型滑坡等不良地质,分布广、厚度大的软土等特殊性岩土地带,悬索桥、斜拉桥等技术复杂大桥,地质条件复杂的特长隧道等,应结合工程方案比选和设计需要编制工点工程地质资料。

# 5 初步勘察

## 5.1 一般规定

**5.1.1** 初步设计是工程的方案设计。根据《公路工程基本建设项目设计文件编制办法》的有关规定,在初步设计阶段,要求基本确定路线、路基、桥梁、隧道、交叉工程及沿线设施等工程的设计方案,计算各项工程数量,初步拟定施工方案,编制设计概算。"基本查明"是指与建设项目初步设计相适应的勘察深度,提供设计使用的工程地质资料必须满足工程方案论证、比选的需要,基于地质资料作出的工程设计在施工图阶段不得由于本阶段地勘工作的深度不够而出现重大变更,工程造价不得突破设计概算。其工作内容主要包括:

(1)基本查明公路沿线的区域地质、水文地质和工程地质条件,为路线方案比选及重要工程选址提供水文地质及工程地质资料。

(2)基本查明各类构筑物建设场地和地基的地质条件,为选择构筑物的结构类型和地基基础方案设计提供地质资料。

(3)基本查明不良地质的类型、规模、分布、诱因、发展趋势,评价其对公路工程的影响程度和绕避的可能性,提供工程方案设计所需的地质资料。

(4)基本查明特殊岩性土的成因、类型、分布范围、厚度、地层结构,评价其对公路工程的影响程度和绕避的可能性,提供工程方案设计所需的地质资料。

(5)收集公路沿线地震动参数及地震安全性评价资料。

(6)对工程项目实施有可能诱发的地质灾害进行预测,研究其对公路工程的影响程度,并对重大地质问题开展专题研究。

(7)对工程建设场地的适宜性和优劣进行评价、比选,并提出工程地质意见和建议。

(8)基本查明沿线筑路材料的类别、料场位置、储量及开采条件。

(9)编制初步勘察报告。

**5.1.2** 公路工程涉及的地质问题具有面广、复杂的特点,采用单一的手段往往难以取得各类工程方案比选、设计所需的地质资料。在初步设计阶段,应结合路线及各类构筑物的工程方案设计,根据现场地形地质条件,采用综合勘察方法进行勘察。

**5.1.3** 公路工程是在特定的地质环境中进行建设的,公路工程的施工、运营必然会对地质环境造成影响,并受到地质环境的制约和作用。在进行公路建设的过程中,由山体开挖造成的工程滑坡,隧道修建造成的地表水源干涸等环境地质问题较多,以往对此重视不够,出现了一些问题。针对这些情况,本条提出应对工程项目建设可能诱发的地质灾害和环境工程地质问题进行分析、预测,对重大地质问题开展必要的专题研究,评估其对公路工程和环境的影响。

## 5.2 路线

**5.2.1** 初步设计是方案设计,路线方案比选是初步设计阶段一项重要的工作内容。沿线的地形地貌、地层岩性、地质构造、水文地质条件对路线方案的比选具有重要意义,而不良地质及特殊性岩土的分布范围和性质、区域性活动断裂、区域含水构造、有可能形成滑坡等地质灾害的不良地质体、控制斜坡或路堑边坡稳定的地质结构以及对路堤稳定性有影响的软弱地层的发育情况等,在路线方案比选和大型桥隧工程选址方面往往是起控制作用的地质因素。对上述各类地质条件,结合路线方案比选和构筑物的选址予以查明十分必要。鉴于在初步设计阶段,路线方案的比选通常在工可确定的路线走廊内进行,对特殊性岩土和不良地质,尤其是大面积分布、性质复杂的特殊性岩土和不良地质,工程地质选线以避让为主,路线设计侧重于对其在平面上分布情况的了解和把握,采用以工程地质调绘为主,辅以必要的勘探、测试手段,对沿线的工程地质条件进行勘察,是路线勘察工程实践经验的总结。

## 5.3 一般路基

**5.3.1** 一般路基是指在正常的地质与水文条件下,填方高度和挖方深度小于规范规定的高度及深度的路基。通常认为,一般路基可结合当地的地形、地质情况,直接选用典型横断面图或设计规定进行设计,不必进行个别论证和演算。鉴于填方路基与挖方路基在进行设计时考虑的地质因素不同,对地质资料的要求也不一样,路段较长时,地质条件的变化也会对路基的设计方案产生影响,故一般路基勘察应结合路线填挖设计,划分填方路段和挖方路段,并进一步根据路段长度及各段地质条件的变化情况,分段基本查明各段工程地质条件。特殊性岩土和不良地质的发育情况对工程方案设计影响较大,初勘阶段应基本查明。以往在一般路基勘察的过程中,由于对特殊性岩土和不良地质的调查重视不够,在工程项目实施的过程中,出现了一些导致工程方案发生变更的情况。为避免因工程简单而忽视对现场特殊性岩土和不良地质的勘察,本条提出应基本查明"不良地质和特殊性岩土的分布范围、性质"。

**5.3.2** 一般路基通过地段,填方高度和挖方深度较小,地质条件相对比较简单,可仅作工程地质调查,而不必进行专门的工程地质调绘,故工程地质调绘可与路线工程地质调绘一并进行。但在路线填挖变化频繁、工程地质条件复杂或较复杂路段,影响路基设计的因素较多,应进行必要的补充工程地质调绘,进一步查明路段工程地质条件。例如:在挖方路段应注意调查边坡的岩体类型及有无控制边坡稳定的外倾结构面;地势低洼的填方地带应注意调查基底有无影响路基稳定的软弱地层发育;斜坡地带应注意调查斜坡的自然稳定状态和有无滑坡等不良地质发育等等。

**5.3.3** 一般路基的填挖高度较小,地质条件相对比较简单,采用挖探、螺纹钻等简易勘探手段一般可以满足勘察要求。但对挖方深度较深或路基填筑高度较高、地基软弱或有软弱下卧层发育、半填半挖路基的下伏基岩面横坡较陡,对路堤的稳定性有不良影响等需进一步探明地质情况时,挖探、螺纹钻等简易勘探手段有时难以满足勘探要求,应根据现场情况选用静力触探、钻探、物探等探明深部地质情况。本条规定:勘探测试点的数量每公里不得少于 2 个是根据原规范对勘探测试点的数量要求提出的低限值。在实际工作中,应结合路基填挖设计和地貌地质单元布置勘探测试点,以探明路段地质情况,满足一般路基方案设计的要求。条文中的勘探测试点是指能够采取岩土试样或在现场测试岩土工程性质的挖探点、钻孔或静力触探孔等。

## 5.4 高路堤

**5.4.1** 高路堤至今尚无明确界定。一般认为,高路堤是指填筑高度大于 20m 的路堤。其特点是填筑工程数量大,占地面积大,对地基的承载力和稳定性要求较高。从工程实践来看,高路堤出现的稳定性问题较多。本条结合这一特殊情况,对高填路堤的勘察界面作了原则性的规定。

**5.4.2** 高路堤的稳定性除与路堤的填筑高度有关外,与地基的地质条件密切关联。工程地质勘察应重点查明地基的地质条件和稳定状况。本条对高路堤勘察内容作了一般性的规定,鉴于各地及沿线的自然环境和地质条件存在差异,在进行工程地质勘察时,尚应结合建设场地的具体情况确定勘察内容。

**5.4.4** 高填方路段的地形往往比较复杂,路段地质条件不尽相同,应选择代表性位置布置勘探断面进行工程地质勘察。所谓代表性位置是指代表路基填筑高度,代表路段地质条件,对工程设计方案具有控制意义的断面位置,可根据路堤填筑最大高度和地质条件综合确定。高填方路段较长时,路段地质条件可能会出现变化,应结合路基填筑高度和地质条件确定代表性勘探断面的数量,以探明路段地质条件,满足工程方案设计。

持力层是直接承受构筑物底部荷载的地层。在土力学计算中,由于持力层受构筑物底部荷载所引起的附加压力是持续减少的,到一定深度以后压力就可以忽略不计,通常取附加应力与自重应力之比为 0.10 时所对应的深度作为持力层深度。高路堤的沉降计算目前主要采用的是分层总和法,规定土层上部取样密度大,下部取样密度小,与沉降计算对地基分层和计算精度的要求一致。

## 5.5 陡坡路堤

**5.5.1** 陡坡路堤通常是指地面横坡坡度超过1:2.5的路堤。其特点是：地面横坡陡，填筑工程数量大，对稳定性要求高。从工程实践来看，陡坡路堤出现横向滑移稳定性的问题较多。本条结合这一情况，对陡坡路堤的勘察界面作了原则性的规定。

**5.5.2** 陡坡路堤的稳定性除与路堤的填筑质量和高度有关外，与陡坡地段的地形地质条件密切关联。从工程实践来看，陡坡路堤的失稳破坏主要有以下几种形式：①基底为稳定山坡或基岩面，但因地面横坡较陡，路堤沿基底接触面或基岩面产生滑动；②基底为覆盖层，但覆盖层下卧基岩面倾向路基，倾角较陡，路堤连同基底覆盖层沿倾斜的基岩面产生滑动；③基底覆盖层土质软弱（地下水丰富或有地表积水入渗），路堤连同基底软弱土层沿基底某一圆弧滑动面产生滑动；④路堤坡脚受地表水流冲刷，引起路堤牵引滑动破坏；⑤斜坡岩体内存在倾向路基的软弱结构面（如层理、片理、泥化夹层等），路堤连同基底岩土层沿岩体内的软弱结构面产生滑动。工程地质勘察应重点查明陡坡路段的地质条件和稳定状况。本条对陡坡路堤的勘察内容作了一般性的规定，鉴于各地及沿线的自然环境和具体工程的场地地质条件存在差异，在进行工程地质勘察时，应结合项目具体情况确定勘察内容。

**5.5.4** 陡坡路堤所处的位置，地形比较复杂，路段地质条件不尽相同，工程地质勘察应重点查明斜坡地带的地质结构，特别是有无倾向坡面下方的不利结构面和地下水发育情况等。为查明陡坡路段的工程地质条件，沿路基横断面方向布置勘探断面，进行地质勘探、测试通常是必要的。当路段长，地质条件变化复杂时，应根据现场实际情况适当增加勘探断面的数量，以查明路段地质条件。但对地质条件简单、露头清楚的路段，通过工程地质调绘可查明工程地质条件时，也可通过调绘取得设计所需的地质资料。本条提出：每条勘探横断面上的勘探点数量不宜少于2个，是因为查明勘探断面上的地层分布等地质情况，一般至少需要2个勘探测试点，而对地质条件简单、地层单一的路段，勘探测试点的数量可酌情减少。

## 5.6 深路堑

**5.6.1** 深路堑通常指土质边坡垂直挖方高度超过20m，岩质边坡垂直挖方高度超过30m的路基工程。由于其开挖工程量大，容易造成斜坡岩土体失稳，引起滑坡等地质病害，要求在稳定性分析的基础上进行工程方案设计。从工程实践情况来看，造成斜坡失稳的原因比较复杂，垂直挖方高度未超过20m的土质边坡和垂直挖方高度未超过30m的岩质边坡发生大型滑坡的情况时有发生，斜坡的失稳除与边坡高度有关外，尚与斜坡的地质结构和地下水的发育情况等密切关联。本条结合这些情况，对深路堑的勘察界面作了原则性的规定。

5.6.2 深路堑的工程地质问题主要是边坡的稳定问题,工程地质勘察应重点查明挖方路段边坡的地质结构和地下水的发育情况,并注意调查地质条件类似地区边坡的病害类型及其发育规律,分析边坡的稳定性。本条对深路堑勘察的内容作了一般性的规定。鉴于各地及公路沿线各深挖路段的地质条件存在差异,在进行工程地质勘察的过程中,应结合现场具体情况确定勘察内容。

大量研究资料表明,岩质边坡的岩体结构对边坡的变形和失稳方式具有控制作用,例如,岩层倾向与坡向一致的层状同向结构(顺向坡),岩层易产生顺层滑动;而岩层倾向与坡向相反的层状反倾结构(反向坡),可产生倾倒破坏;具有层状斜向结构的边坡,当层面与节理的组合交线倾向路基时,可产生楔体滑移;坡脚有软弱地层发育的水平岩层,易形成错落或发生向临空方向的拉裂倾倒等等。在以往的地质勘察中,对此重视不够或认识不足。总结以往的经验教训,本条提出在初勘阶段应基本查明边坡岩体的结构类型。岩质边坡的岩体结构类型划分详见本规范附录B。

深路堑边坡的稳定性分析,目前采用的定量分析方法主要是极限平衡条分法,如瑞典法、简化Bishop法、Sarma法、不平衡推力法、Spencer法等,工程地质勘察应分层提供用于稳定性计算的岩土物理力学参数$\gamma$、$c$、$\varphi$,当采用数值分析方法,如有限元强度折减法时,尚应提供$E$、$\nu$等。岩体和结构面的抗剪强度参数,是进行岩质边坡稳定性分析计算的基础资料。岩质边坡勘察应注意面点结合,加强结构面的统计调查,在边坡岩体工程分级和结构面性状调查的基础上,参照国标《工程岩体分级标准》(GB 50218—94)的有关规定或通过现场测试确定岩体及结构面用于稳定性分析计算的物理力学参数。

5.6.3 深路堑的地质条件往往比较复杂,影响边坡稳定的地质因素较多,应结合深路堑设计进行工程地质调绘。稳定性分析是深路堑设计的一项基础性工作。调绘宽度不宜小于边坡高度的3倍,是基于用数值分析方法在分析边坡的稳定性时,其建模宽度自坡脚向内不小于边坡高度3倍的要求,但对地质构造复杂、岩体破碎、风化严重、有外倾结构面发育或堆积层的厚度较厚、边坡上方的汇水区域较大、地下水发育的边坡,则应根据现场实际地质情况确定调绘范围。

结构面的调查和统计是划分边坡岩体类型的基础性工作,应在工程地质调绘的基础上按《公路路基设计规范》(JTG D30—2004)的有关规定划分。

5.6.4 深路堑设计,查明边坡地质结构至关重要。本条所指的"代表性位置"是指代表边坡高度、代表边坡地质结构的位置,在该位置上布置的勘探断面所反映的地质情况对边坡的稳定性分析和深路堑的工程方案设计具有控制作用。每段深路堑横向勘探断面的数量不得少于1条,是针对深路堑边坡稳定性分析及工程设计对地质资料的要求提出的。对路段长、地质条件变化大的深路堑,当一条勘探断面难以满足稳定性分析或设计要求时,则应根据实际情况增加勘探断面数量。在通常情况下,探明边坡横断面上的地质结构至少需要2个勘探点(探井、钻孔)。本条规定每条横断面上的勘探点数量不宜少于2个是由于存在一些例外情况,例如,在地质条件简单、地层单一的黄土地区,可减少钻孔数量,而当地质条件变化复杂时,则需要增加。岩体采取代表性岩样做岩石抗压强度试验是评价岩体工程性质,划分边坡工程岩体等级,提供用于边坡稳定性分析计算参数所需进行的工作,应结合边坡稳定性分析进行测试。

## 5.10 涵洞

**5.10.3** 公路沿线涵洞数量较多,涵洞设置部位地质条件不尽相同,应根据现场地形地质条件、路基填筑高度等确定勘探测试点的数量和位置。对地质条件相同的场地,做代表性勘探,取得的资料通常可满足相同地质条件下涵洞工程方案设计的要求;但对地质条件复杂的路段或工程规模大,需进行特殊设计的涵洞,应结合工程规模和现场地质条件进行工点勘察。

涵洞基础一般采用浅基础,勘探深度可综合考虑基础的埋深及受压层的厚度等确定,原则上应探明地基的地层结构和承载力。表5.10.3-1列出的勘探深度为一般地质条件下涵洞的勘探深度参考值,可供在实际工作中参考使用。不良地质和特殊性岩土地段的涵洞勘察尚应符合本规范有关章节的规定。

## 5.11 桥梁

**5.11.1** 公路工程是线性工程,沿线地质条件变化较大,一条线路上的桥梁工程其类型、规模不尽相同,涉及的地质问题各异,应结合桥梁的建设规模和桥型、桥跨及基础形式等确定勘察的内容和重点,制订相应的勘察方案。本条对桥梁勘察的内容作了一般性的规定,在进行工程地质勘察的过程中,尚应结合具体情况确定勘察内容。

**5.11.3** 跨江、海大型桥梁,工程建设规模大,技术复杂,涉及的地质问题较多,采用单一手段往往难以达到勘察目的,工程地质勘察具有很强的综合性。由于桥位地质信息大多为水体覆盖,对桥位所处区域工程地质条件进行调查研究,在工程地质调绘的基础上,制订具有针对性的勘察方案,从工程实践来看,是可行的,也是必要的。在以往的工作中,有的跨江、跨海大型工程建设项目,在桥位勘测期间,对桥位区域工程地质调绘工作重视不够,桥位所处的区域工程地质条件不明,将桥位选择在区域性断层、岩溶发育带等不良地质地段的情况时有发生,不仅造成工程方案的重大变更,也给施工带来很大的困难。桥位是桥梁工程所处区域工程地质环境的一个组成部分,其工程地质条件的形成与分布规律,与其所处区域工程地质环境的演化过程密切关联。进行1:10 000区域工程地质调绘,是正确认识和把握桥位工程地质条件的一个重要方面,有利于明确工程地质勘察的重点、难点,制订合理的勘察方案,指导后续勘察工作,对正确地分析、评价桥位工程地质条件,进行桥位工程地质比选是非常必要的。总结以往的工程经验教训,本条提出:"跨江、海大桥及特大桥应进行1:10 000区域工程地质调绘"。

**5.11.4** 本条提出:"勘探测试点应结合桥梁的墩台位置和地貌地质单元沿桥轴线或在其两侧交错布置"是由于同一地貌地质单元的地质条件基本相同,勘探测试点按地貌地质单元布置,有利于探明桥梁墩台所处地貌地质单元的地质条件,揭示的地质情况具有一定的"代表性";而结合桥梁的墩台位置进行布置,有利于探明桥梁墩台所处部位,特别是深水、大跨、高墩基础部位的地质情况,使提供的地质资料具有"针对性",从而有利于采用较少的勘探工作量探明桥位地质情况,反映桥梁墩台基础部位的地质条件,满足工程方案设计要求。

关于桥位初勘阶段的钻孔数量和深度,原规范规定见表 5-1。从工程实践来看,原规范的规定基本可行。但对深水、大跨、高墩基础以及跨径较大的桥梁等,在勘察中发现,表 5-1 中对孔深所作的规定有的偏浅。由于缺乏详细的调查研究,本次规范修订时,在钻孔数量一览表中未列出钻孔深度,仅在条文中对勘探深度作了原则规定。

表 5-1 桥位钻孔数量与深度表

| 桥梁类型 | 工程地质条件简单 | | 工程地质条件较复杂或复杂 | |
| --- | --- | --- | --- | --- |
| | 孔数(个) | 孔深(m) | 孔数(个) | 孔深(m) |
| 中 桥 | 2~3 | 8~20 | 3~4 | 20~35 |
| 大 桥 | 3~5 | 10~35 | 5~7 | 35~50 |
| 特大桥 | 5~7 | 20~40 | 7~10 | 40~120 |

注:1. 表列数值系参考值,工作中应根据实际情况确定。
    2. 河床中钻孔深度系以河床面高程控制,河岸处孔深应按地面确定。
    3. 表列孔深当地基承载力小时取大值,大时取小值。

近年来,跨江、跨海、跨越深山峡谷的特大型桥梁逐渐增多,对地质资料的要求也在提高。桥梁的深水、大跨基础及锚碇基础,其技术复杂,不仅对地质资料的要求高,基础施工还可带来环境方面的工程地质问题。因此,对技术复杂大桥及深水、大跨基础,锚碇基础的勘探,其勘探工作量和勘探深度应结合实际情况确定。

边坡的稳定性是山区公路经常遇到的工程地质问题,跨越深切沟谷或沿陡坡地带布设的桥梁如何选择桥位,如何布置桥梁墩台的位置关系到工程的安全,进行边坡的稳定性分析是该类地段工程地质勘察的重点之一。在以往进行桥位工程地质勘察时,由于对桥位横向边坡的勘察和稳定性分析不够,施工期间因边坡失稳导致重大工程变更的情况时有发生。总结以往的经验教训,本条提出:基础施工有可能诱发滑坡等地质灾害的边坡,应结合桥梁墩台布置和边坡稳定性分析进行勘探。

桥梁勘察采用的原位测试方法包括静力触探、动力触探、十字板剪切试验、旁压试验等,应根据地基岩土条件和设计对岩土参数的要求选用。含煤地层和有天然气田等分布的桥位,基础施工可能遇到有害气体,应按相关行业技术标准对有害气体进行测试,判明其对工程施工可能产生的不利影响。

## 5.13 隧道

**5.13.1** 我国是一个多山的国家,山地面积占国土面积的 2/3 以上,在山区进行公路建设，隧道工程往往占有很大比重。公路沿线的隧道工程，或深埋，或傍山，或穿越岩溶、断裂带等不良地质地段，涉及的地质问题复杂多样，工程地质勘察应查明隧址水文地质及工程地质条件，为隧道工程设计提供所需的地质资料。隧道的围岩等级、进出口边坡的稳定性、地下水涌水量、有害气体及矿体的分布和发育情况、傍山隧道存在偏压的可能性及其危害、地应力和围岩产生岩爆及大变形的可能性、隧道工程建设可能对环境产生的不利影响等问题是工程地质勘察的重要内容。本条对隧道勘察的内容作了一般性规定。在进行隧道勘察的过程中，鉴于各隧道工程的建设场地，地形地质条件不尽相同，隧道的建设规模及涉及的地质问题千差万别，在实际工作中，隧道的勘察内容尚应结合现场具体情况确定。

**5.13.4** 长隧道、特长隧道的建设规模大，穿越的地貌地质单元多，涉及的地质问题比较复杂。隧道工程选址及设计方案的工程地质比选是初步设计阶段一项重要的工作内容，进行隧址区域水文地质及工程地质调绘，正确认识和把握隧址区的水文地质及工程地质条件，是做好长大隧道选址及工程方案论证、比选的一项基础性工作。在初步设计阶段，应结合长隧道、特长隧道选址及工程方案的比选、论证，进行隧址区域水文地质及工程地质调绘。

不同的岩石具有不同的物理力学性质和水理性质，对隧道工程有着不同的影响。例如，黏土岩的渗透性差，裂隙不发育，往往构成含水构造的隔水底板；而砂岩的渗透性较好，裂隙发育，有利于重力水的储存和运移，往往成为重要的含水层；在厚层坚硬的岩石中修建隧道，围岩稳定，洞室开挖不易变形，可采用大断面开挖方法，而在软质岩及破碎地层中修建隧道，围岩稳定性差，洞室开挖，容易产生坍塌；隧道通过含煤地层，可能遇到瓦斯气体，通过含盐地层，可能促使混凝土遭受腐蚀；通过膨胀性岩层，岩体膨胀可能导致隧道围岩发生变形和破坏；通过放射性矿体，则可能对施工等造成不利影响；通过可溶岩地层，则可能遇到岩溶突水，影响工程安全等等。地层单位"组"是区域地质测量的基本填图单位，其岩性组合可有不同形式，或由一种岩石组成，或以一种岩石为主间夹某种重复出现的岩石；或由两三种岩石交替出现的互层构成。显然，将"组"作为隧道水文地质及工程地质调绘的地层单位，有时难以满足围岩划分及隧道水文地质及工程地质调绘评价的要求，故隧道工程地质及水文地质调绘采用的地层单位宜结合隧道的围岩分级、水文地质单元划分、地下水涌水量计算以及不良地质的分析评价等划分至岩性段。

节理的调查统计是研究岩体的完整性，获取岩体体积节理数 $J_v$，分段评价公路隧道围岩等级的一项重要工作。工程实践表明，在进行隧道工程地质勘察的过程中，选择具有代表性的岩石露头地段，进行节理统计调查，取得的资料对分段评价隧道的围岩等级意义重大，对节理统计调查应予以重视。

**5.13.5** 隧道属地下工程，探明深部地质条件，钻探是一种重要的勘探方法。将钻孔布置在地层界线、断层线、储水构造以及含盐地层和有害矿体分布的位置，可能产生岩爆、围岩大变形、突泥突水以及围岩分段具有代表性的部位等，有利于合理确定各级隧道围岩的分布段落，分析评价地下水的涌水量，对岩爆、塌方等不良地质进行分析评价，综合判定隧道的围岩等级，探明隧址工程地质条件。在以往的工作中，进行隧道勘察时，有的隧道采用等间距布钻孔,重要的地质界线或地质体没有得到应有的控制,出现了一些问题,例如,确定隧道围岩分段的地质界线依据不充分,地应力测试缺乏代表性,不良地质体的分布、性质未能探明等问题,影响了隧道勘察的质量。总结以往经验教训,本条对勘探钻孔布置的针对性提出了具体要求。但需要指出的是,我国幅员辽阔,各地自然环境和地质条件差异很大,有的地区植被茂密,覆盖层发育、露头不良,隧址的地层、地质构造等重要地质信息隐伏于植被或覆盖层之下,将钻孔布置在地层分界线、断层线、不良地质体的发育部位等有一定困难,遇到这些情况,应结合隧道勘察要求,开展综合物探,结合物探资料解释及物探异常布置勘探钻孔,进一步探明隧址地质条件。对地质条件复杂的隧道,尚应结合隧址实际地质情况,对后续地质工作提出意见和建议。

5.13.6 围岩产生岩爆和大变形是高应力区隧道在施工过程中经常遇到的地质现象,其强度和表现形式与岩体内地应力的大小、围岩的岩性、地下水等诸多因素有关,目前尚无公认的判据,有待在实践中总结。一般认为,深埋和高应力区的隧道,遇坚硬、完整、干燥、致密、性脆的岩层,易产生岩爆;遇软质岩层,易产生围岩大变形,影响隧道的施工进度和安全。因此,深埋隧道和高应力区隧道勘察应进行地应力测试,结合围岩情况预测施工地质灾害,对硬质岩隧道的岩爆和软质岩隧道的大变形问题加以研究。

目前国内外量测地应力的方法较多,主要有钻孔形变式变形计、钻孔应变计、钻孔包体压力计、水压致裂法、声发射等,各种方法的原理、适用条件尚不相同。其中,钻孔形变式变形计、钻孔应变计、钻孔包体压力计、声发射等属于间接量测方法,其量测的不是应力而是变形或与应力有关的物理力学特性参数,再根据实验的及理论的关系计算岩体应力。而水压致裂法属直接量测方法,可在钻孔中直接量测岩体内的应力,适用条件比较广泛,可在深孔、浅孔、有水钻孔、无水钻孔以及完整体或破碎岩体中进行地应力测试,且测得的地应力比较准确,是目前公认的最好的一种方法。但水压致裂法的主要的问题是地应力的方向不易测准,目前采用的方法主要是压痕法,理论上,最小主应力垂直于开裂面,最大主应力平行于开裂面。但实际测到的开裂面方向受到岩体内节理裂隙的影响可以是垂直的、倾斜的或水平的,观测结果与方法假定的条件不一定不符。钻孔内观察到的裂隙仅是孔壁表面,只反映孔壁的应力状态,与岩体内的应力状态不尽相同,在确定地应力方向时应注意与区域地质、构造分析、岩组分析等资料相互对比,综合判断。

5.13.10 隧道的地下水涌水量预测是一个错综复杂的问题。地下水涌水量的大小与地形地貌、地层岩性、地质构造以及当地的气象、水文条件等诸多因素有关,至今尚无公认的准确计算方法。目前对隧道涌水量预测的方法较多,归纳起来主要有:水文地质比拟法、水均衡法、地下水动力学法、数值计算法(有限元法、有限差分法)、非确定性方法(模糊数学法)和施工超前预报法等。各种预测方法,都有其各自的适用条件。从工程实践来看,正确的方法是在进行涌水量计算前,应首先对隧道通过地段的区域地质及水文地质条件进行认真研究,并按水文地质条件进行区段划分,然后选择几种较适宜的方法进行计算,相互核对,综合分析使用。

# 6 详细勘察

## 6.1 一般规定

**6.1.1** 根据《公路工程基本建设项目设计文件编制办法》的有关规定,在施工图设计阶段,要求确定路线具体位置,确定路基、桥梁、隧道、交叉工程以及沿线设施等各类构筑物的结构形式、尺寸,绘制设计详图,计算各项工程数量,提出施工组织计划,编制施工图预算。"查明"是指与建设项目施工图设计相适应的勘察深度,提供设计使用的工程地质资料必须满足施工图设计的需要,基于地质资料作出的工程设计在项目实施过程中不得由于地勘工作的深度不够而出现重大变更,工程造价不得突破设计概预算。其工作内容主要包括:

(1) 查明公路沿线的水文地质及工程地质条件,为确定路线和沿线各类构筑物的具体位置提供地质依据。

(2) 查明各类构筑物建设场地和地基的工程地质条件,为确定各类构筑物的结构类型、尺寸和地基基础的施工图设计提供地质资料。

(3) 查明不良地质的分布、类型、规模、诱因、发展趋势,为确定路线通过的位置或整治工程的施工图设计提供地质资料。

(4) 查明特殊性岩土的类型、分布范围、厚度、性质,为确定路线的位置或地基处置工程的施工图设计提供地质资料。

(5) 查明地下水的类型、分布、埋藏条件及动态变化规律,评价环境水的腐蚀性。

(6) 查明沿线筑路材料的类别、料场位置、储量及开采条件。

(7) 对各类构筑物建设场地的工程地质条件进行评价,分析存在的工程地质问题,提出工程地质意见和建议。

(8) 编制详细工程地质勘察报告。

## 6.3 一般路基

**6.3.3** 一般路基详勘应查明各填挖路段地质条件,土质路堑须查明挖方路段的地层结构、土质类型、土的密实状态、地表径流及地下水发育情况等;岩质路堑须查明挖方路段的地层及其岩性组合情况、岩层产状、边坡岩体类型及结构类型、岩石风化程度、有无倾向路基的结构面,地表水和地下水发育情况等;填方路基须查明地基的岩土类型及其物理力学性质和承载力。为取得上述资料,采取相应的勘探测试手段查明各填挖路段的地质情况,采取岩土试样测试其物理力学性质是必要的。但当地质条件简单,露头清楚,通过调绘可查明路段地质情况时,也可通过调绘收集一般路基施工图设计所需的地质资料,而对于填挖路段长,地质条件变化大,布置1个勘探测试点难以查明路段地质情况时,则应视实际情况增加勘探测试点的数量,必要时,尚应做横断面勘探。

## 6.4 高路堤

**6.4.3** 根据调查,高路堤出现稳定性问题较多,部分原因是由于地勘工作的深度不够造成的,查明高填路段的地质条件对做好高路堤设计至关重要。在施工图阶段,应重点查明地基的地层结构,特别是软弱地层的发育情况,提供高路堤稳定性检算所需的各项岩土物理力学参数及地基承载力。为取得高路堤设计所需的地质资料,采用钻探、挖探或在地层条件具备时,与静力触探等原位测试手段结合进行综合勘探是必要的。查明高路堤地基地质条件,每段高路堤的勘探断面,其数量不得少于1条,勘探断面上的钻孔或探井的数量,不应少于1个;地质条件较复杂或复杂时,勘探断面上的勘探测试点数量应根据实际情况增加,以查明高路堤横向地质条件的变化情况;填土路段长,地质条件变化大,布置1个勘探断面难以查明路段地质情况时,则应根据实际情况增加勘探断面的数量。

# 7 不良地质

## 7.1 岩溶

**7.1.1** 岩溶是可溶性岩石在水的作用下,产生的各种地质作用、形态和现象的总称。可溶性岩石包括碳酸盐类岩石(石灰岩、白云岩等)、硫酸盐类岩石(石膏、芒硝等)和卤素类岩石(岩盐等)。岩溶在我国分布广泛,在一定条件下,可能发生地质灾害,严重影响工程安全和道路的正常运营。例如大量抽取地下水和坑道排水,造成地下水位急剧下降,引发土洞的发展和地面塌陷的发生;隧道掘进,遇岩溶洞穴中储存的地下水,可造成突水、涌水,严重影响工程施工和人身安全;溶蚀洼地排水不畅,暴雨季节可导致水位上升,淹没公路,影响道路的正常使用;岩溶发育路段,受地震、地下水位变化以及工程结构荷载等作用,可引发地面塌陷等地质灾害等。岩溶发育受多种因素的制约,岩性是一个重要的条件,非可溶岩地区,岩溶不发育,而可溶岩地区,则有岩溶发育,且岩溶发育的强度与可溶岩的岩性密切相关。当路线通过岩溶发育区时,往往存在工程隐患,岩溶灾害危及工程安全。故本条强调"路线通过可溶岩地区,存在对公路工程的安全有影响或潜在影响的岩溶地质灾害时,应进行岩溶工程地质勘察"。

**7.1.2** 本条规定了岩溶区工程地质勘察应重点查明的内容,共10款,与岩溶水文地质及工程地质评价密切相关。岩溶地貌及岩溶地质灾害的形成与发展与地层岩性、地质构造、水文地质条件、新构造运动、覆盖层的土质、水位变化及其运动规律等有密切关系,工程地质勘察不仅应查明岩溶及地质灾害的形态和分布,更要注意研究其发育规律,综合分析评价场地工程地质条件,预测岩溶地质灾害。

**7.1.6** 工程地质调绘是岩溶区工程地质勘察最基本也是最重要的一种勘察手段,应重点调查各种岩溶地貌的成因、分布、规模、形态特征及其与地层岩性、地质构造、水文地质条件、新构造运动、地下水位的变化与运动规律之间的关系,分析研究土洞、岩溶塌陷、岩溶水害等地质灾害的形成与发育规律,划分岩溶发育区段,汲取当地治理岩溶、土洞、地面塌陷以及岩溶水害的工程经验。这些内容都是岩溶区进行场地水文地质及工程地质评价,确定勘察重点地段,制订合理的勘察方案所需要调查和研究的。本条提出工程地质调绘"与路线及沿线构筑物的设置结合",是对岩溶区公路工程地质调绘的要求,在实际工作中,应结合路线设计和构筑物选址以及岩溶区水文地质、工程地质勘察的要求,确定调绘的范围和深度。在覆盖层发育地段，往往有特殊土分布，应注意调查其类型、性质和分布范围。

**7.1.7** 工程经验表明，岩溶工程地质勘察应遵循从面到点，先地表后地下，先定性后定量以及先疏后密的原则。岩溶工程地质勘探应以工程地质调绘为先导，突出工程地质研究的重要性，重视场地基本地质条件与岩溶及岩溶地质灾害发育规律的研究，在此基础上初步划分岩溶发育区段，确定勘察重点，为岩溶的深入研究和勘探提供依据。脱离调绘与工程地质分析，把查明岩溶仅寄希望于勘探手段，实践证明往往难以达到勘察的目的。岩溶勘探应针对不同的勘探对象选择不同的勘探方法，查明浅层土洞，可选用钎探；而对深埋者，地层条件适宜时，可选用静力触探；岩溶洞穴发育地段，应结合工程类型，采用多种勘探方法，并以物探为主，针对物探异常，用少量钻孔验证，往往能收到较好效果。但需要指出的是，岩溶发育复杂，限于目前的科学技术发展水平，仅通过物探手段目前还难以完全查明其分布情况，不宜以未经验证的物探成果作为设计依据。而在施工阶段，结合施工现场实际情况进行补充勘察，例如在桩端设计高程以下加深勘探，在土洞发育地段对涵洞、路基基底加密勘探点，在岩溶复杂工点采用物探、钻探结合进行综合勘探等，进一步探明土洞、岩溶发育情况，做好动态设计，是符合岩溶区工程实际的做法。

**7.1.10** 岩溶发育地段的桥梁桩基础，在以往的勘察工作中，往往采用逐桩进行钻探。但在施工图审查后，由于线位调整或设计方案发生变化，重新钻探的情况时有发生，给勘探工作造成不必要的浪费。一般认为，岩溶是一种分布复杂的自然现象，宏观上虽有特定的发育规律，但在小范围内，受多种因素的影响，其分布呈现出随机性，要完全查明岩溶的分布情况是困难的，尤其是小型的溶隙、溶洞，更是分布无常，难以把握。但从工程实践来看，采用物探、钻探进行综合勘探，探明影响工程方案或结构安全的大型岩溶是可能的。基于上述原因，本条提出：岩溶发育复杂的桥位，逐桩钻探应在桩位确定以后进行。每个墩台勘探钻孔的数量不少于2个，是对岩溶发育路段的岩溶进行控制性勘探所需要的，当岩溶发育复杂时，尚应增加钻孔数量，并宜在方法试验的基础上，选择孔间CT等物探方法进行综合勘察，探明影响工程方案或结构安全的岩溶发育情况。

## 7.2 滑坡

**7.2.1** 滑坡是一种对工程安全有严重威胁的不良地质作用和地质灾害，可能造成重大人身伤亡和经济损失，产生严重后果。滑坡不仅是一种自然现象，人类活动也可诱发滑坡。在山区进行公路建设，因工程施工导致山体原有的平衡状态遭到破坏从而诱发滑坡的事例很多。这种情况多发生在下列地段：

（1）古（老）滑坡发育地段；
（2）软硬岩互层构成的顺向坡地段；
（3）地层中发育有倾向斜坡下方的结构面（如不透水层、软弱夹层）；
（4）边坡上陡下缓，堆积层松散，地下水发育地段；

(5)人类活动,导致斜坡稳定条件发生恶化的地段等。

以往对此重视不够,给工程造成很大损失。总结以往经验教训,本条提出:在公路路线及其附近存在对公路工程及其附属设施的安全有影响的滑坡或滑坡的可能时,应进行滑坡工程地质勘察。

**7.2.2** 滑坡作为一种地质灾害其形成与所处的地质环境密切关联,例如,在区域构造复杂、新构造运动强烈的地区,滑坡比较发育;斜坡下方坡面临空,具有自由下滑的空间,上方有较大的汇水区域的斜坡地带,易形成滑坡;岩土体内发育有与斜坡倾向一致的软弱结构面,如松散堆积层下的不透水岩层,砂岩、灰岩地层中间夹的泥岩、页岩,岩体内的节理、断层、层间错动带等形成的泥化夹层等等往往构成滑坡的滑动面;地表水冲刷坡脚、地震以及暴雨、长时间降雨、冰雪融化、沟溪水流的入渗等造成地下水对岩土体的软化往往是滑坡的诱发因素;滑坡周界、滑坡裂缝、滑动面等滑坡要素对确定滑坡的分布范围及规模,分析和研究滑坡的稳定性等具有重要意义。因此滑坡工程地质勘察应收集和研究当地的气象、水文、区域地质及地震资料,注意查明各项滑坡要素及滑坡形成的地形地貌、地层岩性、地质构造及水文地质等条件。本条规定了滑坡工程地勘察应查明的内容,共10款,与工程地质分析评价密切相关。但各地及路线上形成滑坡的地质条件和滑坡的发育情况存在差异,对条款中的内容,可结合各工点实际情况确定。

**7.2.9** 滑坡勘探是查明滑坡体物质组成、滑动面(带)的深度及其形态特征、滑坡路段地下水发育情况的有效手段,可为滑坡稳定性分析及整治工程设计提供准确资料。滑坡工程地质勘察应首先进行工程地质调绘,初步查明滑坡的稳定状况、分布范围、分级分块情况,并在此基础上针对滑坡发育的特点制订相应的勘察方案,布置勘探测试工作量,做到有的放矢。一条线路上的滑坡鉴于其距离线位的远近不同,性质、规模不一,对工程的影响各异,滑坡整治工程方案差异很大,故应根据滑坡的规模和复杂程度,结合路线及整治工程方案设计的要求布置勘探测试工作量。滑坡勘探采用综合手段进行,取得的资料可互为补充,互相验证,有利于提高勘察质量。工程实践表明,滑坡钻探要获得较理想的效果,应根据不同地层选择不同的钻探工艺和方法,在滑动面(带)及地下水位附近根据地层情况采用干钻、无泵反循环或双层岩心管钻进对查明滑动面(带)的位置及滑坡的含水情况是必要的。

**7.2.12** 由于影响滑坡稳定的因素较多,滑动面(带)的物质组成较复杂,用于滑坡稳定性及推力计算的力学参数不宜根据单一方法确定,应结合抗剪强度试验、力学指标反算、既有工程经验等综合分析选用。

## 7.3 危岩、崩塌与岩堆

**7.3.1** 崩塌是指陡坡上的岩土体在重力作用下,突然向下倾倒、崩落、翻滚、跳跃,堆积于坡脚的一种动力地质现象。规模极大的崩塌称为山崩,规模较大者称为崩塌,个别块石的坠落称为落石。崩落的岩体在坡脚的堆积物称岩堆。危岩则指被结构面切割,在外力作用下产生松动可能塌落的岩体。崩塌形成的堆积物,物质组成不均一,空隙度大,结构松散,路基易发生沉陷、边坡坍塌或沿岩堆基底面滑动等地质病害。地形陡峻,岩土体裂隙发育,裂隙呈张开状,坡脚有崩积物堆积的斜坡地带往往是崩塌发育路段或易发路段。在山区进行公路工程建设,应注意判明山体是否稳定,查明是否存在危岩和崩塌。实践证明,这些问题如不在勘测期间及早发现和解决,会给工程及人身安全造成巨大损失,产生严重后果。

**7.3.2** 崩塌发育地带,往往也是危岩、岩堆发育路段,工程地质勘察应重点分析研究形成危岩、崩塌的条件。这些条件包括:

(1)地形条件:陡峻的斜坡地形是形成崩塌的必要条件。研究表明,规模较大的崩塌,一般发生在坡度大于45°、高度大于20m的斜坡上。发生崩塌的陡峻斜坡,通常是海、湖、河谷和冲沟的岸坡及陡峻山坡,其坡形可能是直线形、凸形、凹形、阶梯形,只要其他条件具备,都可能发生崩塌。

(2)岩性条件:岩性对崩塌的形成具有明显的控制作用。完整坚硬岩层夹薄层页岩,岩层倾向路基,高陡边坡,可能产生大规模崩塌;软硬岩互层,因差异风化,坡面凹凸不平,易产生崩塌落石,下部软岩遭受侵蚀,还可产生大规模崩塌。

(3)构造条件:地质构造对崩塌的形成同样具有控制作用,与区域构造线平行的路段、断裂交汇路段、褶皱核部,往往是崩塌易发路段;结构面(层理、节理、断裂、泥化夹层等)发育,完整性差的岩体,尤其是当岩体内发育的软弱结构面倾向路基时,被切割的不稳定岩块易发生崩塌。

(4)地下水条件:地下水发育路段,表明斜坡地带有连通的节理裂隙,易得到降水或较远处地下水的补给,使得斜坡上方的不稳定岩体更易失稳,形成崩塌。

(5)其他条件:降雨、地震、昼夜温差变化、冰雪冻融、不合理的边坡开挖等等,都可促使岩体产生崩塌。

岩堆结构松散,稳定差,易产生路基沉陷、边坡坍塌或岩堆沿基底滑动等地质病害,应注意研究岩堆的类型、分布范围、物质组成及稳定性。

**7.3.7** 危岩、崩塌路段工程地质勘察,工程地质调绘是主要的勘察方法,强调几点:

(1)工程地质调绘应包括崩塌工点和可能产生崩塌的陡坡地段及其相邻地带,以便准确圈定崩塌范围,查明其规模。

(2)应重点调查与崩塌关系密切的地质条件。注意调查地形地貌和微地貌特征(如斜坡坡度、高度、形态特征、台阶及陡坎的位置等);注意查明地层岩性及其组合情况,特别是软质岩和硬质岩的分布范围、风化程度、风化凹槽及突出的悬崖位置与岩性的关系;重视区域地质构造环境的调查研究,注意查明结构面的类型、产状、间距、延伸长度、深度、充填物及其性质,特别是控制岩体稳定的结构面及其组合情况;注意调查地下水出露的位置、水量、补给源以及地表水的入渗及渗流情况;注意收集当地的气象、地震、水文(与河流冲刷侵蚀有关的)资料,了解崩塌发生发展历史,调查崩塌发生的时间、频率、落石的运动方式和轨迹,分析崩塌产生的原因和发展过程,评价崩塌、危岩对公路工程的危害和影响。

(3)工程地质调绘应与路线设计密切结合,重视危岩、崩塌路段的地质选线工作,注意避开崩塌,特别是应避开地质不稳定容易产生大型崩塌的地段。

**7.3.8** 崩塌路段,多为高山峡谷,地形陡峻,露头清楚,工程地质勘察应以调绘为主。当稳定性分析计算有需要时,为查明岩体地质结构,可结合现场条件,采用挖探、钻探、硐探以及孔内电视等进行综合勘探,探明控制岩体稳定的结构面发育情况及被覆盖和充填的裂隙特征及充填物性质。路线通过岩堆地段,应注意探明岩堆的物质组成、地层结构、地下水以及基底的倾斜情况。这些内容对分析岩堆的稳定性是必要的,应结合现场条件,采用物探、钻探等进行勘探。

## 7.4 泥石流

**7.4.1** 我国幅员辽阔,又是多山的国家,泥石流在山区分布很广。典型的泥石流沟可分为形成区、流通区和堆积区。形成区多为三面环山的圈椅状凹地,有利于积雪和降水汇集,凹地内松散堆积物发育,沟谷呈鸡爪状,沿沟谷两侧常有坍塌、滑坡等发育;流通区为泥石流搬运通过区域段,沟槽较顺直,纵坡较大,断面呈"V"形或"U"形,伴随沟谷下切,岸坡常发生坍塌、滑坡;堆积区多位于山口平缓开阔地带,呈扇形或锥形,堆积物无分选或分选性差,颗粒大小混杂,粒径悬殊,大者可达数米,小为黏土颗粒,堆积物没有层理,可见泥包砾等现象。对于不典型的泥石流沟谷,则无明显的流通区,形成区与堆积区可直接相连。但沟口发育大量无分选的堆积物往往是泥石流沟的重要特征,而沟谷或源头有丰富的松散堆积物则是泥石流形成的重要条件。作为山区常见的地质灾害,泥石流对公路工程的建设和营运期安全影响很大,可能造成重大人身伤亡和经济损失,产生严重后果。据不完全统计,20世纪70年代以来,仅长江上游地区的公路交通,泥石流毁坏大小桥梁1850余座,堵塞桥涵2060余座,冲毁公路达1300km左右,断道时间累计达19875d,造成直接经济损失约3.31亿元;川藏公路培龙沟,1983~1985年暴发泥石流,堵江淹没汽车80辆,6人死亡,总损失近500万元。泥石流对工程的危害,主要是勘测期间没有查清泥石流的分布情况,对泥石流的危害认识不足造成的。工程地质勘察对此应引起足够的重视。

**7.4.2** 泥石流作为一种地质灾害,其形成与当地的气象、水文、区域地质条件等有着密切的关系,工程地质勘察应注意面点结合,收集和研究相关资料。

在泥石流区域环境条件的调查研究方面,应注意结合泥石流分布情况和重大泥石流沟特点,从宏观到微观,从区域到沟谷,具体分析泥石流与区域地层、地质构造、地下水、新构造运动以及地震、气象、水文等条件的关系,归纳泥石流的个性与共性特征,概括泥石流活动规律,为工程方案比选提供依据。

泥石流流域勘察,应以工程地质调绘为主。形成区应注意调查各种松散堆积物的成因类型、分布范围和储量,各种岩石的岩性、风化程度和破碎程度;滑坡、崩塌等不良地质的分布及规模;地貌的形态特征及汇水面积;沟槽的冲刷严重程度、发育密度及相互关系等,以对泥石流固体物质的来源和数量进行估算。流通区应注意调查沟槽的延伸情况及其断面形态;纵坡坡度;陡坎、跌水及卡口的分布情况,沟槽的物质组成及稳定状况,有无滑坡、崩塌等不良地质发育;沟槽内有无树木、巨石堵塞,有无支沟汇入及沟内松散堆积物的发育情况;特别是应注意对泥石流的冲淤情况、流动痕迹,沟谷转弯及沟道狭窄处最高泥痕的位置等进行调查,以对泥石流流量进行估算。堆积区应注意调查堆积物的分布范围、物质成分、厚度、粒径组成及最大粒径,不同时期泥石流堆积物的发育情况;堆积区的微地貌形态、纵横坡度、沟槽发育情况及稳定状况;泥石流扇与主河的关系,扇缘被主河切割或泥石流堵江、堵河的可能性;堆积区植被发育情况、人文活动及可利用条件和范围等,据以判定泥石流的危害,为工程方案比选,确定有效排导工程措施提供依据。

本条规定了泥石流场地工程地质勘察应着重点查明的内容,共8款,与工程地质分析评价密切相关。但各地泥石流的发育情况存在差异,对条款中的内容,可结合各工点具体情况确定。

**7.4.9** 遥感图像具有覆盖面广、信息丰富、直观性好等特点,可在大范围内了解形成泥石流的各种自然因素,泥石流的分布、规模及其与线路的关系,泥石流的形成区、流通区、堆积区的形态及位置。利用不同时期航空遥感图像解译,还可了解泥石流的发展变化情况等,对工程地质勘察具有很好的指导作用。特别是对大型、特大型泥石流,其发育地带地形复杂,通行困难,利用遥感手段,可取得事半功倍的效果。

**7.4.10** 泥石流尤其是黏性泥石流可搬运巨大块石,块石的直径可达7~8m,这些块石可被后期泥石流堆积物淤埋。在泥石流堆积层中钻进,应根据泥石流类型和堆积物中存在的大块石情况考虑,不宜按一般钻孔钻入基岩的深度要求。

泥石流流体密度$\rho_c$、泥石流固体颗粒密度$\rho_H$、颗粒分析资料是泥石流流量计算、流速计算和冲淤计算所需的参数,可按下列方法确定。

(1)泥石流流体密度$\rho_c$测定

①现场调查试验法

请亲眼见过泥石流暴发的当地居民多人次,在现场需要测试的沟段,选取代表性堆积物搅拌成泥石流暴发时的流体状态,进行样品鉴定,然后分别测出样品的总质量和总体积,按式(7.4.10-1)计算泥石流流体密度:

$$\rho_c = \frac{G_c}{V} \tag{7-1}$$

式中:$\rho_c$——泥石流流体密度(kg/m³);

$G_c$——样品总质量(kg);

$V$——样品总体积(m³)。

②形态调查法

请当地目睹泥石流暴发的多人次描述泥石流流体特征和流体运动状况,按表7-1 特征确定泥石流流体密度。

表7-1 泥石流流体密度特征表

| 密度 | 特　征 | | | |
| --- | --- | --- | --- | --- |
| | 稀浆状 | 稠浆状 | 稀粥状 | 稠粥状 |
| $\rho_c$(kg/m³) | 1 200~1 400 | 1 400~1 600 | 1 600~1 800 | 1 800~2 300 |

③经验公式法

当缺乏现场调查资料时,可用塌方地貌图按式(7-2)计算:

$$\rho_c = \frac{1}{1 - 0.033\,4 A I_c^{0.39}} \tag{7-2}$$

式中:$A$——塌方程度系数,按表7-2确定;

$I_c$——塌方区平均坡度(‰)。

表7-2 塌方程度系数 $A$ 值

| 塌方程度 | 塌方区岩性及边坡特征 | 塌方面积率(%) | $I_c$(‰) | $A$ |
| --- | --- | --- | --- | --- |
| 严重的 | 塌方区经常处于不稳定状态,表层松散,多为近代残积、坡积层,第三系半胶结粉细砂岩、泥灰岩。松散堆积层厚度大于10m,塌方集中,多滑坡,冲沟发育,沟头多为葫芦状 | 20~30 | ≥500 | 1.1~1.4 |
| 较严重的 | 山坡不很稳定,岩层破碎,残积、坡积层厚3~10m,中等密实,表层松散,塌方区不太集中,沟岸冲刷严重,但对其上方山坡稳定性影响小 | 10~20 | 350~500 | 0.9~1.1 |
| 一般的 | 山坡为砂页岩互层,风化较严重,堆积层不厚,表土含砂量大,有小型塌方和小型冲沟,且分散 | 5~10 | 270~400 | 0.7~0.9 |
| 轻微的 | 塌方区边坡一般较缓,或上陡下缓,有趋于稳定的现象,沟岸等处堆积层趋于稳定,少部分山坡岩层风化剥落,其他多属死塌方、死滑坡 | 3~5 | 250~350 | 0.5~0.7 |

使用上述各种方法时,应慎重。泥石流流体密度应根据调查分析和试验资料综合研究后确定。

(2)泥石流固体颗粒密度 $\rho_H$

可查表7-3确定。

表7-3 岩土固体颗粒密度值

| 名　称 | 石英 | 高岭石 | 白云石 | 石膏 | 石英岩 | 白垩 |
| --- | --- | --- | --- | --- | --- | --- |
| $\rho_H$(kg/m³) | 2 650~2 660 | 2 600~2 650 | 2 800~2 900 | 2 310~2 320 | 2 650 | 2 630~2 730 |
| 名　称 | 石灰岩 | 黄土 | 黏土 | 土夹石 | 石英砂 | — |
| $\rho_H$(kg/m³) | 2 700 | 2 680~2 700 | 2 730 | 2 680 | 2 650 | — |

(3) 颗粒分析

①体积法

选择代表性试验点，清除表层杂质，量取 $1m^2$、深 $0.5\sim1.0m$ 的取土坑，取出全部砂、土、石，挑出粒径大于 200mm 以上石块，单个分别称重，其余粒径分筛为 $200\sim150mm$、$150\sim100mm$、$100\sim50mm$、$50\sim20mm$、20mm 以下若干级，每级分组称重，计算分组质量与总质量之比，绘制颗粒级配曲线，求算颗粒级配特征值。此法较准确，但工作量较大。

②方格网法

在取样地段，选取代表性位置，画出 100 个 $1m\times1m$ 的方格，取每个方格交点上的一石块（个别大孤石剔除）进行统计，量取每个石块的三边尺寸（长宽高），计算三边尺寸的几何均值 $d_{cp}=\sqrt[3]{Lbh}$，作为该块石的平均粒径。然后按粒径大小分成若干粒径组，称出各粒径组的质量与总质量之比，绘制颗粒级配曲线，求算颗粒级配特征值。此法较简单，但精度较差。

## 7.5 积雪

**7.5.1** 积雪路段工程地质勘察应注意收集当地资料，形成风吹雪的资料包括：降雪资料（积雪路段年总降雪量、最大降雪量、降雪持续时间、平均积雪深度及最大积雪深度、稳定积雪及消融时间）、气温资料（冬季各月的平均气温、最高及最低气温、融冻时间）、风速及风向资料（冬季各月风速、风向及其频率与持续时间、年平均风速、最大风速、雪流起动风速、风雪流强度及主导风向等）、地貌资料（积雪路段所处的地貌单元，如山脊、垭口、山坡、山脚、河谷、阶地等；地形形态，如山坡的高度、坡度、坡面形态；主导风向与坡面的关系，如迎风面、背风面等）、植被资料（植被的类型和密度）以及已有公路在不同地貌部位、方位及不同的断面处的积雪状况和危害程度以及当地防治积雪的方法与经验等。这些资料对路线布设、路基断面设计以及确定雪害防治措施是非常重要的基础资料。

## 7.7 风沙

**7.7.1** 风对地表松散沙物质的吹蚀、搬运、堆积过程，称为风沙作用。由风沙作用所形成的地貌，称为风沙地貌。主要类型有：沙漠（沙地）、沙漠化土地及戈壁，统称为风沙地区。其特点是气候干旱，缺少植被，地面裸露，物理风化及风的地质作用强烈。风沙地区地表覆盖的松散沙物质，在风的作用下形成的风沙流，不仅吹蚀路基，掩埋道路，增加施工难度，增大养护费用和工作量，甚至还可危及行车安全。实践证明，路线通过风沙地区，针对风沙特点开展地质工作，充分认识风沙的性质、运动规律及其危害性，是做好风沙地区公路建设，减少风沙危害的一项基础性工作。

**7.7.2** 风沙地区工程地质勘察应查明风沙地貌的成因、类型、分布范围以及风沙的运动规律和可能造成的危害。本条共 8 款，说明如下：

1 风沙地区的气象、水文资料是了解风沙地区自然环境条件及风沙形成和运动规律的重要方面。气温是影响工程施工的重要条件,温差变化幅度(昼夜温差及年温差)大的地区,物理风化作用强烈,从而加速岩石物理风化,成为风沙的物质来源;风沙地区降水稀少,季节分配不均,不同的年份变率较大。降水资料直接提供了水资源的概况,降水量的大小和降水性质,不仅影响固沙造林的成败和难易程度,还决定沙物质搬运、堆积的方式和强度。分析降水与风沙地区水网(如大的干河床)或沉积物的关系,还有助于了解气候的变迁和河流的堆积作用;风是最为活跃的气候因子,与各种风沙地貌的形成密切关联,关系到风沙地区防沙措施设置和维修养护作业,了解公路沿线的风向、风速及其季节变化情况,特别是主风向及其均值、极值、频率对工程地质分析意义重大。

2 风沙地貌的成因、类型、分布、规模、形态特征及其相互关系是了解公路沿线风沙活动特征和工程难易程度的重要方面。例如沙丘的坡度、长度和走向,反映了当地气流的活动过程。单一主风向形成的新月形沙丘和沙丘链,具有迎风坡缓、背风坡陡的特征;两个方向相互垂直的主风向,形成格状沙丘;根据沙丘走向,可推测当地主导风向;沙丘相对高度和疏密程度,不仅反映当地沙丘的发展过程,而且影响到土方工程及防护措施,沙丘相对高度越大,间距越密,工程量也越大,反之越小。

3 沙源、沙丘的移动方向和速率反映了风沙活动程度。工程地质勘察可选择代表性沙丘,在不同部位,如迎风坡、背风坡的坡脚、坡腰和丘顶,设置标杆(杆长2.0m,埋入土中1.0m),进行横断面测量(断面位置与沙丘走向垂直),定期量测各测点到沙丘不同部位的距离,根据各次量测结果,得出该时间段内沙丘移动距离,绘制沙丘移动横断面图,了解沙丘移动方向和速率。也可利用不同时期大比例尺航空相片进行对比分析,对风沙活动程度进行研究。

沙粒开始起动的临界风速称之为起动风速。大于起动风速的风,称为起沙风。沙粒的粒径不同,起动风速也不一样。不同粒径的沙粒起动风速经验值见表7-4。

表7-4 起动风速与粒径的关系

| 沙粒粒径<br>(mm) | 起动风速<br>(2m高风速,m/s) | |
|---|---|---|
| 0.1~0.23 | 4(3.8) | |
| 0.25~0.5 | 5.6(5.3) | |
| 0.5~1.00 | 6.7(7.0) | 按地带:<br>沙漠区的松散浮沙4.0;山地积沙6~6.5;<br>半固定沙丘6~7.0;夹沙较多的砾石、戈壁7.0;夹沙较少的砾石、戈壁12.5~14.5 |
| 1.00~1.25 | 7.1(9.1) | |
| 1.25~2.50 | (15.2) | |
| 2.50~5.00 | (20.3) | |
| 5.00~10.00 | (25.4) | |
| 10.00~20.00 | (33.9) | |

注:1.括号内数字,采用得较少。
2.地带的起动风速包括粒径、密实度等,是综合值。

沙在受风力吹扬的过程中,沙粒的运动形式、跃移高度等与粒径和风力的大小有关。

地表松散沙的颗粒级配反映各种粒级所占的百分比,表示出风力搬运沙粒的特征。据观测,沙漠地区,粒径大于0.5mm(特别是>10 mm)的颗粒大都是滚动的(或滑移蠕动),约占全运动沙量的1/4;小于0.05mm的粉沙颗粒呈悬浮状态运动,不到全运动沙量的5%;0.05~0.5mm的粒径呈跳跃式运动,一般约占全部运动沙量的70%以上。在大风地区,粗沙和砾石也可跳跃前进。沙粒跃移高度与粒径、下垫面性质和风速等有关,一般在土质地表,沙粒跳跃高度低于30cm,在沙质地表,70%的沙粒跳跃高度低于9cm;在卵石地表,跳跃高度较高,达60cm左右;如在大风地区,可达2~3 m。跃移颗粒的初始运动轨迹几乎垂直向上,离开地表后,沙粒以巨大速度旋转(300~900r/s),沿风力与重力合成方向运动,与水平线呈10°~20°度角度下落。跃移距离,在10m高度处的风速当为15~20m/s时,沙质地表为3~4m,卵石地表为5~6 m。

风沙地区地面组成物质,大多以疏松的沙沉积物为主,当地表形成结皮或植被固定后,一般无风沙活动,不易引人注目,一旦施工时破坏了地表,便会就地起沙,掩埋公路。其特点是进展很快,并不断蔓延,给公路造成很大危害。应注意研究沙害类型。

4 查明下覆地层沉积物类型是判断沙物质来源的重要线索之一。例如腾格里沙漠的原始地貌,东北部是由白垩纪~第三纪红色岩系组成的剥蚀丘陵;西部为湖相堆积平原。很明显,西部以河湖相堆积物的再吹扬为主要沙源,而东北部剥蚀丘陵的残积物则是沙的主要供给地。

5 风沙地区降水稀少,缺乏地表水流,沿线工程、生活用水困难。在勘测期间,查明沿线水源十分重要。风沙地区地表水虽然匮乏,但部分地区仍可找到地下水源,不仅在沙丘下伏河床、山前洪积扇和湖盆中可以找到潜水和自流水;而且在大型沙漠中还可找到局部淡水透镜体,虽透镜体不大,因埋藏浅,可为植物根系利用,从而改善了造林条件。风沙地区地下水勘察,应特别注意与地下水生成有关的地貌形态、第四纪地质条件;基岩产状和地质构造,直接决定第四纪沉积物的分布和厚度,有必要加以查明。公路沿线的植物分布特征和林带生长情况,对寻找地下水具有指示意义,同时又可为公路固沙造林提供重要的参考依据。有条件时,应与当地林业单位共同调查,对沿线的植物种类、覆盖度及其生态特征、耐旱、耐盐碱植物的分布及其固沙作用等进行研究。

6 风蚀、沙埋是风沙地区特有的不良地质现象,对公路工程的建设及运营期安全有重要影响,是工程地质勘察需重点调查研究的内容。对当地沙害及防治工程措施进行调查,汲取相关经验教训,对做好风沙地区公路建设和减轻沙害影响具有重要意义。

**7.7.5** 遥感图像具有视野广阔、信息量丰富等特点。风沙地区,干旱缺水,通行困难,采用多片种、多时段遥感图像进行水文地质及工程地质调绘往往能起到事半功倍的效果。利用遥感图像,根据各种风沙地貌特殊的影像特征和色调,可对戈壁、沙漠、沙漠化土地,流动沙丘,固定、半固定沙丘,沙丘的移动速度,植被的种类以及地下水发育情况等进行调查。实践证明,遥感图像解释是风沙地区进行水文地质及工程地质调绘的一种重要手段和方法。采集代表性沙样对其矿物成分、颗粒成分进行测试,可追溯沙的来源,了解沙的粒径组成,分析风力搬运特征;对其有机质含量和含盐量等进行测试,可了解土质特性,为固沙造林提供依据。

风沙地区工程地质调绘应注意调绘以下内容：

（1）收集气象资料

①气温：最高、最低温度及出现的日期，日温差及年温差的变化幅度；

②降水：降水类型，最大、最小降水量及出现日期，降水集中时段；

③风况：最多风向和频率、最大风速及其风向、起沙风多年观测资料。

（2）风蚀地貌调绘

①风蚀地貌的形成条件、分布范围、形态特征、展布与排列情况；

②风蚀谷、风蚀洼地的长度、宽度、深度、底部及斜坡组成物质；

③风蚀残丘的高度、宽度、长度、间距及其物质组成。

（3）风积地貌调绘

①风积地貌的类型、形成条件、排列方向、疏密程度和稳定状况；

②沙丘的高度、宽度、间距，沙丘走向与主风向的关系；

③沙丘堆积带、搬运交换带、吹蚀带的坡度和宽度、沙丘的移动方式及运动速度、沙丘表层结皮情况及干沙层厚度；

④沙堆、风沙流、沙埋等平面形状、间距大小；

⑤沙丘、沙堆等风积地貌地表的物质组成、颗粒级配、矿物成分；

⑥土壤可溶盐含量、盐渍化类型及在水平、垂直方向的分布规律。

（4）戈壁风沙流地区地貌调绘

①地表物质组成、颗粒级配、胶结程度、自然坡度和冲沟发育情况；

②砾浪的分布特征、高度、密度和排列方向；

③沙丘的分布情况，包括类型、分布范围、疏密程度和形态特征。

（5）水资源调查

①地下水的类型、埋深、水质、水量、赋存形式、补给来源及动态变化情况；

②河流、湖泊、地下水露头（泉、湿地等）的分布、位置和可利用的情况。

（6）植物和筑路材料调查

①植物：植被覆盖程度、生长状况、植物种类及其分带性以及耐旱、耐盐碱植物的分布规律及固沙作用；

②筑路材料：卵砾石、黏土、草类等路基填筑和防风固沙材料的产地、数量、开采条件和运输条件等。

（7）风沙灾害调查

调查风沙对农田、水利设施、公路、铁路、村镇和交通等造成的危害以及当地以往防风治沙的成功经验。

**7.7.6** 风沙地区工程地质勘察应根据现场条件，结合沿线构筑物、料场、地下水水源地勘察采用挖探、钻探、物探、静力触探、标准贯入试验等进行综合勘探。静力触探、标准贯入试验可用于评价沙层的地基承载力，判断高烈度区地震液化的可能性；挖探、钻探、物探可用于探明地层结构和地下水的分布情况,采集样品测试其的物理力学性质,为工程设计提供岩土参数。在风沙地区钻探,易发生塌孔。在松散沙层中钻探,宜采用泥浆护壁钻进。在泥浆中加入一定剂量的 Na-CMC、PHP、PVA 和 $Na_2SiO_3 \cdot nH_2O$ 等处理剂,组成复配泥浆,可在孔壁上形成"胶膜",硬化和稳定孔壁。

## 7.10 强震区

**7.10.9** 公路桥梁抗震设防类别分为四类,即 A 类、B 类、C 类和 D 类,见表 7-5。按照《公路桥梁抗震设计细则》(JTG/T B02-01—2008)的有关规定,桥梁工程场地土层剪切波速的确定应符合下列要求:

表 7-5 桥梁抗震设防类别

| 桥梁抗震设防类别 | 适 用 范 围 |
| --- | --- |
| A 类 | 单跨跨径超过 150m 的特大桥 |
| B 类 | 单跨跨径不超过 150m 的高速公路、一级公路上的桥梁,单跨跨径不超过 150m 的二级公路上的特大桥、大桥 |
| C 类 | 二级公路上的中桥、小桥,单跨跨径不超过 150m 的三、四级公路上的特大桥、大桥 |
| D 类 | 三、四级公路上的中桥、小桥 |

(1) A 类桥梁,由工程场地的地震安全性评价工作确定。

(2) B 类桥梁,可通过现场实测确定,实测土层剪切波速的钻孔数量为:中桥不少于 1 个;大桥不少于 2 个;特大桥宜适当增加。

(3) C 类和 D 类桥梁,当无实测剪切波速时,可根据土的类型和性状,并结合当地经验,按表 7-6 估计土层剪切波速。

表 7-6 土的分类和剪切波速范围

| 土 的 类 型 | 岩土名称和性状 | 土层剪切波速 $v_s$ (m/s) |
| --- | --- | --- |
| 坚硬土或岩石 | 稳定岩石,密实的碎石土 | $v_s > 500$ |
| 中硬土 | 中密、稍密的碎石土,密实、中密的砾、粗、中砂,$[f_{a0}] > 200$kPa 的黏性土和粉土,坚硬黄土 | $500 \geq v_s > 250$ |
| 中软土 | 稍密的砾、粗、中砂,除松散外的细、粉砂,$[f_{a0}] \leq 200$kPa 的黏性土和粉土,$[f_{a0}] > 130$kPa 的填土,可塑黄土 | $250 \geq v_s > 140$ |
| 软弱土 | 淤泥和淤泥质土,松散的砂,新近沉积的黏性土和粉土,$[f_{a0}] \leq 130$kPa 的填土,流塑黄土 | $v_s \leq 140$ |

注:$[f_{a0}]$ 为载荷试验等方法得到的地基承载力基本容许值。

表 7-6 源于《建筑抗震设计规范》(GB 50011—2001),《公路桥梁抗震设计细则》(JTG/T B02-01—2008)在引用时略作了修改。需要指出的是:2010 年 12 月 1 日,新的《建筑抗震设计规范》(GB 50011—2010)已由住房和城乡建设部与国家质量监督检验检疫总局联合发布实施,在新规范中,该表修改为:

表 7-7 土的类型划分和剪切波速范围

| 土的类型 | 岩土名称和性状 | 土层剪切波速范围(m/s) |
|---|---|---|
| 岩石 | 坚硬、较硬且完整的岩石 | $v_s > 800$ |
| 坚硬土或软质岩石 | 破碎和较破碎的岩石或软和较软的岩石,密实的碎石土 | $800 \geq v_s > 500$ |
| 中硬土 | 中密、稍密的碎石土,密实、中密的砾、粗、中砂,$f_{ak} > 150\text{kPa}$ 的黏性土和粉土,坚硬黄土 | $500 \geq v_s > 250$ |
| 中软土 | 稍密的砾、粗、中砂,除松散外的细、粉砂,$f_{ak} \leq 150\text{kPa}$ 的黏性土和粉土,$f_{ak} > 130\text{kPa}$ 的填土,可塑新黄土 | $250 \geq v_s > 150$ |
| 软弱土 | 淤泥和淤泥质土,松散的砂,新近沉积的黏性土和粉土,$f_{ak} \leq 130\text{kPa}$ 的填土,流塑黄土 | $v_s \leq 150$ |

注:$f_{ak}$-由载荷试验等方法得到的地基承载力特征值(kPa);$v_s$-岩土剪切波速。

在对原规范进行修订时,对该表进行了引用。C类和D类桥梁,当无实测剪切波速时,可根据土的类型和性状,按本规范表7.10.6对土层的剪切波速进行估计。鉴于地基承载力特征值和地基承载力基本容许值均为载荷试验所测定的地基土压力变形曲线在线性变形段内规定的变形所对应的压力值,其最大值均为比例界限值。为与《公路桥涵地基与基础设计规范》(JTG D63—2007)保持一致,表7.10.6采用了地基承载力基本容许值而没有采用地基承载力特征值。

## 7.11 地震液化

**7.11.5** 国内外判别饱和砂土、粉土液化的可能性有多种方法,如Seed的简化分析法、概率统计法、室内试验法、经验分析法等等,但各种方法都有一定的局限性。这是因为地震液化的原因比较复杂,是由多种内因(土的颗粒组成、密度、埋藏条件、地下水位、沉积环境和地质历史等)和外因(地震动强度、频谱特征和持续时间等)综合作用的结果,故强调液化判别宜采用多种方法"综合判断"。国内各抗震设计规范采用的地震液化判别方法主要有标准贯入试验法、静力触探法和剪切波速法等,是基于新中国成立以来国内几次大地震震害调查的基础上建立起来的经验方法,在工程实践中起到了重要作用,普遍认为基本可行。结合现场地形地质条件,采用钻探、静力触探、标准贯入试验等对地震液化场地进行综合勘察是必要的。

**7.11.7** 鉴别地震现场是否为液化区,目前按有无喷水冒砂现象作为主要的判别指标,这无疑是合理可行的。但用有无喷水冒砂来判断非液化场地就不能得到完全肯定的结果,特别是当表层有一定厚度的非液化层覆盖时。不过,根据我国自海城地震以来对各震区的震害调查表明,在未产生喷水冒砂地区,尤其是当表层有一定的非液化黏性土层覆盖时,即使下部饱和砂土可能液化,由于未喷出地表,对于建在其上的浅埋天然地基的一般建筑物影响不大,因此可以按有无喷水冒砂来鉴别地震现场是否液化。从海城地震和唐山地震大量宏观调查中发现,当某个指标达到某界限值后,砂土不会液化,即使液化也不会产生喷冒,对建筑物不会造成危害。在这种情况下,就不需要进行液化判别,也就无须再做进一步的勘探测试,可以大大节省野外工作量,因此本条文给出了初判条件。

我国抗震设计规范对地震液化的初判指标大致相同,基本上采用黏粒含量百分率、地质年代、地下水位深度和上覆非液化土层厚度四个指标,是根据新中国成立以来历次地震对液化与非液化场地的实地考察、测试分析结果得出来的。例如北京市勘察处、铁道部铁道科学研究院等九个单位提供的"唐山地震砂土液化现场勘察资料研究报告"的分析表明,唐山地震砂土液化与土层地质年代、地下水位、上覆非液化土层厚度和黏粒含量等因素有关。

(1) 地质年代

唐山地区表层砂的沉积年代分为第四纪晚更新世($Q_3$)、全新统($Q_4$)和新近沉积($Q_{4新}$)三类。唐山地震时,对砂土液化的实际调查资料表明,$Q_3$时期沉积的砂,由于沉积年代较老,不论是通过标准贯入试验或室内试验,都证明是密实的,甚至是超压密的,其抗液化性能很强,即使在地震烈度为9~11度的高烈度区内,土层也未发生液化。同样,凡确认为$Q_3$及其以前的粉土也未发生液化。而在河漫滩、冲积阶地、古河道、湖沼洼地等新近沉积砂土,由于沉积年代短,砂土结构密度处于松散状态,其抗液化性能差,在高烈度地区几乎全部液化。$Q_4$时期沉积的砂则既有液化也有非液化的。因此本条文规定地质年代为第四纪晚更新世($Q_3$)或其以前的饱和砂土、饱和粉土为不液化的土层。

(2) 黏粒含量

由室内振动三轴试验证实了粉土随着黏粒含量的增加,其抗液化性能提高。从收集海城、唐山地震两个震区含有黏粒含量$P_c$(%)的液化点资料来看,当黏粒含量达到某个界限值之后,很少发生液化。因此,对于粉土在烈度为7度、8度、9度地震区时,黏粒含量分别以10%、13%、16%作为界限值,超过此界限值不会出现液化。黏粒含量必须采用六偏磷酸钠作分散剂测定,如用氨水作分散剂或其他颗粒分析方法时,则应通过相应的关系进行换算。

(3) 上覆非液化土层厚度$d_u$、地下水位深度$d_w$

$d_u$、$d_w$的初判界限值的规定,是根据海城、唐山地震液化与非液化的调查资料,经过分析统计并考虑了较大安全度确定的。

关于黄土液化的可能性及其危害在国内外均有研究,在我国历史地震中也不乏报道,但缺乏较详细的评价资料。近年来国内外的震害与研究还表明,砾石在一定条件下也会发生液化。汶川大地震时,在绵阳市的民主村、白虎头村即有关于砾石发生液化的报道。但目前对黄土、砾石的液化研究资料不多,对其液化判别尚缺乏经验,暂不列入规范,但值得重视,有待今后进一步研究。

**7.11.8** 我国《工业与民用建筑抗震设计规范》(TJ 11—74)根据1972年以前几次大地震特别是邢台地震和通海地震的经验,给出了地震时饱和砂土液化的判别方法。这一方法曾为1978年《公路工程抗震设计规范》(试行)(以下称"78规范")所采用,在勘察设计中起到了重要的作用,普遍认为基本可行。但由于该判别方法采用了计算临界标准贯入锤击数随砂层的埋深与地下水位成线性变化关系,特别是在推算砂层埋深修正系数时,采用了10m以上的平均值,然后延长使用到15m,而"铁路规范"、"78规范"又将其使用范围延长到20m。在实际使用过程中发现,在判别深层饱和砂土是否液化时,会得出偏于保守的结果。同时,这一方法对于饱和亚砂土是否液化,未能给出具体判别方法,因此有必要对原公式进行修订。随后,1975年发生辽南海城地震,1976年又发生了唐山大地震,这两次大地震除了砂土有喷冒现象外,海城地震时,在下辽河盘锦地区发生了大面积粉土喷出地面,唐山地震时,天津等沿海地区又发生了大面积粉土喷出现象。这不仅为修订饱和砂土液化判别公式提供了条件,而且为制订饱和亚砂土液化判别公式提供了依据。液化判别公式[规范条文中的式(7.11.8-2)]是根据国际上已发表的液化与不液化的资料及我国1972年以前6次大地震和海城、唐山大地震的原始基础资料共17次地震、106个场地,采用了地震剪应力比 $\tau/\sigma'_0$ 与修正的标准贯入锤击数 $N_1$ 作为液化的判别指标而建立的。地震剪应力比由式(7-3)计算:

$$\frac{\tau}{\sigma'_0} = 0.65 K_h \frac{\sigma_0}{\sigma_e} C_v \tag{7-3}$$

式中:$\sigma_0$——标准贯入试验点处土的总上覆压力(kPa);

$$\sigma_0 = \gamma_u d_w + \gamma_d (d_s - d_w)$$

$\sigma_e$——标准贯入试验点处土的有效覆压力(kPa);

$$\sigma_e = \gamma_u d_w + (\gamma_d - 10)(d_s - d_w)$$

$\gamma_u$——地下水位以上土的重度,砂土 $\gamma_u = 18.0 \text{kN/m}^3$,粉土 $\gamma_u = 18.5 \text{kN/m}^3$;

$\gamma_d$——地下水位以下土的重度,砂土 $\gamma_u = 20.0 \text{kN/m}^3$,粉土 $\gamma_u = 20.5 \text{kN/m}^3$;

$d_s$——标准贯入点深度(m);

$d_w$——地下水位深度(m);

$K_h$——水平地震系数;

$C_v$——地震剪应力随深度折减系数。

修正的标准贯入锤击数 $N_1$ 由式(7-4)计算:

$$N_1 = C_n N \tag{7-4}$$

式中:$N$——实测的标准贯入锤击数;

$C_n$——标准贯入锤击数的修正系数。

根据计算的地震剪应力比 $\tau/\sigma'_0$ 作为纵坐标,修正的标准贯入锤击数 $N_1$ 为横坐标作图,用直观的方法确定出液化与不液化的临界线,临界线以下列方程式表达:

$$\frac{\tau}{\sigma'_0} = -0.026 + 0.0058 N_1 + 0.00036 N_1^2$$

然后将上述表达式化为计算的修正标准贯入锤击数临界值的数学表达式,即为液化判别公式:

$$N_{cr} = 11.8 \left(1 + 13.06 \frac{\sigma_0}{\sigma_e} K_h C_v \right)^{1/2} - 8.09 \tag{7-5}$$

用式(7-5)对106个场地进行回判,成功率为82.1%;对另一批资料,50个场地进行了检验,成功率为 84.0%。平均判别成功率为 83.1%。

关于判别饱和粉土是否液化的问题,由于粉土与砂土液化的主要因素是一致的,液化判别采用了与砂土相同的判别公式,另考虑一个黏粒含量修正系数 $\xi$。黏粒含量修正系数 $\xi$ 采用《铁路工程抗震设计规范》(GBJ 111—87)推荐的数值。该系数是根据近 300 套数据,经过反算求得。$\xi$ 与黏粒含量 $\rho_c$ 之间的关系,$\xi = 1 - 0.17\rho_c^{1/2}$。黏粒含量 $\rho_c$ 采用加六偏磷酸钠作分散剂测定。因此,饱和粉土液化判别公式采用下列形式:

$$N_{cr} = \left[ 11.8 \left( 1 + 13.06 \frac{\sigma_0}{\sigma_e} K_h C_v \right)^{1/2} - 8.09 \right] \xi \tag{7-6}$$

用式(7-6)对 125 个数据进行了电算,判别成功率为 80.8%;后经哈尔滨工程力学研究所对 299 级数据进行了验证,判别成功率为 89.6%。由上述分析可知,采用式(7-6)即条文中的(7.11.8-2)判别可液化土是否液化,能够取得较满意的结果,因此本规范采用式(7.11.8-2)作为饱和砂土和饱和粉土的液化判别公式。这种判别方法简单,概念明确。

**7.11.9** 震害调查表明,地震液化的危害主要在于土层液化和喷冒现象引起的地基不均匀沉降。在同一地震烈度下,可液化土层的厚度越大,埋深越浅,土的密实度越小,地下水位越高,则液化造成的沉降越大,从而对建筑物的危害程度也越大。

可液化土在地震发生时,因液化而产生的沉降量与土的密实度有关,而标准贯入试验锤击数的 $N$ 值可反映土的密实度。为此,可液化土的沉降与非液化土的沉降相比,可用相对贯入锤击数之比 $F$ 来表示:

$$F = \frac{N_{cr} - N}{N_{cr}} = 1 - \frac{N}{N_{cr}} \tag{7-7}$$

对于同一土层高程的土层,相对贯入锤击数之比 $F$ 的值越大,则液化沉降比(单位厚度液化土所产生的液化沉降量)的值也越大。将 $1 - \frac{N}{N_{cr}}$ 沿土层深度积分,并在积分过程中引入反映层位影响的权函数,其结果即可反映整个可液化土层的危害性。如把积分式改为多项式求和的公式,则可得到用以衡量液化场地危害程度的液化指数 $I_{LE}$ 的计算式:

$$I_{LE} = \sum_{i=1}^{n} \left( 1 - \frac{N_i}{N_{cr}} \right) d_i w_i \tag{7-8}$$

$I_{LE}$ 为使液化指数为无量纲参数,权函数 $w$ 具有量纲 $m^{-1}$;权函数沿深度分布为梯形,其图形面积,判别深度为 15m 时为 100,判别深度为 20m 时为 125。

震害调查研究表明,场地的喷冒、液化震害情况和液化指数之间有明显的对应关系,故可用液化指数对场地的喷水冒砂程度、建筑震害情况进行估计。表 7.11.9 对地基液化等级的划分采用了《建筑抗震设计规范》(GB 50011—2010)的有关规定。该表系根据百余个液化震害资料得到的。

# 8 特殊性岩土

## 8.1 黄土

**8.1.1** 黄土在我国分布广泛,其分布占国土面积的6%以上,主要分布在北纬34°~41°、东经102°~114°之间的大陆干旱和半干旱地区,其中以黄河中游地区的关中、陕北、宁夏、豫西、陇东及陇中的黄土高原最为典型,具有连续分布、地层完整、土层厚度大等特点。关于黄土的成因有多种假说,代表性的有风成说和水成说,但至今尚无定论。对黄土的分类,不同行业的技术标准也不尽相同。但普遍认为,黄土是第四纪以来在干旱和半干旱地区形成的堆积物,典型的黄土具有以下基本特征:①颜色为淡黄、灰黄;②颗粒组成以粉粒(0.075~0.005mm)为主;③结构均匀,无层理;④具多孔性,有肉眼可见大孔隙、虫孔等;⑤垂直节理发育;⑥富含碳酸钙;⑦具湿陷性等。而对于具有层理、颗粒组成比较复杂(含砾石、砂等),或两者兼备,或二者具一,具有条文中所列部分特征的黄土,则定名为黄土状土。按其形成的地质营力的不同,有多种成因类型,如坡积、冲积、洪积、冰水堆积等。

**8.1.2** 黄土及黄土状土对水的作用敏感,常造成工程事故。在黄土地区修筑公路,易出现路堤沉陷,边坡冲刷、滑塌、滑坡等地质病害,严重影响公路工程的安全和正常使用。工程地质勘察应重点查明黄土的成因、类型、分布范围及性质,特别是湿陷性黄土的湿陷类型、湿陷等级、厚度、湿陷条件以及不良地质的发育情况,为工程设计提供地质依据。本条共10款,均与工程地质分析评价有关。在实际工作中,应结合现场地形地质条件和路基、桥梁、隧道、边坡等勘察确定勘察重点。

**8.1.3** 目前我国黄土还没有统一的分类原则和标准,分类方法较多。根据多年来黄土地区公路工程的实践经验,适用于路基工程设计的黄土分类,宜按时代和成因作为依据。时代、成因对黄土的工程性质起控制作用。黄土地基强度的大小、压缩性的高低、湿陷类型及湿陷等级、路堑边坡坡度的陡缓、路堤填料的优劣等,皆与时代、成因有关。

**8.1.6** 钻探、取样质量对正确评价黄土的工程地质性质至关重要,特别是在湿陷性黄土地区。在钻孔内采取不扰动土样,必须按现行《湿陷性黄土地区建筑规范》(GB 50025)的有关规定执行,严格掌握钻进方法、取样方法,使用合适的清孔器。

(1)在钻孔内采取不扰动土样,应采用回转钻进,使用螺旋(纹)钻头,控制回次进尺的深度,并应根据土质情况,控制钻头的垂直进入速度和旋转速度,严格掌握"1米3钻"的操作顺序,即取土间距为1m时,其下部1m深度内仍按上述方法操作。清孔时不应加压或少许加压,慢速钻进,应使用薄壁取样器压入清孔,不得用小钻头钻进,大钻头清孔。

(2)应用"压入法"取样,取样前应将取土器轻轻吊放至孔内预定深度处,然后以匀速连续压入,中途不得停顿。在压入过程中,钻杆应保持垂直不摇摆,压入深度以土样超过盛土段30~50mm为宜。当使用有内衬的取样器时,其内衬应与取样器内壁紧贴(塑料或酚醛压管)。

(3)宜使用带内衬的黄土薄壁取样器,其内径不宜小于120mm,刃口壁的厚度不宜大于3mm,刃口角度为10°~12°,控制面积比为12%~15%,其尺寸规格可按表8-1采用。

表8-1 黄土薄壁取土器的尺寸

| 外径<br>(mm) | 刃口内径<br>(mm) | 放置内衬后<br>内径(mm) | 盛土筒长<br>(mm) | 盛土筒厚<br>(mm) | 余(废)土筒长<br>(mm) | 面积比<br>(%) | 切削刃口<br>角度(°) |
|---|---|---|---|---|---|---|---|
| <129 | 120 | 122 | 150~200 | 2.00~2.50 | 200 | <15 | 12 |

(4)在钻进和取土样过程中,应遵守下列规定:

①严禁向钻孔内注水。

②在卸土过程中,不得敲打取土器。

③土样取出后,应检查土样质量,如发现土样有受压、扰动、碎裂和变形等情况时,应将其废弃并重新采取土样。

④应经常检查钻头、取土器的完好情况。当发现钻头、取土器有变形、刃口缺损时,应及时校正或更换。

⑤对探井内和钻孔内的取样结果,应进行对比、检查,发现问题及时改进。

## 8.2 冻土

**8.2.1** 国内外对冻土的定义尚不尽相同,概括起来主要有两种,一种认为冻土是温度低于0℃的土岩,而不论其是否含冰;另一种则认为含冰的土岩才能称之为冻土,如《岩土工程基本术语标准》(GB/T 50279)有关冻土的定义。从工程实践来看,温度低于0℃的土,并不一定含冰,如寒土、含盐土等,其性质与含冰晶的土差异很大。冻土是一种特殊的地质体,既具有一般土类的共性,又是一种为冰胶结的多相复杂体系,其最大的特点是热力学方面的不稳定性。在冻土地区进行公路建设遇到许多问题,都是由于土中水冻结成冰或土中冰的消融,从而引起地基土的冻胀或融沉引起的。冻土之所以性质特殊,正是因为它含冰,含冰才会因温度的变化而产生冻融现象,使其具有特殊的工程地质性质。为突出冻土与未冻土的区别,本条取后者对冻土进行定义。

**8.2.6** 《公路路基设计规范》(JTG D30—2004)和《公路桥涵地基与基础设计规范》(JTG D63—2007)采用的冻土分类不尽相同,为与不同工程的设计配套使用,本条按公路路基多年冻土分类和公路桥涵多年冻土分类将其列出。

**8.2.10** 冻土地区采用单一手段难以达到勘察的目的,应采用综合手段探明场地地质条件,特别是冻土的发育情况。冻土地区工程地质勘探,常用的物探方法主要有电法勘探、磁法勘探、地震勘探、综合测井等,使用情况见表8-2。

表8-2 冻土勘察常用物探方法一览表

| 方法类别 | 使 用 方 法 | 利用地质体的物理性质 | 使 用 情 况 |
|---|---|---|---|
| 直流电法 | 常规电测深 | 电性特征 | 精度较高 |
|  | 高密度电法 |  | 精度较高 |
| 电磁方法 | 地质雷达(高频) | 电磁特征 | 精度较高 |
| 地震勘探 | 地震折射法 | 弹性特征 | 精度尚可 |
|  | 地震反射法 |  | 精度较高 |
|  | 瞬态瑞利面波法 |  | 精度较高 |
| 测井方法 | 中子、电法、声波、密度、温度等测井 | 井壁周围物性特征 | 精度很高 |

根据多年实践,工程地质勘察宜结合现场条件,在方法试验的基础上,选择两种或两种以上方法进行综合物探,取得的资料可相互验证,互为补充,提高物探资料的解释精度和可靠性。

查明冻土结构和含冰情况,取样进行土工试验,钻探是一种重要的勘探手段。在冻土地区进行钻探,避免和减少土的融化,取得冻结状态的岩芯,是确保钻探质量的技术关键。总结以往工程经验,说明如下:

(1)钻头选用:钻探采用的钻头,应根据地层的岩性、设备能力、孔壁稳定状况、质量要求和经济造价等综合考虑选用。对于多年冻土,则应以冻土的骨架强度和含冰量来决定。经过多次实际钻进研究,对于少冰冻土,使用团结式硬质合金钻头效果较好,而对于含冰量较高的冻结层,可采用造价较低的单粒式硬质合金钻头。在冻土层内不宜采用纯磨钻头,应将锋利钻头用于含冰量较高的层位。

(2)施钻方法:路基钻探,应采用无泵干钻法;桥基钻探,冻土层内应采用无泵干钻法,进入基岩顶面后,应下入套管隔住冻土层,防止冻土融化坍塌,采取措施后,可采用冲洗液循环回转钻进。

(3)钻探回次:冻土地区钻探,钻进回次控制是操作的重要环节。冻土回转钻进回次时间不宜过长,回次进尺不宜过多,应根据冻土类型、岩性特征等确定,见表8-3。

(4)轴心压力与回转速度:轴心压力一般宜大一些,钻头合金刃部压入冻土层内,钻速应适宜,回次时间宜短,这样岩芯不易融化,岩芯采取率较高。一般钻压与转速匹配使用情况见表8-4。

(5)冲洗液使用范围:泥浆循环钻进携带有大量热能,对处于冻结状态的地层易起融解作用。特别是夏季钻探,对于冻结层含冰量较少的情况,往往难以采取原状岩芯。因此,不能使用泥浆循环钻进方法。另外,水循环易使孔壁融解,发生掉块、坍塌,以致造成事故。但对较深的桥基钻孔,当冻土层下埋藏有基岩时,基岩钻探又必须使用冲洗液,此时,先下入套管,隔住冻土层,然后再采用冲洗液循环钻进。

表 8-3 冻土钻进回次参考值

| 冻土类型 | 岩 性 | 含水率 $w$（%） | 状态 | 钻进回次进尺（m） |
|---|---|---|---|---|
| 少冰冻土 | 碎石土、砾砂、粗砂、中砂、细砂、粉黏粒含量＞15%的粗颗粒土 | $w \leq 14$ | 半坚硬～硬塑 | 0.3 |
| 多冰冻土 | 粉黏粒含量≤15%的粗粒土 | $14 < w \leq 19$ | 硬塑～软塑 | 0.5 |
| 富冰冻土 | 粉黏粒含量＞15%的粗粒土 | $19 < w \leq 25$ | 软塑～流塑 | 0.8 |
| 饱冰冻土含土冰层 | 粉黏粒含量＞15%的粗粒土 | $25 < w \leq 44$ | 流塑～流动 | 1.0 |

表 8-4 钻压与转速参考范围值

| 钻进方法(回转) | 钻头名称与规格(mm) | 轴心压力(MPa) | 回转速度(r/min) |
|---|---|---|---|
| 无泵干钻 | 110 团结式八角柱状硬质合金钻头 | 6～7 | 60～80 |
| 无泵干钻 | 110 单粒方柱式硬质合金钻头 | 5～6 | 80～100 |
| 泥浆循环回转钻进 | 110 团结式、单粒式均可使用 | 1.5～2.0 | 120～150 |

(6)对近年来发展的新技术,如空气钻进、微机控制的自动化钻探等,在冻土地区的勘探中,取得了较好的效果。有条件时,也可采用。

## 8.3 膨胀性岩土

**8.3.1** 对膨胀土的定义国内外不尽相同,有关膨胀土的名称也多种多样,有根据土的性质和颜色命名的,如印度称黑棉土(Black Cotton Soils),南非叫 Black Turf;也有以土的特殊性冠以地方名称命名的,如英国的伦敦黏土(London Clays)、加拿大的渥太华黏土(Ottawa Clays);也有以土的膨胀与收缩性命名的,如膨胀土(Expansive Soils)、胀缩土(Shrinking and Swelling Soils)等。然而,"膨胀土"一词是国际上普遍公认的名称。国内各规范对膨胀土所作的定义:《铁路工程地质膨胀土勘测规则》(TB 10042—95)指土中黏粒成分主要由亲水性矿物组成,具有吸水显著膨胀软化和失水急剧收缩开裂,并能产生往复胀缩变形的高塑性黏性土;《岩土工程勘察规范》(GB 50021—2001)规定含有大量亲水矿物,湿度变化时有较大体积变化,变形受约束时产生较大内应力的岩土,应判定为膨胀岩土;《膨胀土地区建筑技术规范》(GBJ 112—87)规定膨胀土应是土中黏粒成分主要由亲水性矿物组成同时具有显著的吸水膨胀和失水收缩两种变形特性的黏性土。定义虽有差异,但普遍认为膨胀土的黏粒成分主要由亲水矿物组成,并具有显著的吸水膨胀和失水收缩特性。它的重要特征包括:①由膨胀性黏土矿物组成(主要是蒙脱石和伊利石);②具有膨胀结构(包括晶格膨胀);③多裂隙性,裂隙呈不规则网纹状,构成多裂隙组合而成的裂隙结构体;④较强烈的胀缩性,吸水时,体积膨胀,并形成膨胀力;失水时,体积收缩,并形成收缩裂缝;⑤强度衰竭性,膨胀、收缩变形可随环境变化往复发生,导致土体强度衰减;⑥以黏粒(粒径小于0.002mm)为主,黏粒含量大于30%;⑦高塑性,具有高液限、低塑限、塑性指数高等特点,其液限大于40%,塑性指数大于17,多数在21以上,属于高塑性黏性土;⑧对气候及水文因素敏感;⑨含钙质和铁锰质结核及薄膜;⑩地形平缓,无直立陡坎;⑪对工程建筑物的成群破坏性等。其中,含有大量的亲水矿物(蒙脱石和伊利石)是构成膨胀性岩土的物质基础,显著的胀缩特性、强度衰竭性是膨胀性岩土区别于普通黏性土(或岩石)的重要特征。本条根据多年科研和生产实践中揭示出来的膨胀性岩土的本质特性对膨胀性岩土进行了定义。

**8.3.2** 区域地层、地质构造以及地貌的形成与演化与膨胀土的分布和发育情况密切相关。因此,区域地质以及地貌的研究是膨胀土地区工程地质勘察的重要组成部分。膨胀土的分布与区域地层在空间上的分布有明显的相关一致性。研究表明,火成建造中的花岗岩—流纹岩、正长岩—粗面岩、辉长岩—玄武岩、凝灰岩及角砾凝灰岩等,变质建造中的各类片麻岩及片岩,沉积岩中的砂岩、黏土岩及泥灰岩等,都是自然界中含铝硅酸盐十分丰富的岩石。这些岩石在后期风化作用的过程中,经氧化(还原)作用、水合作用、淋滤作用和水解作用等地球化学的演变,在适合蒙脱石矿物生成的气候条件、介质的pH值、氧化还原电位(EL值)、浓度和温度等环境中,经过成土作用而最后形成富含蒙脱石矿物的膨胀土。我国云南、广西、珠江流域一带分布的膨胀土,大都是泥灰岩、黏土岩风化残积的产物,陕西、湖北一带汉江流域的膨胀土,则多由各种变质岩与岩浆岩的风化物经流水搬运堆积而成。

膨胀土地貌的形成,是在膨胀土堆积和发育的过程中各种内外地质营力相互作用的结果。一方面继承了古老地貌复杂多样的形式,另一方面又在某种程度上改变了古老地貌的原始面貌,并成为这些地貌单元物质组成的一部分。只是由于膨胀土易风化、碎裂,以及遇水易崩解与泥化等特殊的工程地质性质,决定这些原始地貌容易遭受后期流水的侵蚀切割,在古老的地貌上发育了次一级的地貌单元,形成无数透迤的丘岗与沟谷相间的地貌,构成膨胀土特殊的地貌景观。膨胀土地区的沟谷地貌非常发育,河谷两侧的岸坡上,可见许多大小不一、形态各异的沟谷汇入河谷,而每条沟谷两侧的谷坡上有各自发育有无数次一级的沟槽汇入沟谷,形成独特的地貌景观;有膨胀土发育的丘陵地区,地貌形态大多具有相似性,丘陵的顶面多呈浑圆状,坡面为平缓的斜坡,无直立的陡坎,受到水流的侵蚀,多发育有冲蚀沟槽。而人工开挖的坡面,由于受到暂时性水流形成的漫流片状侵蚀或微弱的线状侵蚀,发育有数量众多的细小纹沟。而斜坡土体的移动,还可形成滑坡、溜塌、泥流等物理地质现象。对膨胀土地貌的成因、类型、分布和形态特征进行调查有助于对膨胀土的类型和分布情况等进行深入的研究。

膨胀土的成因类型,大致可分为两类:一类是母岩的风化产物经水流搬运堆积形成的冲积、洪积、湖积和冰水沉积型;另一类是母岩的风化产物在原地堆积或在重力作用下沿山坡堆积形成的坡积与残积型。其分布与水文和地貌的关系极为密切。在我国,膨胀土大部分都分布在各河流形成的阶地、湖盆及平原内部,被认为是各类母岩的风化产物经流水搬运和沉积分异(机械分异作用和化学分异作用),使蒙脱石黏土矿物明显集中,经压密和固结等成土作用而形成的以沉积建造为主的膨胀土；在低山丘陵区，由于基岩风化的地球化学作用以原地堆积为主，膨胀土以残积成因为主，残积膨胀土经剥蚀沿下部山坡堆积则形成坡积成因类型的膨胀土。

膨胀土中的裂隙十分发育，由于裂隙的存在，不仅影响土体的工程性质，裂隙的产状、规模、组合交线及其倾向及倾角和裂隙的充填物及性质等对边坡的稳定性起到很重要的作用，不利的裂隙产状和组合交线，常常导致边坡的失稳。查明裂隙的发育情况是膨胀土勘察的一项重要内容。

膨胀土地区既有建筑物的使用情况调查很重要，是膨胀土勘察的重要组成部分。实践表明，膨胀土地区未经处理的建筑物有成群破坏的现象，特别以平房最为严重。一般在窗台和门的上方出现裂缝，裂缝的宽度从上至下渐渐减小，主要沿砖缝开裂。裂缝的总体特征是：纵墙的水平裂缝多发生在窗台下及门框的拐角处；竖向裂缝多出现在墙体的中部，且上宽下窄；角端的斜向裂缝，多呈倒八字形，并伴有一定的水平位移，而且以角端的斜向裂缝最为发育。建筑物的变形，低层较多层严重，刚性结构较柔性结构严重。建筑物开裂多发生在旱季，裂隙宽度随季节变化。支挡结构物变形、开裂，特别是浆砌片石挡墙会开裂位移。膨胀土地区的河岸、堤埂，路堤、路堑边坡有"逢堑必滑，无堤不塌"的说法。这些都是膨胀土地区建筑工程的典型破坏形式，也是膨胀土的主要识别标志之一。

**8.3.3** 工程实践表明，把膨胀土误判为非膨胀土，事后将给工程产生严重病害带来隐患；反之，将非膨胀土，错划为膨胀土，又会给工程造成的极大浪费。因此，在膨胀土地区进行公路建设，正确区分膨胀土与非膨胀土非常重要。

由于膨胀土的黏土矿物成分主要是有强亲水矿物组成，具有特殊的结构与构造，因而具有区别于普通黏性土的若干显著特性。其野外地质特征主要有：

（1）地质年代以第四系中、上更新统为主，少量为新第三系及全新统，有残积、坡积、冲积、洪积、湖积和冰水沉积等成因类型。

（2）地形平缓开阔，具垄岗式地貌，垄岗与沟谷相间，丘陵呈浑圆状，无明显陡坎，自然坡度平缓，坡面沟槽发育。

（3）膨胀土的颜色以棕红、棕黄、褐黄、灰白、灰绿色为主，其中，灰白、灰绿色多为强膨胀土，棕黄、棕红、褐黄等色主要为中～弱膨胀土。

（4）结构致密，土块破碎后呈棱块状、或鳞片状。

（5）裂隙发育，呈不规则的网纹状，裂隙面光滑，具蜡状光泽，或有擦痕，或有铁锰质薄膜覆盖，常有灰白、灰绿色黏土充填。

（6）遇水易沿裂隙崩解成碎块状。

（7）以黏粒为主，土质细腻，手触摸有滑感，旱季呈坚硬状、雨季黏滑，液限大于40%。

（8）含有钙质结核与铁锰质结核及豆石。

（9）常见浅层溜塌、滑坡、地裂，新开挖的路堑、边坡、基坑易产生坍塌。

（10）自由膨胀率 $F_s \geq 40\%$。

根据膨胀土的上述工程地质特征对膨胀土进行初步判别，从工程实践来看，是可行的。

**8.3.4** 国内外对膨胀土的判别,所选用的指标和采用的标准尚不统一。主要指标有自由膨胀率、液限、塑性指数、小于 $2\mu m$ 的黏粒含量、蒙脱石含量、比表面积、阳离子交换量、胀缩特性指标等。对膨胀土的判别,有的采用单一指标,如印度自由膨胀比法;有的采用多个指标,如美国垦务局 USBR 法;有的采用作图法,如南非威廉姆斯分类法、李生林法等。不同方法的判别结果也有较大的区别。根据多年来工程实践经验总结和工程地质特征,自由膨胀率大于或等于40%的黏性土,可初判为膨胀土。但这并不是唯一的,膨胀土的进一步判定尚需与其他指标结合进行综合判断。

自由膨胀率是反映膨胀土膨胀特性的指标之一,被定义为人工制备的烘干土,在水中增加的体积与原体积之比。该项指标在一定程度上反映了土的黏土矿物成分、粒度成分、化学成分和交换阳离子成分等基本特性,同时又具有试验操作方便、简单易行等优点,是目前国内测定膨胀土特性时采用较多的试验项目。但该项指标存在一定的弊端,采用自由膨胀率对膨胀土进行分类时常会产生误判。我国铁路系统2001年经过修编《铁路工程岩土分类标准》,对膨胀土的分类标准进行了较大的修改,选择了蒙脱石含量和阳离子交换量对膨胀土进行判别,其分类较为合理。但蒙脱石含量和阳离子交换量受测试条件限制,难以在公路部门推广应用。2002年原交通部启动了西部交通建设科技项目《膨胀土地区公路修筑成套技术研究》,对膨胀土的判别提出了标准吸湿含水率的概念。膨胀土的标准吸湿含水率是指在标准条件下(温度为25℃±2℃,相对湿度为60%±3%),膨胀土试样从天然含水率脱湿至平衡后的含水率。由于不同的黏土矿物其标准吸湿含水率不同,这为应用这一指标判别膨胀土提供了条件。根据研究,膨胀土中的蒙脱石是决定膨胀土性质的主要黏土矿物,蒙脱石含量增加时,黏性土出现膨胀,而其他矿物则不发生膨胀或仅发生有限膨胀。蒙脱石由于其特殊的晶层结构和同晶置换作用,晶层表面带负电荷,在25℃的温度和大于55%的相对湿度下,吸湿平衡后的 Ca 蒙脱石、Mg 蒙脱石、Na 蒙脱石的晶层间距 $d_{001}$ 稳定在 $15.1\sim15.2\text{Å}$ 之间,蒙脱石的外表面不仅牢固地吸附单层水分子层,而且晶层间的内表面吸附有双层水分子层;而在同样条件下,K 蒙脱石晶层间距则在 $12.6\sim12.7\text{Å}$ 之间,晶层间只吸附了一层水分子,其他含有晶层结构蒙脱石家族的黏土矿物也具有相同或相似的性质。对不含晶层结构的黏土矿物,固体颗粒表面虽然也吸附水分子,但这种吸附属于物理吸附,其比表面积小,对标准吸湿含水率的贡献有限。这些情况为采用标准吸湿含水率对膨胀土进行分类判别提供了理论上的依据。经在湖北、广西、云南、陕西、河南、河北、四川、安徽、贵州等地选取多个地点取样试验,并进行对比研究,发现膨胀土的标准吸湿含水率与蒙脱石含量、阳离子交换量及比表面积线性相关。由于蒙脱石的含量是膨胀土膨胀与收缩的物质基础,阳离子交换量反映了膨胀土晶格的吸附能力,其数量和种类是膨胀土膨胀与收缩的外在影响因素,它的参与改变了同样蒙脱石含量的膨胀土的亲水性能和胀缩特性,因而这些指标反映了膨胀土的本质属性。塑性指数是用来表征黏性土可塑性的一项重要指标,塑性指数愈大,表明土的颗粒愈细,比表面积愈大,土中的黏粒或亲水矿物(如蒙脱石)含量愈高,土处在可塑状态的含水率变化范围愈大。土的塑性指数综合反映了土的矿物成分和颗粒组成。根据研究,标准吸湿含水率与塑性指数之间也存在线性相关趋势,这与塑性指数这一指标能够综合地反映膨胀土中黏土的矿物成分及矿物颗粒的高度分散性是一致的,说明塑性指数也是反映膨胀土本质特性的一种特征参数。考虑到对以前分类成果的继承性,课题研究选用标准吸湿含水率、塑性指数和自由膨胀率3个指标对膨胀土进行判别和分类,其详判指标和膨胀潜势分级见表8-5和表8-6。

表8-5 膨胀土的详判指标

| 名 称 | 判定指标 | 名 称 | 判定指标 |
|---|---|---|---|
| 自由膨胀率 $F_s$(%) | $F_s \geq 40$ | 塑性指数 $I_P$ | $I_P \geq 15$ |
| 标准吸湿含水率 $w_f$(%) | $w_f \geq 2.5$ | — | — |

注:当符合表中的两项指标时,即应定为膨胀土。

表8-6 膨胀潜势分级

| 分级指标 | 等级 | | | |
|---|---|---|---|---|
| | 非膨胀土 | 弱膨胀土 | 中等膨胀土 | 强膨胀土 |
| 自由膨胀率 $F_s$(%) | $F_s < 40$ | $40 \leq F_s < 60$ | $60 \leq F_s < 90$ | $\geq 90$ |
| 塑性指数 $I_P$(%) | $I_P < 15$ | $15 \leq I_P < 28$ | $28 \leq I_P < 40$ | $I_P \geq 40$ |
| 标准吸湿含水率 $w_f$(%) | $w_f < 2.5$ | $2.5 \leq w_f < 4.8$ | $4.8 \leq w_f < 6.8$ | $w_f \geq 6.8$ |

采用上述标准对膨胀土进行判别其结果与《铁路工程岩土分类标准》对膨胀土的判别高度有很好的一致性。标准吸湿含水率的试验方法和要求已纳入《公路土工试验规程》(JTG E40—2007)。

需要指出的是,膨胀土地层的分布多是不均匀的。上述判别仅是对单个样品而言,要查明一个地区(或场地)的情况,需要有足够的样品。为查明场地岩土的性质,不致错判、漏判,应保证有一定数量的钻孔及一定数量的试样,应针对土层情况,选择取样地点和取样密度,以保证获取可靠的资料。另外,我国幅员辽阔,各地工程地质条件不同,规范的指标可能还难以完全反映各地膨胀土(岩)的实际情况。对有条件的地区,可结合当地实际情况建立地区经验指标,以更准确地对膨胀土(岩)进行判别。膨胀土(岩)地区工程地质勘察,对膨胀土(岩)既要防止漏判,给工程造成损失,也要防止误判,使工程过度防护,增加不必要的造价,做到科学认识、合理处治。例如安徽省江淮地区,发现很多自由膨胀率在30%~40%之间的黏性土具有典型的膨胀土特征。早在20世纪六七十年代,安徽省就提出用自由膨胀率 $F_s \geq 30\%$ 作为膨胀土初判的指标。2007年安徽省交通投资集团有限责任公司、安徽省交通规划设计研究院与中国科学院武汉岩土力学研究所开展了《安徽江淮膨胀土工程特性及路基处治关键技术研究》,经过对土的蒙脱石含量、阳离子交换量、塑性指数、液限、标准吸湿含水量、<0.002mm胶粒含量等指标系统地对比试验,提出安徽省江淮之间的膨胀土有别于规范的膨胀潜势分级(表8-7)。经在实际工程中应用,认为比较符合当地实际情况。

表 8-7 安徽省江淮膨胀土膨胀性分级标准

| 分级标准 | 非膨胀土 | 弱膨胀土 | 中等膨胀土 | 强膨胀土 |
|---|---|---|---|---|
| 自由膨胀率 $F_s$(%) | $F_s<30$ | $30\leqslant F_s<48$ | $48\leqslant F_s<70$ | $F_s\geqslant 70$ |
| 标准吸湿含水率(%) | $w_f<4.1$ | $4.1\leqslant w_f<6.0$ | $6.0\leqslant w_f<8.5$ | $w_f\geqslant 8.5$ |

**8.3.5** 膨胀岩是一类性质极为复杂的岩石,对其判别和分类目前还没有统一的标准,但认为膨胀岩是富含亲水矿物,含水率变化时,体积有显著变化的一类岩石,具有遇水膨胀、软化、崩解、失水收缩、开裂的特性则是比较一致的看法。有关膨胀岩的研究资料,由于目前公路部门尚缺乏对膨胀岩的系统研究,相关资料较少。本规范对膨胀岩的判别引自《铁路工程岩土分类标准》(TB 10077—2001)的有关规定,供在实际工作中判别膨胀岩参考使用。

**8.3.8** 本规范第 8.3.2 条列出了膨胀土地区工程地质勘察应查明的内容,但各工点的地质情况不一定完全相同,勘察的重点也不一样,结合路线方案比选和构筑物的设置情况有针对性地进行工程地质调绘十分必要。例如,结合路线方案比选应重点调查膨胀土的分布范围及其膨胀性;挖方路段应重点调查膨胀土的膨胀等级、土层结构以及影响边坡稳定的裂隙和软弱结构面的发育情况等。工程地质调绘对膨胀土的判别或对其膨胀性难以把握时,应辅以简易勘探手段采集土样,测试相应的判别指标对膨胀土的膨胀性进行判别。

膨胀土大气影响深度是指由降水、蒸发、温度、湿度等气候因素引起的土的物理风化与胀缩变形的有效深度。这一概念在于能把膨胀土土体和自然气候条件作为一个整体进行考虑,分析研究膨胀土大气影响深度对确定基础埋置深度,分析边坡的稳定性等有着重要的实际意义。

《膨胀土地区建筑技术规范》(GBJ 112—87)规定:大气影响深度应由各气候区土的深层变形观测或含水率观测及地温观测资料确定;无此资料时,可按表 8-8 采用。

表 8-8 大气影响深度(m)

| 土的湿度系数 $\psi_w$ | 大气影响深度 $d_s$ | 土的湿度系数 $\psi_w$ | 大气影响深度 $d_s$ |
|---|---|---|---|
| 0.6 | 5.0 | 0.8 | 3.5 |
| 0.7 | 4.0 | 0.9 | 3.0 |

膨胀土的湿度系数 $\psi_w$ 由式(8-1)计算确定:

$$\psi_w = 1.152 - 0.726a - 0.00107c \qquad (8-1)$$

式中:$\psi_w$——膨胀土湿度系数,在自然气候条件下,地表下 1.0m 处土层含水率可能达到的最小值与其塑限值之比;

$a$——当地 9 月至次年 2 月的蒸发力之和与全年蒸发力之比值,我国部分地区的蒸发力及降水量值,可按《膨胀土地区建筑技术规范》(GBJ 112—87)附录二采用;

$c$——全年中干燥度(即蒸发力与降水量之比值)大于 1.00 的月份的蒸发力与降

水量差值之总和(mm)。

大气影响深度也可通过静力触探测试土层不同深度的贯入阻力,或观测裂隙、地裂发育的可见深度等方法确定。

大气急剧影响层深度指大气影响特别显著的深度,可按表8-8中的大气影响深度乘以0.45采用。

**8.3.9** 膨胀土地区勘探点、线的位置和数量应视勘察阶段、场地复杂程度、构筑物的类型和规模等确定,原则上应查明工程地质条件,满足各阶段设计的需要。在工程地质调绘的基础上,结合现场地形地质条件和构筑物的设置情况确定勘探工作量对制订切合实际的勘察方案,探明膨胀土(岩)的发育情况是必要的。

在大气影响深度范围内,膨胀土(岩)受其基本特性(胀缩性、多裂隙性、超固结性)影响,最易产生变形和破坏。探明大气影响深度对确定基础埋深,分析边坡的稳定性,拟定合理的路基断面意义重大,通常将大气影响深度视为膨胀土(岩)地区的最小勘探深度。根据研究,我国膨胀土地区的平坦场地,其大气影响深度一般不超过5m,个别地区可达8m。故规定填方路基和构筑物的浅基础其勘探深度应至路线设计高程以下5~8m;挖方路段,地质条件比较复杂,规定勘探深度应达设计高程以下不小于8m。但对膨胀性强、地层结构复杂以及地下水发育的路段,当排水和支挡工程设计有需要时,尚应根据排水和支挡工程的需要确定勘探深度;隧道开挖改变了膨胀性岩土的赋存条件,受膨胀性岩土基本性质的影响,其工程性质将随之改变。规定勘探深度至路线设计高程以下不宜小于8m是考虑了环境变化(应力解除、温度、湿度等)因素的影响;桥梁桩基应探明桩底膨胀土发育情况及环境变化可能对膨胀土性质造成的影响,故规定勘探深度至桩底以下不宜小于5m。

《膨胀土地区建筑技术规范》(GBJ 112—87)规定,大气急剧影响层深度等于大气影响深度乘以0.45,而大气影响深度一般为3~5m,故大气急剧影响层深度大于1m。地表浅层膨胀土由于受到风化作用的影响,土的原始结构已遭受一定程度的破坏。规定在1m下开始采取土样,与膨胀性土(岩)地区大气急剧影响层深度大于1m和基础埋置深度应大于大气急剧影响层深度相适应。

**8.3.11** 膨胀性岩土的分布具有不均一性。在初勘阶段,勘探点的密度应以基本查明膨胀土的分布及其工程特性,满足工程的方案设计为准。勘探点(钻孔、探坑、探井)应在工程地质调绘的基础上,根据地貌地质单元、场地的复杂程度,结合工程的重要性,合理布置。原规范规定:在平原微丘区,路基勘探点的间距为100~200m;在山岭重丘区,每个主要地貌单元应有一个勘探点。从工程实践来看,基本可行。本次规范修订,进一步明确了勘探点的布置要求。一般路基勘探点的平均间距在原规范的基础上确定了低限值,并增加了代表性勘探的内容,以提高勘探点布置的针对性要求。所谓代表性勘探,是指勘探点的布置应具有代表性,泛指代表不同的地貌地质单元,不同的成因类型,不同的膨胀潜势,不同的环境工程地质条件及构筑物的特点等,通过重点勘探、测试以提供控制工程设计所需的地质资料。统计和研究资料表明,膨胀土地区斜坡的坡度大于14°(即坡比陡于

1:4),雨季时即可产生蠕滑、溜塌或滑坡等地质病害,对于填土高度大于10m的路堤以及挖方深度大于10m的路堑,根据《公路路基设计规范》(JTG D30—2004)的有关要求,需作个别设计。根据这些情况,规定陡坡路堤、填土高度大于10m的路堤以及挖方深度大于10m的路堑作为独立工点勘察,与膨胀土地区的地质病害特点和路基需进行个别设计的要求相适应。

**8.3.12** 膨胀土地区,由于边坡土体抗剪强度衰减,地基承载力降低,导致边坡溜塌、滑坡,路基不均匀沉降、翻浆冒泥等病害比较普遍;而隧道围岩则具有普遍开裂、内挤、坍塌和膨胀变形现象,已成为公路工程地质不容忽视的问题。引起膨胀土边坡产生剥落、泥流、冲蚀、溜塌、滑坡等病害的原因较多,如边坡开挖,破坏了边坡原有的自然平衡状态;坡面临空,破坏了原始应力的平衡条件;埋藏于一定深度内的岩土体暴露于大气,直接与降雨、蒸发、温度等风化营力发生作用;边坡水文地质条件的改变等。而膨胀性围岩特殊的工程地质性质及围岩压力特性,则是产生各种隧道地质病害的内在原因。因此,膨胀性岩土地区的公路工程设计不应该看成是单纯的结构设计问题,而首先应该是一个工程地质综合性技术问题。工程实践表明,膨胀性岩土地区公路工程设计应以工程地质条件为依据,应针对每个工点不同的工程地质条件,采用与之相应的设计形式,而不能千篇一律。例如路基工程应综合考虑膨胀性岩土的类别、膨胀潜势、边坡地质结构、裂隙发育程度及主要裂隙和软弱夹层的产状、岩土体的风化程度、地形地貌特征、边坡高度、地表水和地下水的发育情况等进行设计,不能仅仅依据膨胀土的类型进行设计,原因是路基工程的工程地质条件不一样,其稳定性也不同,路基设计应结合工程地质条件有所侧重。因此,在详勘阶段,应在确定的线位或构筑物位置上查明膨胀土的分布及其工程特性等,以满足施工图设计要求为准。基于上述原因,本条对详勘工作量的低限值进行了规定。

## 8.4 盐渍土

**8.4.1** 当土的易溶盐含量大于0.3%时,土的性质受到盐分的影响而发生改变。表层1.0m的土层是一般路基的主要持力层,也是受地下水毛细作用、蒸发作用盐分迁移最明显的部位,对公路基础设施有直接影响。盐渍土地区,一般盐分表聚性强,多集中在1.0m深度范围内,1.0m以下含盐量急剧减少。以地表以下1.0m深度范围内土层中的平均含盐量作为评价盐渍土的定量标准符合盐渍土地区的工程实际。

**8.4.2** 我国盐渍土分布广泛,主要集中在西北干旱地区,在华北、东北西部、内蒙古河套地区以及东南沿海也有分布。盐渍土具有溶陷性、盐胀性与腐蚀性,主要病害包括:①盐胀使路基路面鼓胀开裂,路肩及边坡松散剥蚀;②受水浸时,路基强度与稳定性急剧降低,发生溶陷变形;③加剧路基的冻胀与翻浆;④对水泥、沥青、钢材等材料有侵蚀作用等。这些病害造成的破坏常常是不可恢复的,一旦发生,防治困难,给公路建设带来了一系列的问题。盐渍土工程地质勘察应查明其类型、分布范围、形成条件、性质、发育规律及对公路工程建设的影响和危害,为工程设计提供基础资料。本条共9款,均与工程地质评价有关。由于各地情况不尽相同,工程地质勘察应结合现场条件及路基、桥梁等工程结构的设计要求,确定重点勘察内容。

**8.4.3** 盐渍土中常见的易溶盐包括氯盐($NaCl$、$CaCl_2$、$MgCl_2$)、硫酸盐($MgSO_4$、$Na_2SO_4$)和碳酸盐($NaHCO_3$、$Na_2CO_3$、$CaCO_3$),根据易溶盐在中性水中溶解的难易程度,通常将其分为易溶盐、中溶盐和难溶盐三大类。

易溶盐:是指在中性水中溶解度较大的盐类,如硫酸钠($Na_2SO_4$)、氯化钠($NaCl$)、氯化钙($CaCl_2$)、硫酸镁($MgSO_2$)、碳酸钠($Na_2CO_3$)、碳酸氢钠($NaHCO_3$)等,对土的工程性质影响较大。

中溶盐:是指在中性水中溶解度很小的盐类,如硬石膏($CaSO_4$)及石膏($CaSO_4 \cdot 2H_2O$)。

难溶盐:是指在中性水中几乎不溶解的盐类,如碳酸钙($CaCO_3$)、碳酸镁($MgCO_3$)等。

盐渍土的含盐类型对盐渍土性质影响很大,根据易溶盐含盐化学成分对盐渍土进行分类,目前沿用的是将土中阴离子:氯根($Cl^-$)、硫酸根($SO_4^{2-}$)、碳酸根($CO_3^{2-}$)、重碳酸根($HCO_3^-$)的含量的比值,作为盐渍土的分类指标。表8.4.3采用易溶盐阴离子含量的比值划分盐渍土类型,根据多年使用情况,认为基本反映了我国的实际情况。

**8.4.4** 表8.4.4与现行的《公路路基设计规范》(JTG D30—2004)对盐渍土盐渍化程度的分类一致,根据含盐量将盐渍土分为弱盐渍土、中盐渍土、强盐渍土和过盐渍土四类。盐渍土的盐渍化程度按细粒土和粗粒土分别提出,是因为细粒土与粗粒土的颗粒组成差异较大,含盐程度的测定方法有所不同,其性质也不完全一样。实践表明,这样做既保证了工程质量,又使盐渍化粗粒土在公路工程中得到了较合理的应用。

**8.4.7** 盐渍土地区工程地质勘察一般需查明:①盐渍土的形成原因和形成条件,所含易溶盐的性质及含盐量,盐渍土的分布范围、类型及厚度;②地下水的埋深、类型、分布、矿化度、水位及随季节的变化情况;③地表形态特征及起伏变化情况;④植物类型及生长情况;⑤当地降雨量、气温、湿度;⑥不良地质的类型、分布及发育规律等,应采用综合手段进行。根据盐渍土地区多年工程实践,工程地质勘探应以挖探、螺纹钻、洛阳铲等简易勘探手段为主,在工程地质调绘的基础上,结合不同地貌、地表形态及盐渍土的类型和构筑物的设置情况布置勘探测试点,探明不同深度土层的含盐量、含盐类型、地层结构、密实度、含水情况及地下水的埋藏深度等。勘探时,为了解盐渍土的厚度和确定可利用层的深度,当1.00m以下土层中的含盐量仍然很高,应加大取土深度至地下水位。

## 8.8 红黏土

**8.8.1** 红黏土是覆盖于碳酸盐岩系之上,在湿热条件下,经红土化作用形成的特殊土类。其主要特征是：上硬下软、表面收缩、裂隙发育，其液限一般大于50%。红黏土经再搬运、沉积后仍保留其基本特征，液限$w_L>45\%$的红黏土，称为次生红黏土。我国红黏土主要分布在南方，以贵州、云南和广西最为典型和广泛，在四川盆地南缘和东部、鄂西、湘西、粤北、皖南、浙西、陕南、鲁南和辽东等地也有分布。红黏土的矿物成分主要为高岭石、伊利石和绿泥石，小于0.002mm的胶粒含量占40%~70%，粒度组成具有高分散性。具有天然含水率高、孔隙比大、液塑限高、水稳性差等特点。其物理力学指标见表8-9。

表8-9 红黏土物理力学指标经验值

| 天然含水率（%） | 孔隙比$e$ | 液限$w_L$（%） | 塑限$w_P$（%） | 塑性指数$I_P$ | 饱和度$S_r$（%） | 压缩系数$a$（$MPa^{-1}$） | 自由膨胀率$F_s$（%） |
|---|---|---|---|---|---|---|---|
| 20~75 | 0.7~2.1 | 40~100 | 20~60 | 25~50 | 80~100 | 0.1~0.4 | 25~60 |

红黏土的CBR值小于3，水稳性差，不能直接用作路基填料；在水平方向上，地基压缩层厚度往往相差悬殊，并具有上硬下软的特点，地基易产生不均匀沉降，导致桥涵基础变形开裂；红黏土地区，裂隙发育，破坏土的整体性，降低土体的强度，严重时，可形成深长地裂，长可达数百米，深可延伸至地表下数米，给地表建筑造成严重损坏；岩溶发育地段，可有土洞发育，严重影响地基稳定；挖方路基，土体的胀缩变形，可降低边坡土体强度，引起坡面冲刷、滑坡等地质病害。工程地质勘察应对红黏土注意鉴别。

**8.8.3** 红黏土具有上硬下软的特点，勘察应详细划分土的状态。红黏土的状态可采用液性指数划分，也可采用红黏土特有的含水比进行划分。条文中的表8.8.3在铁路、工业与民用建筑等行业使用多年，认为符合红黏土地区实际。

**8.8.4** 红黏土裂隙发育，影响土的整体强度，降低其承载力，是土体稳定的不利因素。为反映红黏土裂隙发育特征，采用裂隙密度对土体结构进行划分。红黏土的裂隙发育与地貌等有一定关系，如坡度、朝向、植被生长情况等，且随深度增加有递减趋势，应根据野外观测，综合判定。

**8.8.6** 红黏土的组成矿物亲水性不强，交换容量不高，交换阳离子以$Ca^{2+}$、$Mg^{2+}$为主，天然含水率接近缩限，孔隙呈饱和状态，表现在胀缩性能上以收缩为主。但在收缩后复浸水，不同的红黏土有不同表现。划分为Ⅰ类者，胀缩循环呈现胀势，复水后土样膨胀，缩水后土样高大于原始高，胀量逐次累计，直至崩解；划分为Ⅱ类者，胀缩循环呈现缩势，复水土的含水率增量微，外形完好，缩水后土样高小于原始高；风干后复水，干缩后形成的团粒不完全分离，土的分散性、塑性及$I_r$值降低。两类红黏土表现出不同的水稳性和工程性能。

**8.8.9** 覆盖于碳酸盐系上的红黏土总的平均厚度不大，高原或山区分布零星，厚度一般为5~8m，少数达15~30m；在准平原或丘陵区，分布较连续，厚度一般为10~15m，最后可超过30m。当其作为地基时，往往属于有刚性下卧层的有限厚度地基。红黏土的厚度在水平方向上的变化很大,厚度大时,可视为均匀地基;厚度薄时,红黏土与岩石组成的土岩组合地基,压缩土层厚度变化悬殊,是很严重的不均匀地基,地基沉降变形条件很差。勘探孔深度应达到基岩,以便获得完整的地基剖面。岩溶、土洞发育,地质条件复杂时,详细勘察阶段不一定能查明所有情况,为确保安全,在施工阶段进行必要的补充勘察时必要的,也是可行的。

红黏土具有上硬下软的特点,在竖向剖面上状态变化很大,地表往往呈坚硬～硬塑状,向下逐次变软,成为可塑、软塑甚至流塑状态。这种由硬变软的现象,使得土的天然含水率、含水比等随深度递增,力学性质则相应变差。根据统计资料,红黏土上部的坚硬、硬塑土层厚度一般大于5m,约占统计土层总厚度的75%以上;可塑土层占10～20%;软塑土层占5～10%。较软土层多分布于基岩面的低洼处。本条针对红黏土的发育特点,对取样提出了要求。

# 公路工程现行标准、规范、规程、指南一览表

(2018年1月)

| 序号 | 类别 | 编　　号 | 书名(书号) | 定价(元) |
|---|---|---|---|---|
| 1 | 基础 | JTG 1001—2017 | 公路工程标准体系(14300) | 20.00 |
| 2 | | JTG A02—2013 | 公路工程行业标准制修订管理导则(10544) | 15.00 |
| 3 | | JTG A04—2013 | 公路工程标准编写导则(10538) | 20.00 |
| 4 | | JTJ 002—87 | 公路工程名词术语(0346) | 22.00 |
| 5 | | JTJ 003—86 | 公路自然区划标准(0348) | 16.00 |
| 6 | | JTG B01—2014 | ★公路工程技术标准(活页夹版,11814) | 98.00 |
| 7 | | JTG B01—2014 | ★公路工程技术标准(平装版,11829) | 68.00 |
| 8 | | JTG B02—2013 | 公路工程抗震规范(11120) | 45.00 |
| 9 | | JTG/T B02-01—2008 | 公路桥梁抗震设计细则(13318) | 45.00 |
| 10 | | JTG B03—2006 | 公路建设项目环境影响评价规范(13373) | 40.00 |
| 11 | | JTG B04—2010 | 公路环境保护设计规范(08473) | 28.00 |
| 12 | | JTG B05—2015 | ★公路项目安全性评价规范(12806) | 45.00 |
| 13 | | JTG B05-01—2013 | 公路护栏安全性能评价标准(10992) | 30.00 |
| 14 | | JTG B06—2007 | 公路工程基本建设项目概算预算编制办法(06903) | 26.00 |
| 15 | | JTG/T B06-01—2007 | ★公路工程概算定额(06901) | 110.00 |
| 16 | | JTG/T B06-02—2007 | ★公路工程预算定额(06902) | 138.00 |
| 17 | | JTG/T B06-03—2007 | ★公路工程机械台班费用定额(06900) | 24.00 |
| 18 | | 交通部定额站2009版 | 公路工程施工定额(07864) | 78.00 |
| 19 | | JTG/T B07-01—2006 | 公路工程混凝土结构防腐蚀技术规范(13592) | 30.00 |
| 20 | | JTG/T 6303.1—2017 | 收费公路移动支付技术规范　第一册　停车移动支付(14380) | 20.00 |
| 21 | | 交通运输部2015年第40号 | ★收费公路联网收费多义性路径识别技术要求(12484) | 40.00 |
| 22 | | JTG B10-01—2014 | 公路电子不停车收费联网运营和服务规范(11566) | 30.00 |
| 23 | | 交通运输部2011年 | 公路工程项目建设用地指标(09402) | 36.00 |
| 24 | 勘测 | JTG C10—2007 | ★公路勘测规范(06570) | 40.00 |
| 25 | | JTG/T C10—2007 | ★公路勘测细则(06572) | 42.00 |
| 26 | | JTG C20—2011 | 公路工程地质勘察规范(09507) | 65.00 |
| 27 | | JTG/T C21-01—2005 | 公路工程地质遥感勘察规范(0839) | 17.00 |
| 28 | | JTG/T C21-02—2014 | 公路工程卫星图像测绘技术规程(11540) | 25.00 |
| 29 | | JTG/T C22—2009 | 公路工程物探规程(1311) | 28.00 |
| 30 | | JTG C30—2015 | ★公路工程水文勘测设计规范(12063) | 70.00 |
| 31 | 设计 | 公路 | JTG D20—2017 | 公路路线设计规范(14301) | 80.00 |
| 32 | | | JTG/T D21—2014 | 公路立体交叉设计细则(11761) | 60.00 |
| 33 | | | JTG D30—2015 | ★公路路基设计规范(12147) | 98.00 |
| 34 | | | JTG/T D31—2008 | 沙漠地区公路设计与施工指南(1206) | 32.00 |
| 35 | | | JTG/T D31-02—2013 | ★公路软土地基路堤设计与施工技术细则(10449) | 40.00 |
| 36 | | | JTG/T D31-03—2011 | ★采空区公路设计与施工技术细则(09181) | 40.00 |
| 37 | | | JTG/T D31-04—2012 | 多年冻土地区公路设计与施工技术细则(10260) | 40.00 |
| 38 | | | JTG/T D31-05—2017 | 黄土地区公路路基设计与施工技术规范(13994) | 50.00 |
| 39 | | | JTG/T D31-06—2017 | 季节性冻土地区公路设计与施工技术规范(13981) | 45.00 |
| 40 | | | JTG/T D32—2012 | ★公路土工合成材料应用技术规范(09908) | 50.00 |
| 41 | | | JTG D40—2011 | ★公路水泥混凝土路面设计规范(09463) | 40.00 |
| 42 | | | JTG D50—2017 | ★公路沥青路面设计规范(13760) | 50.00 |
| 43 | | | JTG/T D33—2012 | 公路排水设计规范(10337) | 40.00 |
| 44 | | 桥隧 | JTG D60—2015 | ★公路桥涵设计通用规范(12506) | 40.00 |
| 45 | | | JTG/T D60-01—2004 | 公路桥梁抗风设计规范(13804) | 40.00 |
| 46 | | | JTG D61—2005 | 公路圬工桥涵设计规范(13355) | 30.00 |
| 47 | | | JTG D62—2004 | 公路钢筋混凝土及预应力混凝土桥涵设计规范(05052) | 48.00 |
| 48 | | | JTG D63—2007 | 公路桥涵地基与基础设计规范(06892) | 48.00 |
| 49 | | | JTG D64—2015 | ★公路钢结构桥梁设计规范(12507) | 80.00 |
| 50 | | | JTG D64-01—2015 | 公路钢混组合桥梁设计与施工规范(12682) | 45.00 |
| 51 | | | JTG/T D65-01—2007 | 公路斜拉桥设计细则(1125) | 28.00 |
| 52 | | | JTG/T D65-04—2007 | 公路涵洞设计细则(06628) | 26.00 |
| 53 | | | JTG/T D65-05—2015 | 公路悬索桥设计规范(12674) | 55.00 |
| 54 | | | JTG/T D65-06—2015 | 公路钢管混凝土拱桥设计规范(12514) | 40.00 |
| 55 | | | JTG D70—2004 | 公路隧道设计规范(05180) | 50.00 |
| 56 | | | JTG/T D70—2010 | ★公路隧道设计细则(08478) | 66.00 |
| 57 | | | JTG D70/2—2014 | 公路隧道设计规范　第二册　交通工程与附属设施(11543) | 50.00 |

续上表

| 序号 | 类别 | | 编号 | 书名（书号） | 定价（元） |
|---|---|---|---|---|---|
| 58 | 设计 | 桥隧 | JTG/T D70/2-01—2014 | 公路隧道照明设计细则（11541） | 35.00 |
| 59 | | | JTG/T D70/2-02—2014 | 公路隧道通风设计细则（11546） | 70.00 |
| 60 | | 交通工程 | JTG D80—2006 | 高速公路交通工程及沿线设施设计通用规范（0998） | 25.00 |
| 61 | | | JTG D81—2017 | 公路交通安全设施设计规范（14395） | 60.00 |
| 62 | | | JTG/T D81—2017 | 公路交通安全设施设计细则（14396） | 90.00 |
| 63 | | | JTG D82—2009 | 公路交通标志和标线设置规范（07947） | 116.00 |
| 64 | | 综合 | 交办公路〔2017〕167号 | 国家公路网交通标志调整工作技术指南（14379） | 80.00 |
| 65 | | | 交公路发〔2007〕358号 | 公路工程基本建设项目设计文件编制办法（06746） | 26.00 |
| 66 | | | 交公路发〔2015〕69号 | 公路工程特殊结构桥梁项目设计文件编制办法（12455） | 30.00 |
| 67 | 检测 | | JTG E20—2011 | 公路工程沥青及沥青混合料试验规程（09468） | 106.00 |
| 68 | | | JTG E30—2005 | 公路工程水泥及水泥混凝土试验规程（13319） | 55.00 |
| 69 | | | JTG E40—2007 | ★公路土工试验规程（06794） | 90.00 |
| 70 | | | JTG E41—2005 | 公路工程岩石试验规程（13351） | 30.00 |
| 71 | | | JTG E42—2005 | 公路工程集料试验规程（13353） | 50.00 |
| 72 | | | JTG E50—2006 | ★公路工程土工合成材料试验规程（13398） | 40.00 |
| 73 | | | JTG E51—2009 | 公路工程无机结合料稳定材料试验规程（08046） | 60.00 |
| 74 | | | JTG E60—2008 | 公路路基路面现场测试规程（07296） | 50.00 |
| 75 | | | JTG/T E61—2014 | 公路路面技术状况自动化检测规程（11830） | 25.00 |
| 76 | 施工 | 公路 | JTG F10—2006 | 公路路基施工技术规范（06221） | 50.00 |
| 77 | | | JTG/T F20—2015 | ★公路路面基层施工技术细则（12367） | 45.00 |
| 78 | | | JTG/T F30—2014 | 公路水泥混凝土路面施工技术细则（11244） | 60.00 |
| 79 | | | JTG/T F31—2014 | 公路水泥混凝土路面再生利用技术细则（11360） | 30.00 |
| 80 | | | JTG F40—2004 | ★公路沥青路面施工技术规范（05328） | 50.00 |
| 81 | | | JTG F41—2008 | 公路沥青路面再生技术规范（07105） | 40.00 |
| 82 | | 桥隧 | JTG/T F50—2011 | ★公路桥涵施工技术规范（09224） | 110.00 |
| 83 | | | JTG/T F81-01—2004 | 公路工程基桩动测技术规程（14068） | 30.00 |
| 84 | | | JTG F60—2009 | 公路隧道施工技术规范（07992） | 55.00 |
| 85 | | | JTG/T F60—2009 | 公路隧道施工技术细则（07991） | 70.00 |
| 86 | | 交通 | JTG F71—2006 | ★公路交通安全设施施工技术规范（13397） | 30.00 |
| 87 | | | JTG/T F72—2011 | 公路隧道交通工程与附属设施施工技术规范（09509） | 35.00 |
| 88 | 质检安全 | | JTG F80/1—2017 | 公路工程质量检验评定标准 第一册 土建工程（14472） | 90.00 |
| 89 | | | JTG F80/2—2004 | 公路工程质量检验评定标准 第二册 机电工程（05325） | 40.00 |
| 90 | | | JTG G10—2016 | 公路工程施工监理规范（13275） | 40.00 |
| 91 | | | JTG F90—2015 | ★公路工程施工安全技术规范（12138） | 68.00 |
| 92 | 养护管理 | | JTG H10—2009 | 公路养护技术规范（08071） | 60.00 |
| 93 | | | JTJ 073.1—2001 | 公路水泥混凝土路面养护技术规范（13658） | 20.00 |
| 94 | | | JTJ 073.2—2001 | 公路沥青路面养护技术规范（13677） | 20.00 |
| 95 | | | JTG H11—2004 | 公路桥涵养护规范（05025） | 40.00 |
| 96 | | | JTG H12—2015 | 公路隧道养护技术规范（12062） | 60.00 |
| 97 | | | JTG H20—2007 | 公路技术状况评定标准（13399） | 25.00 |
| 98 | | | JTG/T H21—2011 | ★公路桥梁技术状况评定标准（09324） | 46.00 |
| 99 | | | JTG H30—2015 | 公路养护安全作业规程（12234） | 90.00 |
| 100 | | | JTG H40—2002 | 公路养护工程预算编制导则（0641） | 9.00 |
| 101 | 加固设计与施工 | | JTG/T J21—2011 | 公路桥梁承载能力检测评定规程（09480） | 20.00 |
| 102 | | | JTG/T J21-01—2015 | 公路桥梁荷载试验规程（12751） | 40.00 |
| 103 | | | JTG/T J22—2008 | 公路桥梁加固设计规范（07380） | 52.00 |
| 104 | | | JTG/T J23—2008 | 公路桥梁加固施工技术规范（07378） | 40.00 |
| 105 | 改扩建 | | JTG/T L11—2014 | 高速公路改扩建设计细则（11998） | 45.00 |
| 106 | | | JTG/T L80—2014 | 高速公路改扩建交通工程及沿线设施设计细则（11999） | 30.00 |
| 107 | 造价 | | JTG 3810—2017 | 公路工程建设项目造价文件管理导则（14473） | 50.00 |
| 108 | | | JTG M20—2011 | 公路工程基本建设项目投资估算编制办法（09557） | 30.00 |
| 109 | | | JTG/T M21—2011 | 公路工程估算指标（09531） | 110.00 |
| 110 | | | JTG/T M72-01—2017 | 公路隧道养护工程预算定额（14189） | 60.00 |
| 1 | 技术指南 | | 交公便字〔2006〕02号 | 公路工程水泥混凝土外加剂与掺合料应用技术指南（0925） | 50.00 |
| 2 | | | 交公便字〔2009〕145号 | 公路交通标志和标线设置手册（07990） | 165.00 |

注：JTG——公路工程行业标准体系；JTG/T——公路工程行业推荐性标准体系；JTJ——仍在执行的公路工程原行业标准体系。
批发业务电话：010-59757973；零售业务电话：010-85285659（北京）；网上书店电话：010-59757908；业务咨询电话：010-85285922。带"★"的表示有勘误，详见www.ccpress.com.cn人民交通出版社网站首页。